国家精品课程配套教材

U0367383

舰船动力装置

杨琼方　　刘承江　编著

上海交通大学出版社
SHANGHAI JIAO TONG UNIVERSITY PRESS

内容简介

本书主要介绍舰船动力装置的结构组成、工作特性、设计和振动噪声控制的有关知识。全书共分为 8 章,第 1 章为舰船动力装置概述,第 2 章介绍了典型舰船主动力装置及其主机,第 3 章介绍了传动装置与典型传动设备,第 4 章介绍了典型舰船推进器,第 5 章介绍了船体-推进器-主机的配合特性,第 6 章介绍了舰船动力装置的管路系统,第 7 章介绍了动力装置总体设计与机舱规划布置,第 8 章介绍了舰船动力装置水下辐射噪声控制。

本书可作为船舶与海洋工程、机械工程、电气工程等专业的必修课教材,也可作为轮机工程专业、船舶机械制造和修理专业学习舰船动力装置的教材。

图书在版编目(CIP)数据

舰船动力装置/ 杨琼方,刘承江编著.—上海:
上海交通大学出版社,2022.3
ISBN 978-7-313-26561-6

Ⅰ.①舰… Ⅱ.①杨… ②刘… Ⅲ.①船舶机械-动
力装置-教材 Ⅳ.①U664.1

中国版本图书馆 CIP 数据核字(2022)第 035954 号

舰船动力装置
JIANCHUAN DONGLI ZHUANGZHI

编　　著:杨琼方　刘承江
出版发行:上海交通大学出版社　　　　　　　地　　址:上海市番禺路 951 号
邮政编码:200030　　　　　　　　　　　　　电　　话:021-64071208
印　　制:当纳利(上海)信息技术有限公司　经　　销:全国新华书店
开　　本:710mm×1000mm　1/16　　　　　印　　张:14.5
字　　数:252 千字
版　　次:2022 年 3 月第 1 版　　　　　　　印　　次:2022 年 3 月第 1 次印刷
书　　号:ISBN 978-7-313-26561-6
定　　价:49.00 元

版权所有　侵权必究
告读者:如发现本书有印装质量问题请与印刷厂质量科联系
联系电话:021-31011198

前言

本书根据舰船与海洋工程、机械工程、电气工程等专业的人才培养方案的要求编写,可作为该专业及其他相关专业的学生学习"舰船动力装置"课程使用。

本书是在2016年编写的讲义的基础上,结合多年的教学实践,大幅改编完成的。本书重新撰写了典型主动力装置及其主机、典型舰船推进器、船体-推进器-主机系统配合应用等章节的内容,增加了主动力设备辐射噪声控制内容,主要包括舰船动力装置概念、原动机、传动装置、推进器、工况配合、管路系统、动力装置总体设计与机舱规划、主动力设备水下辐射噪声控制等,使本书的理论性、实用性和完整性更强。

第1章阐述舰船动力装置的概念和动力装置的性能指标;第2章介绍典型主机的结构组成、工作原理、工作特性以及典型主动力装置的性能特点;第3章阐述轴系的组成和典型传动设备的功能及特点,包括减速齿轮箱、刚性和弹性联轴器、液力耦合器和SSS同步离合器;第4章介绍典型舰船推进器,包括螺旋桨、喷水推进器、泵喷推进器和直翼式推进器的结构、工作原理和特性;第5章重点阐述船-桨-机系统和船-泵-机系统的配合应用,包括柴油机与定距桨的配合方法、柴油机与调距桨的配合方法、正常配合与典型非正常配合应用;第6章介绍动力装置的管路系统,包括柴油机动力装置和燃气轮机动力装置的动力管系;第7章介绍动力装置总体设计与机舱规划布置;第8章阐述动力装置的水下辐射噪声控制,包括辐射噪声源分类、主要噪声源识别和主动力设备的结构噪声控制等。

　　本书由杨琼方老师编写并统稿,刘承江老师和王永生老师给予指导,由吴杰长教授主审。

　　由于时间仓促和编者水平有限,书中缺点和遗漏在所难免,敬请读者批评指正。

编　者

2021 年 7 月

目录

第1章 舰船动力装置概述

舰船动力装置为舰船执行各种勤务和进行各种活动提供所需的一切动力，是实现能量转换、传递、分配和消耗的所有机械、设备以及系统的有机组合体，是舰船的"心脏"。

1.1 舰船动力装置的含义及组成

19世纪初期，往复蒸汽机成功应用于Clermont号内河船舶作为推进动力，标志着动力装置的概念开始形成。其原意是指代替人力或风力产生推进力的一套机械、设备与系统。两百年来，伴随着舰船动力的发展与不断完善，舰船动力装置的内涵与外沿也随之不断地变化、发展。根据承担的任务不同，舰船动力装置总体上分为主动力装置和辅助动力装置两大块，各自涵盖其所属机舱自动化设备。根据所属编制序列的不同，有时也将全舰（船）性装置与系统单列出来，归属于机电部门舱段分队执掌，与主机班和辅机班并列。

1.1.1 主动力装置

主动力装置是指为舰船航行提供所需推进动力的一整套装置及系统，也称为推进装置（或推进系统），是动力装置中最重要的组成部分，一般构成如下。

1）原动机

原动机将燃料的化学能转换为机械能以保证提供推进动力所需的能量，主要类型有柴油机、燃气轮机或汽轮机等，包含其辅助设备及管系，如燃油系统、滑油系统、压缩空气系统、冷却水系统及进排气系统等。主动力装置的原动机俗称"主机"。

2）传动装置

传动装置包括传动设备和轴系。其中，典型传动设备包括弹性联轴器、万向联轴器、离合器、减速齿轮箱等,主要作用是组合或分配推进主机的功率、减速、离合、倒顺、补偿轴系变形、减振与抗冲击等;机械传动中轴系通常由传动轴、联轴器、轴承等相关部件组成,将主机发出的动力传给推进器,同时将推进器产生的推力传给船体,克服舰船航行时的船体阻力;电力传动中轴系主要包括主电缆、传动轴、轴承等,功能与机械传动中的轴系类似。

3)推进器

推进器是一种能量转换器,是将主机发出的能量转换成舰船推力的装置。目前在舰船上常用的推进器有螺旋桨、喷水推进器、泵喷推进器、直翼式推进器等。

1.1.2 辅助动力装置

辅助动力装置是指舰船上供给除推进动力之外的其他能量的装置及系统,主要包括以下几个部分。

1)发配电装置

发配电装置的功能是供给辅助机械及全舰所需的电能,主要由发电机组、配电装置及输电设备等组成。发电机组的原动机俗称"副机"。对于综合电力推进系统而言,发配电装置成为主动力装置的原动机环节。

2)辅助锅炉装置

辅助锅炉装置的功能是产生蒸汽供全舰加热、取暖等所需,主要由辅助锅炉、废气锅炉以及有关管系及设备组成。

3)压缩空气系统

压缩空气系统的功能是提供全舰所需的压缩空气,主要包括空气压缩机、储气瓶、管路及其设备。

4)甲板机械

甲板机械是为保证舰船的正常航行、海上补给、停泊及装卸货物所需的机械设备,包括舵机、锚机、绞盘机、起货机、吊艇机等。

1.1.3 全舰性装置与系统

全舰性装置与系统的功能是在各种机械设备之间输送有关工质(如气、油、水等),是保证舰船正常航行及舰员正常生活所需要的系统,也是保证舰船生命力的重要组成部分之一。它包括燃油、润滑油(简称滑油)、消防、通风、液压、生活水、舱底水、压载与平衡、喷淋等系统,以及空调、冷藏等装置。

1.2　舰船总体与动力装置的战技术性能指标

舰船总体及其动力装置的战技术性能包含的内容很多,如与总体相关的排水量和主尺度、船型、总体布置、吃水等;与动力装置相关的推进形式,原动机类型,轴系组成,推进器类型、数量、额定转速及几何参数,各种航行状态下的航速与续航力等;与作战武器相关的鱼水雷、导弹等;与生命力相关的稳性、抗沉性、抗损性等;以及与隐蔽性相关的声隐身、磁隐身、尾迹隐身等。上述性能之间存在直接或间接的联系,甚至互相制约、互相影响。为了能更好地服务于舰船作战使用、快速掌握舰船动力装置的操纵与维护管理,我们需要对舰船总体及其动力装置的主要战技术性能指标参数做到心中有数。描述舰船战技术性能时,通常包括排水量与主尺度、航速、续航力、自持力、机动性、声隐身性以及稳性与适航性 7 种参数。描述动力装置战技术性能时,主要包括原动机总功率,质量和尺寸,推进器额定转速、数量及几何参数,经济性,机动性,振动性能等 6 组参数。

1.2.1　舰船总体的主要战技术性能指标

1）排水量与主尺度

舰船排水量通常指体积排水量(单位为 m³)或者是质量排水量(单位为 t)。根据舰船所处的不同装载状态和航行状态,常用排水量指标包括空载排水量、正常排水量、满载排水量和燃油超载排水量。不做特别说明时,舰船排水量一般是指正常排水量,即完全完工的舰船,装载任务书中规定的武备、机械、装置、系统、人员、弹药、供应品、食物、淡水、燃油、润滑油等后的质量。根据远航和长航的任务需求,舰船排水量通常为满载排水量和超载排水量。

舰船主尺度是一个比较综合的性能指标,与排水量及船型密切相关,通常包括最大长度、水线长度、最大宽度、水线宽度、最大高度、吃水、轴系中心线距龙骨基线高度等。

2）航速

航速通常指舰船主推进器工作于额定转速、消耗额定功率时所能达到的额定航行速度。航速是舰船核心战技术性能之一,直接影响舰船作战和生存能力。航速通常用节(kn)来表示,一般包含全速、最高航速、经济航速、低速和倒车航速。其中,全速是指在正常排水量、光洁船底、三级风、二级浪、宽深海域、主机以额定转速运行时舰船达到的航速,也是舰船的额定航速。目前,一般战斗舰船的全速值为 27～30 kn。最高航速用于高速接敌、占领有利阵位、发射鱼雷或导弹、撤出战斗、规避等战斗机动场合,连续使用的时间一次一般不超过 1 h,如美军滨海战斗舰 LCS 的最高航速可达 47 kn。经济航速可分为技术经济航速和战术经济航速(巡航速度)两种。通常,技术经济航速是指在一定航速下航行时,每海里(n mile)所消耗的燃油量最少,该航速值较低,柴油机处于低速低负荷状态,不宜长期使用;战术经济航速是根据舰船大量执行日常勤务和进行航渡等战术活动而确定的航速,也称巡航速度,一般设置为 18 kn。低速是指舰船在复杂气象、复杂海区、窄航道、靠离码头、系离水鼓等情况下进行机动时,所需要的安全航速。倒车航速是舰船进行战术机动时所必需的航速,比正车全速小很多,通常仅为正车全速的 30%～40%。

3) 续航力

续航力是指舰船以给定航速航行到全部耗尽该航行状态下的动力源时所航行的里程数,单位为海里,通常包括全速续航力和巡航续航力。不做特别说明时,舰船续航力一般指巡航速度下的续航力。

舰船续航力大小对舰船的战术性能影响很大。由续航力可以得到舰船的战术活动半径,也称作战半径。

$$R = mL \tag{1.1}$$

式中,R 为舰船的战术活动半径,n mile;L 为续航力,n mile;m 为无因次系数,通常为 0.2～0.4。

续航力愈大,战术活动半径愈大,说明舰船在没有中途补给的情况下能够离开基地完成任务并能自己返回基地的距离愈长。

4) 自持力

舰船在不补充任何储备品,能在海上完成各种战斗活动的持续时间称为自持力,也称为自给力,单位为昼夜。舰船自持力主要与下列因素有关:根据燃油总储量能进行远程巡航的能力、舰船可靠性和保持其全部效能的能力、舰船官兵进行海上长期巡航的能力等。通常,护卫舰的自持力为 10～15 昼夜,小型快艇则为 3～5 昼夜,大中型潜艇可达 60～70 昼夜。

5) 机动性

舰船的机动性是一个综合性指标,主要包括下述五项:舰船完成备战备航所需的时间,由最低航速到全速的加速时间和距离,由全速到停航的时间和滑行距离,由全速前进变成全速倒航的时间,回转一周的时间和回转半径。

良好的机动性可提高舰船的作战能力。例如,能迅速占领有利的阵位,能有效地规避敌人火炮、鱼雷等武器的攻击,能在窄小的海区进行各种机动等。动力装置的性能对舰船的机动性起着决定性作用。

6) 声隐身性

舰船声隐身技术包括控制自身的辐射噪声和降低主动声呐探测的声目标强度两大领域。声隐身性技术指标通常包括辐射噪声谱源级、辐射噪声总声级、推进器空化临界航速、声目标强度、空气噪声等。

7) 稳性与适航性

稳性与适航性说明了舰船能在什么样的海情下航行和使用武器,它主要取决于舰船的排水量、主尺度、舰体的设计、有关武器装备的性能。对动力装置来说,质量和质心的位置对舰船的稳性和适航性有一定程度的影响。目前,不少舰船装有减摇鳍,明显地改善了适航性。一般护卫舰要求能在 8～9 级海情下航行,在 6～8 级海情下能使用武器。

1.2.2　动力装置的主要战技术性能指标

1) 原动机总功率

主动力装置的总功率实际上就是主机总功率的大小,应满足舰船全速(或最高航速)的需求。主机发出的功率经过传动装置后传递给螺旋桨,由于功率传递过程存在损失,因此,船后螺旋桨吸收的功率小于主机输出的功率。设总推进效率为 η_D,传动效率为 η_{TRM},则主机功率 N_D 为

$$N_D = \frac{N_P}{\eta_{TRM}} = \frac{EHP}{\eta_{TRM} \cdot \eta_D} \tag{1.2}$$

式中,EHP$= R \cdot V_S$ 为有效功率,通常由船体设计部门提供,R 为光体阻力,V_S 为航速;N_P 为螺旋桨收到功率。

舰船设计时,考虑到实际航行条件的变化以及环境因素的影响,确定主机总功率时通常应留一定的余量,取

$$N = C_1 \cdot C_2 \cdot N_D \tag{1.3}$$

式中,C_1 为功率储备系数(1.05～1.15)。考虑到有效功率是在光洁舰体、三级风、二级浪和深水条件下测得的,而舰船的实际航行条件通常比上述情况要恶劣,而且随着舰船服役时间的增加,船体附生物增多,阻力也会增大,所需的实际

拖曳功率要比上述设计工况下所得到的结果大。为了使舰船在较复杂的情况下仍能达到设计的全速值,主动力装置应当有功率储备。高速小型舰船的 C_1 值接近下限,大中型舰船则通常在 1.1 以上。C_2 为主机的工作环境影响系数(约为1.1)。主机的标定功率与标定工作环境相对应,如对柴油机来说,由于机舱内温度高、相对湿度大、进排气管道较长、增设消音器或水下排气等因素,造成柴油机发不出标定功率值。为此,需要乘以工作环境的影响系数。当选定主机后,即可根据造机厂提供的功率修正方法精确地确定 C_2 值。

为了满足舰船低速航行、倒航、紧急倒车的要求,主动力装置应能在小功率下稳定地运行,且具有足够的倒车功率,一般倒车功率应为全功率的 30%～60%,甚至更大。

2) 质量和尺寸

当前,舰船总体设计时,航速指标和排水量限制仍然是重中之重。从海军部系数公式可知,组成动力装置的机械(柴油机、辅机、轴系等)、电气设备(主推进电机、经航电机、蓄电池、控制设备、连接件等)、燃油和润滑油等,可认为是与排水量的三分之二次方成正比的载重项。可以说,动力装置的质量和尺寸不仅与舰船排水量、主尺度有紧密联系,而且对武器装备和电气设备的数量和布置、居住性及机械电气设备的可维修性有着明显的影响。因此,应当在可能的条件下尽量减少动力装置的质量和尺寸。

为了定量描述动力装置的质量、尺寸特征,一般采用功率密度和机舱饱和度两个参数来描述。功率密度指单位质量所对应的总的有效功率,单位为kW/kg;机舱饱和度指单位容积所对应的总的有效功率,单位为 kW/m³。显然,机舱饱和度越大,说明机舱内越拥挤,要在机舱内进行修理、损害管制等活动就比较困难。但是,在各种条件相同的情况下,即使机舱饱和度完全相同,也会由于布置的合理与否而造成不同的结果。这与动力装置设计中如何进行机舱规划关系较大。

从上述各指标参数的定义中还可看出:主动力装置的总功率 N、采用的传动形式、主动力装置中主要元件(如主机、减速齿轮箱等)的性能指标对这些系数有决定性的影响。例如,14PA6 - 280 柴油机的质量约为 21.5 t,两台为 43 t。若采用较先进的双机并车附带可回行离合器的并车齿轮箱时(减速比为 1∶2.5),该齿轮箱的质量为 23 t 左右,比一台柴油机质量略大,而且还会占用相当大的容积。采用这种传动方式时,柴油机的曲轴中心要比不用齿轮箱时升高300 mm以上才能与齿轮箱的输入轴中心取平,显然又增高了机舱的高度。

设计新舰船时,通常初步给出了对动力装置尺寸、质量的限制,这些限制也是对动力装置进行选型的主要约束条件之一。

3) 推进器额定转速、数量及几何参数

当前,在辐射噪声成为潜艇首屈一指的战技指标的应用需求下,针对推进器开展减振降噪工作已经成为新型舰船设计的一个突破口,例如美国海军从鹦鹉螺号到鲟鱼级潜艇的变革中,由双轴双螺旋桨推进发展为单轴 7 叶大侧斜螺旋桨推进后,辐射噪声减小量高达 20 dB。在此基础上,进一步演变为海狼级和弗吉尼亚级潜艇后,由单轴泵喷推进器替代单轴 7 叶大侧斜螺旋桨,降噪量再次大于 10 dB,取得了令人瞩目的降噪成绩,也让设计人员真正认识到了推进器低噪声设计和声学设计对整个舰船减振降噪工作的重要性。

从推进器自身设计来看,无论是主推进器数量、额定转速,还是几何设计参数,如直径、叶片数、侧斜度等,均会显著影响推进器的辐射噪声,包括叶片直接辐射噪声、流固耦合振动噪声以及推进器非定常力激励船体产生的结构振动噪声,而且不仅影响到辐射噪声总声级大小,还会直接影响到线谱噪声频率和谱源级大小,进而影响到对舰船声指纹特征识别和定位的能力。

4) 经济性

经济性也是动力装置技术性能的主要指标之一,用航行每海里所需的燃油量来衡量,单位为 kg/n mile,类似于柴油机的比油耗。经济性指标关系到续航力的大小,主要取决于舰船的航速、主机的有效耗油率以及螺旋桨的效率。

从定性看,要提高动力装置经济性,降低航行每海里的燃油消耗量,增大续航力,主要有两种途径:一是减小柴油机的比油耗;二是提高动力装置的总推进效率,并使动力装置以最佳效率运行。

5) 机动性

动力装置的机动性主要指原动机准备启动、启动、加减速、停车、反转所需的时间长短,也包括最低工作转速和额定转速的比值。在舰船排水量和船型确定的情况下,动力装置机动性对舰船总体的机动性起决定性作用。动力装置的机动性取决于主机的相关性能、传动形式以及人员的技术水平。以倒车反转为例,发动机直接回行的时间为 8~10 s;回行离合器回行的时间为 3~8 s;调距桨回行的时间为 2~3 s。因此,应通过提升日常训练的质量,尽可能保证舰船动力装置的机动性。

6) 振动性能

舰船减振降噪的目的是实现安静、隐蔽,包括结构噪声控制、推进器噪声控制、水动力噪声控制、舱室空气噪声控制、声呐平台区自噪声控制、声目标强度控制等。其中,结构噪声源主要包括舱内机械设备振动激励船体辐射噪声、推进器脉动推力和力矩通过轴系激励船尾振动所激起的水下辐射噪声以及船外湍流激励船体振动所激起的水下辐射噪声,其声学传递通道主要指船体结构。依据振动噪声的基本理论,控制结构噪声的主要途径是减小振动、隔离传递途径、降低声辐射效率,且从源头上减小振动的效果最为直接。因此,动力装置(含主动力设备和辅助动力设备)的振动性能将直接关系到舰船的声隐身性能,需要重点关注。

综上所述,动力装置战技术性能将直接影响到舰船总体战技术性能指标参数的实现,必须服从和服务于舰船战技术性能。尤其需要注意的是,两者并不是矛盾和冲突的。从当前新型作战使命任务和反潜攻防实战能力来看,声隐身性已经成为新型舰船设计时的顶层需求之一,但该统领要素又是直接由快速性、推进器额定转速、数量及几何参数,以及舱内动力装置设备的振动性能来决定的,处于牵一发而动全身的地位,因此在设计时应采取反复迭代的方式来推进整个设计方案,同步确定总体要素、推进器方案以及动力装置设备的技术参数,而不能过多采用传统的"先总体、后推进器、再动力设备"的设计流程。

习题

1. 舰船动力装置的含义是什么? 由哪几个部分构成?
2. 简述动力装置战技术性能指标与舰船战技术性能指标的关系。

第 2 章　典型舰船主动力装置及其主机

原动机将燃料的化学能转换为机械能以保证提供推进动力所需的能量。按原动机类型来分,典型舰船主动力装置包括柴油机动力装置、燃气轮机动力装置、汽轮机动力装置、联合动力装置、核动力装置等。掌握典型舰船主动力装置及其主机,有利于快速掌握舰船动力装置的类型、结构、特点、使用和管理方法,并能够初步将动力装置的日常使用融入作战使用中去,提升攻防实战的能力。

2.1　柴油机及其主动力装置

2.1.1　柴油机基本结构组成与工作原理

柴油机是一种压缩发火的往复式内燃机械,其基本特征是燃料在气缸内部燃烧释放出热能,直接以燃气为工质推动气缸内的活塞做功,活塞带动曲轴旋转,把热能转变成机械能。

为了实现上述功能,柴油机的基本结构主要由以下几部分组成:固定件、运动件、配气机构、燃油系统及附属系统等。其中,固定件包括基座、基底、主轴承、气缸套、气缸盖等,运动件包括活塞、连杆、曲轴等,配气机构包括凸轮轴、摇臂、气阀机构等,燃油系统包括喷油器、喷油泵、高压油管等,辅助系统包括进气管、排气管等。此外,柴油机还必须有润滑、冷却、启动和控制等系统。综合而言,柴油机包括燃烧室组件、动力传递组件、换气机构、供油装置和辅助系统(见图2.1)。

柴油机的基本工作过程:燃烧需要的空气通过进气阀进入由气缸盖、气缸套与活塞顶组成的燃烧室空间,燃油经喷油器成雾状喷入气缸,与高温高压的空气混合并自行发火燃烧,推动活塞做功。活塞所做的功经连杆、曲轴汇集后以回转的形式输出,以作为推进力。燃烧后的废气又通过排气阀排出气缸,从而形成一个工作循环。如此循环往复,柴油机可以不断地向外输出机械功从而带动

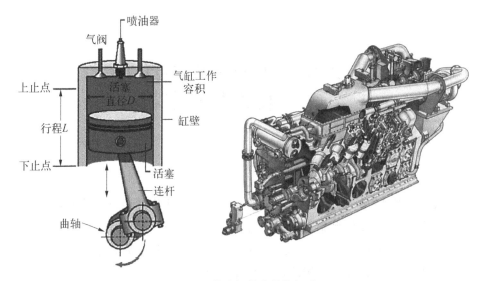

图 2.1 柴油机基本结构组成

推进器工作。可以说,柴油机的核心结构部件是气缸活塞结构,包括七大结构组件,分别是活塞、气缸、连杆、曲轴、气缸盖、气阀、喷油器;七个几何参数分别是上止点、下止点、行程、燃烧室容积、气缸工作容积、气缸总容积、压缩比。部分结构和参数如图 2.1 所示。

结合活塞和曲柄连杆机构的运动来看柴油机工作过程,对于应用广泛的典型四冲程柴油机而言,工作时,首先由曲轴带动活塞由上向下运动,空气经进气管、进气阀进入气缸内,称为进气行程;继而活塞反向上移,气缸内空气受到活塞压缩,称为压缩行程;在上止点附近,柴油通过进油管经喷油器喷入燃烧室,与被压缩的高温空气混合而着火燃烧,由于燃气膨胀而产生巨大的压力推动活塞向下运动,并通过连杆使曲轴旋转,向外输出力矩,称为膨胀做功行程;最后,活塞由下向上移动,将膨胀后的废气排出气缸,完成一个工作循环,称为排气行程。一个又一个工作循环重复进行,使柴油机连续运转起来,其对应的热力学过程如图 2.2 所示。可知,四冲程柴油机一个循环内曲柄旋转两周,四个行程完

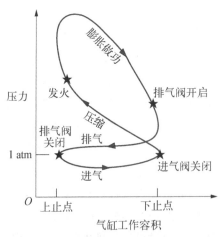

**图 2.2 四冲程柴油机工作
循环的热力学过程**

成一次做功。当柴油机单次工作循环简化为两个行程时,曲柄旋转一周即完成一次做功,包括辅助行程和做功行程,或者更准确地称为换气-压缩行程和膨胀-换气行程。

与四冲程柴油机相比,二冲程柴油机是将进气和排气过程合并到压缩与膨胀行程中进行,从而省略了两个行程。因此,二冲程柴油机曲轴回转一周就可以完成一个工作循环。在气缸直径、活塞行程与转速相同的条件下,二冲程柴油机的功率理论上应为四冲程柴油机的 2 倍,但实际上由于二冲程柴油机的换气时间短、换气质量差,其功率约为四冲程柴油机的 1.6～1.8 倍。总的来看,在提高功率方面二冲程柴油机比四冲程柴油机优越,但在换气质量和燃烧品质方面四冲程柴油机较二冲程柴油机优越。

柴油机的型号应反映柴油机的主要结构特征及性能,包括以下几项内容。

(1) 缸数和气缸排列形式符号:通常用数字表示气缸数;用字母表示气缸排列形式,如 V 表示 V 形,P 表示平卧形。

(2) 机型系列符号:由冲程符号和缸径符号组成。冲程符号用字母 E 表示二冲程,四冲程不标号。缸径符号用气缸直径的毫米数(取整数)表示。

(3) 特征符号:必要时,在机型系列符号后列出柴油机特征符号,表示柴油机的结构特点和主要用途。机器特征符号用字母表示,但结构和用途特征各仅限一个字母,不能多用。若工厂必须选用其他字母,应经主管部门批准。

(4) 变型符号:用数字序号表示改型的顺序,与前面符号用短横隔开。该数字序号由系列产品的主导厂按产品出现的顺序统一编定。

柴油机的型号排列顺序及符号代表的意义如图 2.3 所示。例如:"6135Z"表示 6 缸,四冲程,缸径为 135 毫米,增压;"6135C‐1"表示 6 缸,四冲程,缸径为 135 毫米,船用,第一种变型产品;"12V180ZC"表示 12 缸 V 形,四冲程,缸径为 180 毫米,增压,船用;"12VE230ZC"表示 12 缸 V 形,二冲程,缸径为 230 毫米,增压,船用。

2.1.2　柴油机主要性能参数和三大工作特性

柴油机的性能参数是衡量和评估柴油机性能的依据。柴油机性能通常可以从动力性、经济性、可靠性、紧凑性和环保性等方面加以衡量。此外,还有一些表征柴油机机械负荷、热负荷和强化程度等性能的工作参数。柴油机的主要性能参数包括以下几项。

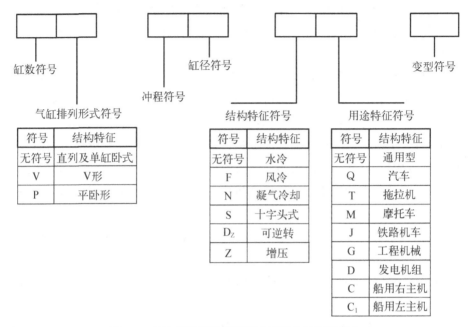

图 2.3　柴油机的型号排列顺序及符号代表的意义

额定转速(r/min)：通常指柴油机设计转速(100%转速)。

额定功率(kW)：通常指柴油机工作于额定转速下,曲轴飞轮端输出的制动功率。

最大持续功率(maximum continuous rating,MCR)：通常指柴油机工作于额定转速、发出额定功率的工况点,是柴油机的设计工况。

持续使用功率(continuous service rating,CSR)：通常指 90%MCR。

超负荷功率：通常指 110%额定功率。

平均有效压力 P_e(Pa)：指单位气缸工作容积每次循环做功的大小,也称为制动平均有效压力(brake mean effective pressure,BMEP)。

燃油消耗率 B_e(g/kWh)：指每小时发出 1 kW 功率对应的燃油消耗量,通常简称为耗油率,也称为比油耗(specific fuel consumption,SFC)。

此外,舰艇上,柴油机的用途主要有两个方面：一是用作推进主机带动推进器工作,二是用作发电机的原动机带动发电机工作。前者按推进特性工作,后者按负荷特性工作。柴油机的主要性能指标和工作参数随运转工况变化的规律称为柴油机的特性,使用和掌握柴油机的典型特性对柴油机的平时和战时使用管理来说尤为重要。柴油机的三大工作特性通常指柴油机工作范围、外特性曲线和万有特性曲线。

1）柴油机工作范围

为了使柴油机安全可靠地工作并达到一定寿命,对柴油机的工作范围必须加以限制,各种限制构成的区域即为柴油机的允许工作范围。典型柴油机的工作范围由 5 条曲线组成:额定力矩限制线、冒烟限制线、额定转速限制线、最低转速限制线、最低负荷限制线,如图 2.4 所示。其中,额定力矩限制线通常也称为最大负荷限制线,对应为 100% 的平均有效压力限制。当柴油机超过允许力矩限制线工作时,它会承受很大的机械负荷和热负荷,主要机件的强度、刚度都难以控制在允许范围内,其可靠性和寿命将显著降低,甚至引发各种故障。最低转速限制线通常指柴油机最低稳定工作转速,一般指空车怠速。柴油机以极低转速运转时,会带来各种危害,如燃料喷射压力过低,雾化不良,使得燃烧不完全,积炭严重;各轴承润滑情况变坏;各缸供油量的不均匀度显著增加,甚至个别缸不能保证发火燃烧,未燃烧的燃油可能沿气缸内壁流入曲轴箱,稀释滑油;燃烧室组件的内表温度偏低,燃烧生成物可能在气缸内壁凝结成微小水滴,溶入 NO_2、SO_2、CO_2 等气体后形成酸性液体,加速腐蚀机件并使滑油变质。因此,柴油机通常不允许长时间工作于最低工作转速,空车怠速时间通常不允许超过半小时。冒烟限制线通常是对舰艇操纵时档位加速

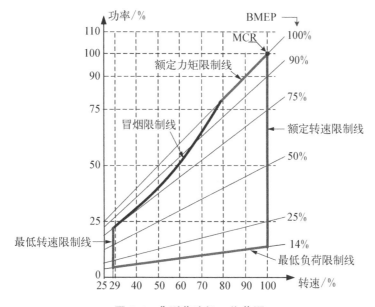

图 2.4　典型柴油机工作范围

过快导致燃烧不完全的限制保护,因此,车令改变时通常要求逐级加挡、间隔平稳运行后再次加挡,并尽可能减少紧急加速等非常规操船口令实施,以保持装备的使用寿命、减小故障率。

2) 柴油机外特性曲线

柴油机的外特性曲线通常指耗油量一定(油门齿杆固定在某一位置)时,柴油机曲轴飞轮端(输出端)的力矩随转速变化曲线以及功率随转速变化曲线。理想情况下,柴油机输出端力矩随转速增加保持不变,而功率随转速增加呈线性规律增加,如图 2.5 所示。当耗油量改变时,对应图 2.4 所示的制动平均有效压力改变,即可得到多组外特性曲线,有时也称为速度特性曲线,如图 2.6 所示。图 2.6 中,曲线 Ⅰ 为油门齿条位置固定在最大位置时,柴油机力矩(M)和功率(N)随转速(n)变化的曲线。从曲线 Ⅱ 至曲线 Ⅳ,油门齿条位置逐渐减小。与图 2.5 对比可知,柴油机输出功率随转速增加近似呈线性增加,其曲线变化的原因:柴油机每次循环进气量与转速有关,柴油机热负荷状态与转速有关,柴油机每次循环喷油量也与转速有关,当转速变化时,燃油混合燃烧存在波动,导致外特性曲线发生少量变化。

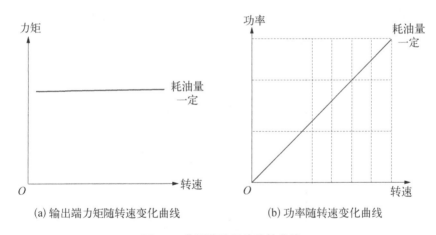

(a) 输出端力矩随转速变化曲线   (b) 功率随转速变化曲线

图 2.5　典型柴油机外特性曲线

3) 柴油机万有特性曲线

柴油机万有特性曲线通常指在柴油机工作范围内标示出耗油率曲线以及等耗油率曲线,如图 2.7 所示。可知,柴油机工作于额定转速时,耗油率要明显低于低转速工况。柴油机工作于 MCR 点时,达到理想工况,耗油率最小。

将柴油机工作范围、外特性曲线以及万有特性曲线都画于一张图时,可以表

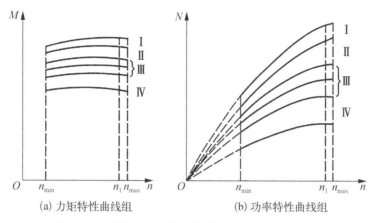

(a) 力矩特性曲线组　　　　　(b) 功率特性曲线组

图 2.6　典型柴油机速度特性曲线(多组外特性曲线)

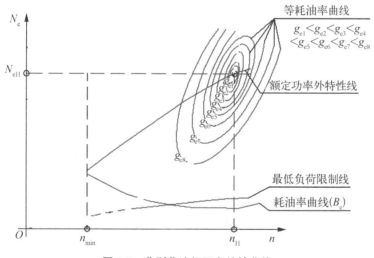

图 2.7　典型柴油机万有特性曲线

述柴油机核心运行性能,如图 2.8 所示。图中同时给出了超负荷功率外特性曲线以及 3% 的超速限制曲线。

2.1.3　柴油机动力装置的主要优缺点

　　鉴于柴油机自身具有耗油率低、使用寿命长的技术优势,以及单机功率小、功率密度小的不足,使得水面舰艇应用最为广泛的柴油机动力装置也具有明显的优点和缺点,优点主要有以下几方面。

　　(1) 具有较高的经济性。柴油机动力装置经济性好不仅体现在全速全负荷

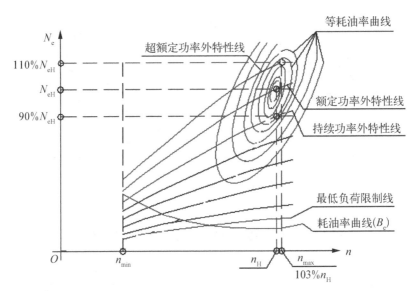

图 2.8 典型柴油机运行特性曲线

工况,而且在它的整个工作范围内都具有其他热机不能与之相比的经济性。

(2)具有良好的机动性。柴油机的启动、加速及停机性能优良且能直接反转。在正常情况下,一般柴油机可以在 10～30 min 内从启动加速到全负荷运行,而在应急情况时,相应的时间仅需 3～5 min。

(3)空气消耗量小,进排气道所占用的空间小,尤其是占用的甲板面积小,便于布置,使其较适用于舰艇动力装置。

(4)独立性和抗冲击能力较好。

(5)适应性强。能够在较高和波动的背压下,以及在较大的真空度下可靠工作,且功率减小不显著。还能做成低磁性整机,满足特殊要求。

此外,主要技术不足有以下几方面。

(1)中、高速舰船用柴油机单机功率较小。

(2)柴油机工作的振动、噪声比较大。由于柴油机是做往复运动而不是旋转运动的机械,会产生周期性的扰动力,所以柴油机的振动、噪声大,机件的摩擦、磨耗也较大,具有丰富的低频线谱振动噪声(见图 2.9),对舰艇水下隐身与反隐身不利。

(3)最低稳定转速较高。柴油机在低转速时稳定性差、易熄火,因此不能有较低的最低稳定转速,影响舰船的低速航行性能。

目前,船用低速大功率柴油机应用较多的主要是 MAN‑B&W 公司的 MC

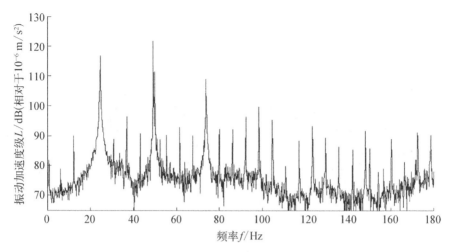

图 2.9　典型柴油机振动频谱

系列柴油机和 Wärtsilla‒NS 公司的 RTA 系列柴油机,中、高速大功率舰船用柴油机的典型机型有德国 MTU 公司的 396、956/1163、4000、8000 系列,法国热机协会的 PA、PC 系列及 MAN21/31,美国的 Carterpillar 柴油机等。

　　近年来,舰船用柴油机技术发展很快,主要体现在以下几个方面:大功率柴油机高增压技术及其低工况性能的改进,高可靠性模块化设计制造技术,中低速柴油机燃用重油技术,"智能型"电控技术和高压共轨燃油系统技术,低排放技术,以大功率高速柴油机为原动机的发电模块设计技术等。

2.2　燃气轮机及其主动力装置

　　燃气轮机是继汽轮机和柴油机之后于 20 世纪 50 年代发展起来的一种原动机。目前,舰用燃气轮机已成为舰船的主要动力之一,备受世界各国海军的重视,正在迅速发展。

2.2.1　舰用燃气轮机基本结构组成和工作原理

　　典型舰用燃气轮机的结构如图 2.10 所示,主要由压气机、燃烧室和涡轮三部分组成。其中,涡轮包括增压涡轮和动力涡轮,增压涡轮与压气机同轴,动力涡轮通过轴系带动推进器,也称为双轴燃气轮机。压气机、燃烧室和增压涡轮共同组成燃气发生器。

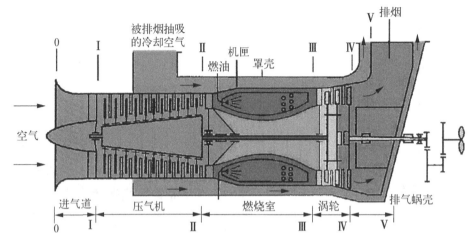

图2.10 典型舰用燃气轮机结构简图

压气机的主要作用是从大气中连续不断地吸入空气并将其压缩到一定的出口压力,从而保证燃气轮机装置所需的空气流量和增压比。燃烧室是影响燃气轮机运行的一个至关重要的部件,主要功用是加热工质,产生燃气。

燃气轮机的连续工作过程:压气机连续从大气中吸入空气并将其压缩,压缩后的空气进入燃烧室与喷入的燃料混合,由点火器产生的火花作为火源,使可燃混合气着火燃烧。产生的高温燃气在增压涡轮中膨胀做功,转变为机械功,约占燃气总膨胀功的2/3,主要用于驱动压气机及部分机带附件(如润滑油增压泵等)。高温燃气在动力涡轮中继续膨胀做功,其功率经主传动装置带动推进器。总的来看,压气机内吸气和压缩过程,燃烧室中燃料的燃烧过程,增压涡轮中的膨胀过程,动力涡轮中的膨胀做功过程,高温排气自然放热过程,共同完成燃气轮机将燃气能量转变成机械功的过程。燃气轮机在静止起动时,需用起动机带着旋转,待加速到能独立运行后,起动机才脱开。

2.2.2 舰用燃气轮机性能参数和主要工作特性

与柴油机类似,燃气轮机同样是内燃式动力机械,其典型性能参数包括额定转速、额定功率、最大功率、经济功率、燃油消耗率、热效率、压气机压比、温比、耗气率、加速性、振动和噪声。部分参数介绍如下。

最大功率:通常指110%~115%MCR。

经济功率:指最低燃油消耗区间运转时的功率。

燃油消耗率:简称耗油率,是衡量燃气轮机经济性好坏的重要标志之一。

耗油率愈低,装置的效率愈高,舰船的续航力愈大。

热效率:指吸入 1 kg 空气使装置输出的功与循环过程中吸收热量的比值。

温比:通常指燃烧室出口与压气机进口温度之比。

耗气率:单位时间内,燃气轮机单位输出功率的空气消耗量。耗气率大,则机组尺寸大,特别是进排气装置的流通截面积大,要占用的甲板面积大,对舰船的总体布置和强度都不利。

加速性:由冷态起动加速到额定功率所需要的时间。加速性好,改变装置工况所需要的时间短,可以更好地满足舰船机动性的要求。燃气轮机在加速性方面有独特的优点。典型燃气轮机从冷态起动到发出全功率只需 2~3 min,在紧急状态下,还可缩短到 1 min 左右。

振动和噪声:机组振动的大小,是衡量其工作平衡性和可靠性的指标之一。燃气轮机是高速回转机械,特别是燃气发生器的转速为 8 000~11 000 r/min,因此对其振动值控制较严格。由于燃气轮机是旋转式主机,水下辐射噪声较往复式内燃机要小。采用箱装体和减振基座后,能使水下低频线谱噪声进一步减小,从而提高声隐身性。

典型舰用双轴燃气轮机的结构部件简图如图 2.11 所示。与柴油机相比,燃气轮机同样包括三大工作特性。鉴于其转速较高,工作范围宽广,动力装置使用时主要关注其外特性曲线。典型双轴燃气轮机的输出力矩和功率随轴系转速的变化规律如图 2.12 所示。由图可知,在耗油量一定的情况下,随着负载转速增加,动力涡轮输出功率近似不变,力矩与转速成反比关系。原因是对双轴燃机来说,动力涡轮转速与燃气发生器转速不直接相关。只要压气机转速一定,则燃气发生器产生的功率一定,传递给动力涡轮的功率一定。当负载转速减小时,动力涡轮转速随之减小,对应为动力涡轮制动力矩迅速增加。

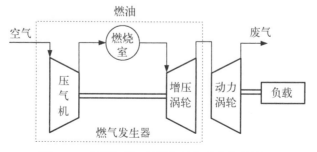

图 2.11　典型舰用双轴燃气轮机结构部件简图

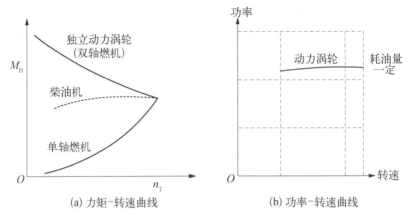

(a) 力矩-转速曲线　　　　(b) 功率-转速曲线

图 2.12　典型双轴燃气轮机力矩-转速、功率-转速变化曲线

　　实测得到某舰用燃气轮机动力涡轮端的输出功率随转速的变化关系如图 2.13 所示。由图可知,耗油量一定时,在中高转速区间,功率随转速变化较小,与理论情况一致,但在低转速区间,由于进气量及燃烧过程的影响,功率随转速近似呈线性增加,与柴油机类似。从图 2.13 中也可得出燃气轮机的工作范围,包括最大负荷限制线、最低负荷限制线、额定转速限制线和最低转速限制线。

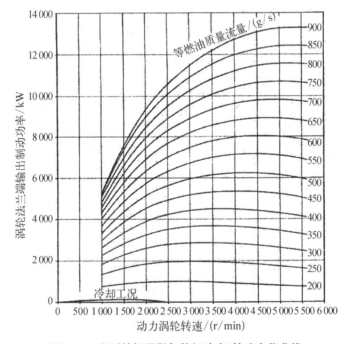

图 2.13　实测某舰用燃气轮机功率-转速变化曲线

2.2.3　燃气轮机动力装置的主要优缺点

燃气轮机作为推进系统主机时,构成燃气轮机主动力装置。它既具有突出的技术优势,也存在一些技术不足。

1) 燃气轮机动力装置的主要优点

(1) 单机功率较大。例如,英国 Rolls‐Royce 公司的 MT50 船用燃气轮机的额定功率已达到 50 000 kW。

(2) 启动及加速性能优越。如美国 GE 公司的 LM2500 燃气轮机启动时间平均为 48 s,从空负荷到全功率的加速时间不超过 30 s。

(3) 功率密度大,单位功率的质量和体积小。燃气轮机结构紧凑,发动机本身质量、尺寸较小,目前先进的 MT50 燃气轮机的比质量达到 0.52 kg/kW,LM2500 机组的比质量为 1.36 kg/kW,即使是具有中冷回热循环、结构复杂、质量较大的 WR21 燃气轮机,其比质量也仅为 1.82 kg/kW。同等功率的燃气轮机的体积是柴油机的 1/5~1/3,是汽轮机的 1/10~1/5。

(4) 独立性好,生命力强。燃气轮机组的系统相对简单,附属装置较少,故独立性好,遭受攻击的可能性小。特别是燃气轮机一般均采用密封的、具有隔振功能的箱装体结构安装在舰体上。其功率输出轴通过具有补偿与隔振功能的联轴器驱动减速齿轮箱的主动轴,因而其抗冲击和抗核污染的能力得以进一步提高,而且在机舱局部浸水的情况下仍能继续工作,大大提高了生命力。LM2500 机组的试验表明,在船体附近 200 g 炸药的爆炸冲击下,机组仍能照常工作。

(5) 振动和噪声小。由于燃气轮机是回转机械,并且一般采用具有减振基座的箱装体结构,因此其振动和噪声对舰体的影响相对较小。但燃气轮机的空气噪声很大(机匣内噪声可达 145 dB),通常需要在进排气道中安装消音器。

(6) 检修方便,管理简单,易于自动化控制。目前先进的舰用燃气轮机大修周期可达 50 000~60 000 h。燃气轮机单机尺寸小,在舰船上的维护工作量也较小,而且易于实现进气装置更换吊装,采用"更换修理法",如 LM2500 燃气轮机的燃气发生器在泊位上的更换时间一般不超过 24 h。另外燃气轮机的附属设备多设在发动机本体上,因此,易于实现自动化控制。

2) 燃气轮机动力装置的主要缺点

(1) 经济性比柴油机差,特别是偏离额定工况时的耗油率增加更大。现代先进的燃气轮机,如 WR21 燃气轮机在额定功率时的燃油消耗率已达到 183 g/kWh,LM2500⁺ 燃气轮机的燃油消耗率为 221 g/kWh,这已与高速柴油机的耗油率相当,但是在低工况运行时,耗油率还将大大增加。

(2)燃气轮机组不能直接反转,要配置专门的倒车装置或调距桨。

(3)进、排气通道截面积大,舱内布置困难,空气耗量大,进气口占用面积大,使上甲板的布置比较困难。

(4)排气温度高,热辐射强,因而热信号特征也强。

(5)对温度等环境条件十分敏感。

(6)对燃油质量要求高。

目前,国外舰用燃气轮机大多是对航空用燃气轮机进行舰用化改型后的产物,如 LM 系列、OLYMPUS、MT 和 SPEY 等。专门为舰用设计的燃气轮机有乌克兰 GT 系列燃气轮机等。

舰用燃气轮机的发展始终围绕着增大功率、提高效率、降低尺寸和质量而前进,重点是如何提高装置的效率。今后的发展,一是继续发展高初参数的简单循环,不断提高燃气初温,相应地提高压比,为此采用了先进的冷却技术,冷却技术的改善平均每年使燃气初温提高约 25℃,同时研制耐热的高强度材料,研制工程陶瓷材料,其耐热温度可达 1 600℃,高温材料的发展平均每年可使燃气初温提高 10℃;二是发展复杂循环,充分利用燃气轮机排气热量,以提高机组总效率,为此,采用回热循环和燃气轮机、汽轮机复合循环;三是进一步完善燃气轮机各主要部件的性能;四是大力发展小功率燃气轮机。

2.3 汽轮机及其主动力装置

2.3.1 汽轮机动力装置概述

汽轮机是一种由高温、高压蒸汽驱动的叶轮机械,将蒸汽热能转换为机械能。汽轮机动力装置由锅炉、汽轮机、冷凝器、给水泵、给水预热器、减速齿轮箱、传动轴系及推进器等组成。其中,锅炉、汽轮机、冷凝器和给水泵是产生机械能的主要设备。

汽轮机动力装置是以蒸汽作为工质的动力设备,将舰船所携带的燃油化学能转变为推动舰船运动的机械能,并保证舰上各类电气设备工作的电能以及为满足舰员生活和其他用途所需的机械能和热能。其结构如图 2.14 所示,工作过程为:燃油由燃油泵从油柜中抽出并加压后送至位于锅炉中的喷油器,由喷油器喷入锅炉的燃烧空间,在炉膛内与由鼓风机送来的空气进行混合燃烧,从而释放出大量的热能,这些热能将锅炉中的水加热成高温、高压的过热蒸汽。过热蒸汽由管路引入汽轮机,在汽轮机中将过热蒸汽的压能和热能转变为机械能,即膨胀做功。所做的功由汽轮机的输出轴传出,通过后传动装置和轴系带动螺旋桨转动。做完功的蒸汽进入冷凝器凝结成水,再经给水加热器加热后由主给水泵送入锅炉,重新被加热成蒸汽,形成一个周而复始的工作循环。可见,上述过程包括燃料化学能转变为工质热能和工质热能转换为机械能两个部分。

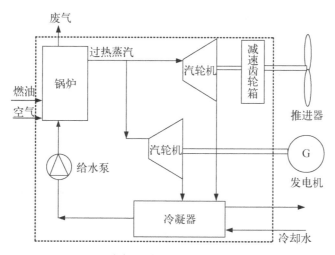

图 2.14　汽轮机动力装置工作过程示意图

一般来说,汽轮机动力装置的单机功率较大,工作时运转比较平稳、噪声较小,工作可靠性好、寿命长,对燃油的要求低;但其缺点是启动时间较长,机动性差,经济性也差。

2.3.2　锅炉和汽轮机

锅炉是汽轮机动力装置的主要设备之一,其功用是将燃油的化学能迅速且高效地转变为热能;将产生的大量热能传给锅炉中的水和蒸汽,产生规定数量的、有一定压力和温度的蒸汽。锅炉主要由锅炉本体、过热器、经济器及锅炉附属物等四个部分组成。

锅炉本体的功用是使水蒸发产生饱和蒸汽。过热器的功用是使饱和蒸汽进一步吸热,达到过热状态。经济器的功用是利用锅炉较低温度的烟气使即将进入汽筒的给水进一步预热。锅炉附属物是安装在锅炉本体上的,是管理和调节锅炉作用的仪器和装置。锅炉的工作过程是燃烧产生热能,吸收这些热能并将热能传给它内部的水和蒸汽,使水蒸发并过热。

汽轮机是汽轮机动力装置的另一主要设备。其功用是把锅炉所产生蒸汽的热能转变成机械能,因此,它是将蒸汽的热能转变为机械能的设备。汽轮机的工作原理与燃气轮机相同,只是做功工质由燃气变成了蒸汽。在汽轮机动力装置中可有多套汽轮机,如带动螺旋桨的主汽轮机,也称为高压汽轮机;带动辅助机械的辅汽轮机,也称为低压汽轮机。

2.3.3 汽轮机外特性曲线

汽轮机外特性曲线是指在变工况下,主汽轮机的输出力矩 M 及输出功率 N 随转速 n 变化而变化的规律。通常,在试验台上试验主机时,保持进入主汽轮机的蒸汽参数和冷凝器中的压力为常数,通过改变主机轴上负荷的方法改变转速,每改变一次转速测定一次输出力矩 M 及输出功率 N。这样,在某一耗汽量 G 时,可以得到一条 $M-n$ 和一条 $N-n$ 的曲线;当改变耗汽量 G 时,可以得到一组 $M-n$ 曲线和一组 $N-n$ 曲线,曲线的形状如图 2.15 所示。

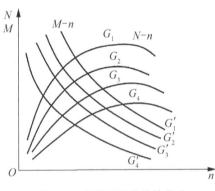

图 2.15 汽轮机的外特性曲线

从外特性曲线上可以看出以下关系:

(1) 输出力矩 M 与转速 n 成近似直线的关系,且 n 下降时,M 增加。

(2) 输出功率 N 与转速 n 成近似抛物线的关系。

2.4 柴-柴、柴-燃、燃-燃联合动力装置

大多数战斗舰船要求有较高的全速功率,而使用全速功率做全速航行的时间是很少的,约占整个服役期的 2%~5%,大部分时间用巡航速度航行,巡航速度一般为全速的 50%~70%,相应所需的功率为总功率的 12.5%~34.3%。若以巡航速度为全速的 60% 计算,则巡航功率仅为总功率的 21.6%,因此,大部分装置的功率处于"闲置"状态。如何合理配置推进装置,解决好舰船全速功率大和巡航经济性好这对矛盾,是舰船设计的一项特殊要求,这就形成了各种各样的联合动力装置。

2.4.1　联合动力装置的概念

联合动力装置的早期概念主要是从主机联合的角度提出的,是指由两种不同形式主机或同一形式的主机联合而成的动力装置,一般用于大、中型水面舰船。通常用五个字母(COXFJ)来表示由柴油机(D)、汽轮机(S)和燃气轮机(G)两两组合而成的联合动力装置。这些字母的含义如下：CO 表示联合;X 表示巡航机,J 表示加速机,X、J 是三种原动机中的一种;F 表示联合的方式,X 和 J 共同使用时 F 为 A,X 与 J 交替使用时 F 为 O。由于三种原动机的性能特点及其适用性不同,这决定了并非两两原动机组合就能成为合理的联合动力装置。

目前,动力装置的联合不仅局限在主机上,不同传动方式、不同推进器也可以实现联合使用。所以,随着舰船航行工况的不同而改变运行发动机、传动方式和推进器的推进装置,可统称为联合动力装置(或联合推进装置)。

随着舰艇动力装置技术的发展,为了满足新条件下舰船发展的需要,未来新型舰船除继续使用一些原有的联合推进装置外,还将出现一些新的形式。

2.4.2　典型联合动力装置的结构形式及特点

从主机角度讲,联合动力装置最典型的结构形式包括柴-柴联合动力装置、柴-燃联合动力装置、燃-燃联合动力装置。

1) 柴-柴联合动力装置(combined diesel and diesel power plant,CODAD)

目前这种联合动力装置的主要构成形式是由多台柴油机并车构成的共同使用式联合动力装置,而且大多采用相同型号的柴油机,也称为全柴并车推进装置,如图 2.16 所示。考虑到传动装置和控制系统的简化,目前,这种动力装置一般多采用双机并车驱动一桨的方式,而三机甚至四机并车驱动一桨的方式已很少采用。

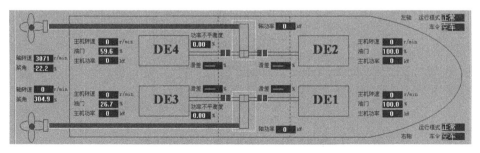

图 2.16　典型柴-柴联合动力装置结构组成

CODAD 的主要特点：实现双机并车，可满足较高航速对功率的需求；巡航和低工况时每轴可由任意一台发动机工作，发动机工况佳，效率较高；发动机可轮换工作，便于轮修，可靠性高，生命力强。

CODAD 动力装置主要应用在护卫舰及高速商船中，如法国的拉菲耶特级护卫舰；沙特的 F2000 和 F3000 型护卫舰；意大利的智慧女神级护卫舰；西班牙的侦察级护卫舰；丹麦的西提斯级护卫舰以及泰国的湄南级护卫舰等。

2) 柴-燃联合动力装置(combined diesel or/and gas turbine power plant, CODOG/CODAG)

柴-燃联合动力装置有两种形式，如图 2.17 所示，其巡航主机为柴油机，加速主机为燃气轮机。CODOG 代表交替使用式柴-燃联合动力装置，其工作方式为舰船巡航航行时由柴油机提供推进动力，全速航行时则由燃气轮机提供推进动力；CODAG 则代表共同使用式柴-燃联合动力装置，舰船巡航的推进动力由柴油机提供，而全速航行时则由柴油机与燃气轮机共同提供推进动力。

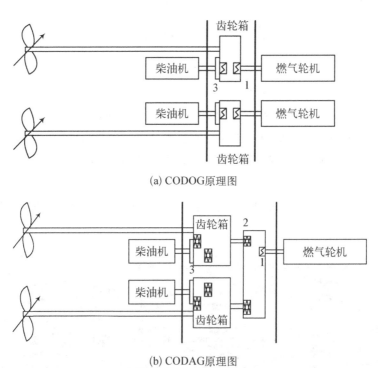

(a) CODOG原理图

(b) CODAG原理图

1—3S 离合器；2—摩擦离合器；3—液力耦合器。

图 2.17 柴-燃联合动力装置典型配置示意图

一方面,由于采用了质量很轻的燃气轮机组提供最大的功率,装置的单位质量和绝对质量显著下降,同时,舰船的机动性也得到改善,启动、加速过程加快;另一方面,由于采用了寿命较长、耗油率较低的柴油机作为巡航机组,增大了舰船的续航力;此外,采用两个彼此独立的机组,提高了装置的可靠性,增强了舰艇的生命力。因此,柴-燃联合动力装置在舰艇上得到了广泛的应用,尤其是护卫舰、驱逐舰等级别的舰艇。典型的如德国的 F122 与 F123 级(采用 CODOG)、F124 级(采用 CODAG)护卫舰;荷兰的 LCF 级防空护卫舰;法国的 C70 级护卫舰;意大利的狼级、西北风级护卫舰;韩国的 KDX－1 级、KDX－2 级驱逐舰;挪威的南森级护卫舰等。

但是,柴-燃联合动力装置也有明显的缺点。一是机型多,传动装置也较复杂。如某 CODOG 推进系统有两种不同的发动机,其传动装置除齿轮箱外,有两种类型的离合器、三种形式的联轴器,给人员培训、管理使用、维修保障带来较大的麻烦。二是巡航柴油机采用双层隔振加箱装体,满足了减振要求,但代价(占有质量、容积和费用)太高。三是对 CODOG 装置而言,大功率加速燃气轮机工作时间少。四是 CODAG 装置对传动装置和控制系统的要求高。

由于共同式并车装置的结构更复杂,对负荷均衡控制技术要求较高,原先大多采用交替式联合动力装置。但是,随着发动机技术、传动技术以及控制技术水平的提高,CODAG 型柴-燃联合动力装置将得到更多的应用。例如,由于德国解决了传动与控制方面的问题,其 F124 护卫舰已从 F122 和 F123 护卫舰采用的 CODOG 型改为 CODAG 型动力装置。F124 采用 CODAG 后与 F123 的 CODOG 相比具有以下优点:在满足航速要求的前提下,CODAG 的投资费用相当于 CODOG 的 79%～83%;CODAG 的燃油费用相当于 CODOG 的 77%～82%;CODAG 的维修费用相当于 CODOG 的 35%～75%;具有更多的运行灵活性;生命力、声学特性与 CODOG 方案基本一致。

3) 燃-燃联合动力装置(combined gas turbine or/and gas turbine power plant,COGOG/COGAG)

燃-燃联合动力装置也主要有两种形式,分别为交替使用式燃-燃联合动力装置(COGOG)和共同使用式燃-燃联合动力装置(COGAG)。与柴-燃联合动力装置的区别是选择功率较小且经济性好的燃气轮机作为巡航主机。对于 COGAG 形式的装置,为了减少机型、使装置构成简单,目前应用较多的是采用相同型号的燃气轮机,没有明显的巡航机与加速机之别,也可称为全燃并车推进装置。

燃-燃联合动力装置功率大,质量、尺寸小,机动性能优越,经济性也比较好。

COGOG 型联合动力装置主要应用在护卫舰、驱逐舰等舰艇上,而 COGAG 则多应用于驱逐舰以上的舰艇。早期的有苏联的卡辛级驱逐舰、20 世纪 70 年代美国的 DD963 驱逐舰、日本的 16DDH 直升机母舰、美国的 sealift 高速支援舰以及意大利的加里博迪轻型航母等。

习题

1. 绘图描述典型柴油机的工作范围、外特性曲线以及万有特性曲线,阐述舰用柴油机动力装置的主要优缺点。

2. 描述典型舰用燃气轮机的主要性能参数和工作特性,分析舰用燃气轮机装置应用的可改进之处。

3. 分析比较我现役舰用 CODAD 和 CODOG 联合动力装置各自的优缺点。

4. 简述汽轮机动力装置的优缺点。

第3章 传动装置与典型传动设备

在典型原动机产生能量的基础上,要实现动力装置高效利用能量,还必须设置有效、便利、可靠的传动环节,即前述传动装置。该环节不仅需要满足能量高效、可靠传递的需求,还要实现动力装置使命任务中所规定的相关功能,如正倒车、并车与解列、加减速甚至超速、拖轴与锁轴等,通常由轴系和相关典型传动设备共同实现。掌握典型动力装置的轴系和主要传动设备的结构组成、工作原理和性能特点,对于动力装置的操作使用和维修保养来说均至关重要。

3.1 动力装置轴系

3.1.1 轴系概述

1. 轴系的功用

轴系又称为传动轴系。从广义上讲,轴系及其附件是指从发动机到推进器之间的全套设备。轴系的功能是将发动机产生的动力传递给推进器,同时把推进器产生的推力经过推力轴承传递给船体,推动船体运动。

2. 轴系的组成

图3.1是一种配有离合器的直接传动轴系的组成示意图,右端是主机,左端是螺旋桨,两者由轴系及其附件连接成整体,轴系通常由六个部分组成。

1) 传动轴

传动轴是轴系的主体。舰船轴系一般较长,有的大、中型舰船的轴系长达50 m以上,这样长的传动轴系要想做成一整根传动轴是不可能的。为了加工、制造、运输、拆装的方便,往往把它分成很多段,并用联轴器连接起来,形成一个整体的传动轴。根据轴段所处位置的不同,由前向后一般可分为推力轴、中间轴、艉轴和螺旋桨轴等。有的布置在中、小型舰船舷外的轴系较短,螺旋桨轴和

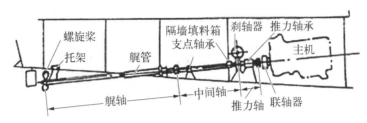

图 3.1　直接传动轴系的组成

舰轴做成一个整体,不再分成两段,统称为舰轴。

（1）推力轴。

由于螺旋桨产生的轴向力很大,通常要求传动轴上专设一推力轴承将舰轴上的轴向力传给舰体以推动舰体运动。通常将推力轴承所在的轴段称为推力轴。采用间接传动的推进系统,推力轴承通常设置在正倒车减速齿轮箱内,与齿轮箱合为一体,因此这种推进轴系不再设置单独的推力轴。

（2）舰轴和螺旋桨轴。

舰轴的左端安装螺旋桨且在水中工作。右端经过舰管（或称舰轴管）进入舰体内部与中间轴连接。有时这一段距离很长,整根钢材很难加工,且难以装拆修理,则通常将舰轴分成两部分:从螺旋桨到舰管处构成螺旋桨轴,从舰管处到与中间轴联结处构成舰轴。螺旋桨轴与舰轴用外径很小的联轴器联结,因为这个联轴器在水中,直径小,可有效地减少航行时的附加阻力。

（3）中间轴。

将舰轴、推力轴、主机（或离合器）连接起来的其他传动轴段称为中间轴。图 3.1 中仅有 1 根中间轴,但有的轴系比较长,中间轴可能多于 1 根（有的舰船的中间轴就有 3 根）。有的轴系较短,可能没有中间轴。

就相对位置而言,推力轴通常紧靠主机（或离合器）,用以保护主机或离合器的功率输出轴不受轴向力的作用。也可能介于舰轴和中间轴之间或 2 根中间轴之间,主要由轴系布置确定。有的小型舰船采用的主机与回行离合器推力轴承构成一个整体,有些减速齿轮箱或并车齿轮箱中也往往同时包括了推力轴承,在这些情况下,轴系中没有必要再设推力轴承,当然也不需要设置推力轴了。

2）连接设备

两根传动轴段要联结在一起才能传递转矩和轴向力,必须设置联轴器。联轴器的功用是将两个轴段或主机与传动轴或后传动装置（如离合器）与传动轴连接在一起传递动力。

另一种连接设备为结合器,与联轴器类似,但它可以在轴系静止时脱开,根据需要实现两根轴段之间的连接与脱离。

离合器也是一种连接设备,但它在轴系运转与静止的条件下均可实现结合与脱开。

3）支撑设备

联轴器将传动轴段连接在一起形成轴系整体,要使轴系能正常运行,必须设置轴承。它的功用是支撑轴系及承受螺旋桨产生的轴向推力。按轴承的功用不同,可将轴承分成三类:推力轴承、辅推力轴承、支撑轴承。其中支撑轴承按其工作位置不同而造成的工作环境不同可分为支点轴承、艉管轴承和艉轴架轴承等。

承受螺旋桨轴向力的轴承称为推力轴承,一般只设一个。在排水量较大的舰船上也可再设置一只推力轴承,但它的承载能力约为前一个推力轴承(主推力轴承)的三分之一左右,通常将它称为辅推力轴承。辅推力轴承在平时只做一般的支点轴承用,在主推力轴承故障时,通过人工操作使其能承受推力。

在舰体内仅起支撑轴系作用的轴承称为支点轴承,也称为中间轴承。其数量随中间轴的数目而定。在艉管的右端,艉轴进入舰体内部处设有艉管轴承。它的左端在海水中,右端在舰体内的空气中,因此它通常与密封填料箱构成一个整体。在舰体外支撑艉轴或螺旋桨轴且在水中工作的轴承称为艉轴架轴承。

4）密封装置

为了保证传动轴穿过水密隔墙处的水密性,以及艉轴穿过舰体进入水中处的水密性,都需要在这些场所设置密封装置。前者单独地设置在水密隔墙上,称为隔墙填料箱。后者与艉管构成一个整体,称为艉管装置。

5）刹轴、转轴装置

为了在必要时不让轴系转动以减少不必要的磨损或对主机、轴系进行抢修,一般均在轴系中装有刹轴装置。刹轴装置主要是指刹轴器,刹轴器大体上分为两类:一类是非自动的,由人力刹住或松开;另一类是自动的,它通常还与能直接回行的主机操纵系统联锁在一起,可以提高机动性。

日常检试和维护中需要慢速转动轴系时,需要设置转轴装置。转轴装置主要是指盘车机,它有时与主机的盘车装置合为一体。

6）测量装置

轴系中必须设置测量转速的装置,称为转速仪,它的功用是测量轴系的转速。大、中型舰船通常还设有测量轴系转矩的装置,称为转矩仪。有的舰船还设有测量轴向力大小的推力测量装置。

有些轴系还设有其他设备,如防止轴系腐蚀的阴极保护装置等。

由于各种舰船所采用的动力装置类型不同,轴系的长度也相差很大,所以轴系组成中的元件也会有所区别,不能一概而论。

3. 轴系的数目与布置

1) 轴系的数目

轴系的数目在动力装置方案设计时进行确定。轴系的数目与舰船的使命和任务、航行性能、主机的特性和数量、舰船的生命力、动力装置的工作可靠性和经济性等因素有关。目前,军用舰船一般配置 2～4 根轴系。

统计表明,轻型护卫舰以上的舰船大都采用双轴系;3 万吨级以上的舰船,如航空母舰等,由于对主动力装置总功率的需求很大,也有采用 4 轴系布置的。也有极少数的导弹驱逐舰采用了单轴系布置。出于反潜作战的需要,为了尽量降低动力装置的水下辐射噪声,有的设计成"安静型"舰船,动力装置采用柴电传动,主柴油发电机组安装在双层隔振座上,主推进电机带动大侧斜螺旋桨工作,单轴系布置,大大地降低了主推进系统的水下结构噪声。

有些高速小艇,由于主机功率和布置上的原因,采用了 3 轴系或 4 轴系,这些小艇大都采用间接传动,艇的排水量小,螺旋桨的直径受吃水限制也比较小,因此采用多机多桨多轴系的形式。

2) 轴系的布置

轴系的布置先要确定轴线。轴线是指主机(或传动齿轮箱)输出法兰中心与螺旋桨中心之间的连线。因此,确定轴线的关键是确定主机和螺旋桨这两个中心的位置。

以柴油主机(或传动齿轮箱)为例,其输出法兰中心的高度受到它们结构的约束,通常要高出龙骨水平面相当的距离(至少要大于舰体双层底的厚度与输出法兰中心到机体底部距离之和)。该中心在艏艉上的位置还取决于机舱所处的位置。当轴系数目在两根以上时,两个输出法兰在舰体横剖面上的距离还受到柴油机宽度等多个因素的影响。同样,螺旋桨中心的位置也有各种约束。

轴线与水平面(或舰体的基准平面,即通过龙骨的水平面)及纵剖面分别形成倾斜角 α 与扩散角 β,如图 3.2 所示。轴线的倾斜角 α 与扩散角 β 应尽可能小一些,当它们过大时会产生两个不良后果:

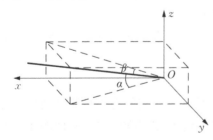

图 3.2 轴线的倾斜角与扩散角

一个是螺旋桨桨叶转动时,不同的位置有不同的相对进程 λ_p,这导致受力不平衡而使轴系产生振动;另一个是降低推进效率,桨叶产生的轴向推力变成舰体前进方向的有效推力将明显减少。

综合考虑上述各种因素后,即可确定轴线的位置,并算出 α 与 β。一般水面舰船要求 $\alpha \leqslant 5°$, $\beta \leqslant 3°$。超出此范围时要采取各种措施,使之能符合要求。必要时,应会同舰体设计人员协商。因此,确定轴线位置往往需要多次反复进行。在这一过程中还牵涉机舱位置的变化、传动齿轮箱选型、主机是否需要进行局部改装等许多重大的决策。即便如此,有的高速艇仍会超过这个范围,再考虑到这些舰在航行时,舰首抬起,轴系与水平面的夹角更大,螺旋桨将在很大的斜流中工作。为了改善螺旋桨的工作条件,可采用折角传动装置。

理想的轴线位置最好是布置成与船体龙骨线(基线)平行,多轴系的轴线最好布置成左右舷对称并保持与纵垂面平行。对于机舱位置在船体中部的中大型舰船,这样的布置有可能实现;而对于机舱位置靠后或靠船尾的小型舰船,这种理想位置就很难实现。在高速小艇设计中,为了减小轴线的倾斜角和扩散角,提高推进效率,可采用折角传动的轴系,如图 3.3 所示。

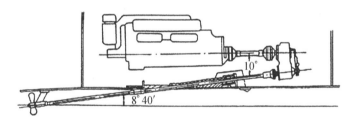

图 3.3　折角传动轴系

4. 对轴系的要求

轴系各元件的数量和位置的确定取决于是否能够很好地满足轴系的功能要求。一般来说,轴系应当满足下述各项要求:具有足够的强度;尽可能小的摩擦以获得高的传动效率和长的工作寿命;在工作范围内不存在各种共振转速;能适应船体的变形;能有效地防止海水对舰轴的腐蚀;在轴系穿过水密隔墙处有可靠的密封防漏措施;尽可能小的质量、尺寸;便于制造,便于拆装和日常维护检修等。

3.1.2　传动轴

1. 推力轴

通常推力轴的一端与发动机连接,另一端与中间轴连接。推力轴一般都带有整锻法兰,在采用滚动式推力轴承时才使用可拆式法兰。在米切尔式推力轴承中,推力轴的中部设有推力凸缘,与推力轴的推力垫块配合,承受轴向力。在有减速齿轮箱的传动装置中,通常将推力轴承布置在减速齿轮箱内,此时轴系中不再设置推力轴。

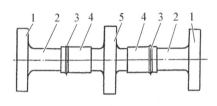

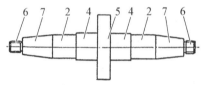

1—连接法兰;2—轴干;3—甩油环;4—轴颈;
5—推力环;6—螺纹部分;7—锥体。

图 3.4　推力轴

推力轴的两端一般都带有整体式法兰,在采用滚动式推力轴承时才使用可拆式法兰,如图 3.4 所示。

2. 中间轴

在中间轴、推力轴和艉轴等传动轴中,以中间轴最为简单。中间轴一般设置在螺旋桨轴与推力轴之间。有的柴油机的飞轮输出端要求接一段短轴并配有轴承,用以分担飞轮质量,以免影响曲轴的拐挡差。由于该短轴位于推力轴承之前,所以它不承受轴向推力。这种只承受转矩而不承受轴向推力的轴称为扭力轴。中间轴上还可安装制动器、轴带发电机及转速发讯器等附件。

中间轴的长度根据工厂加工条件、装拆的方便性、总体布置的需要、共振转速限制、主机和螺旋桨的距离等因素共同决定,数量由轴系总长度及每根轴的长度决定。机舱在中部的轴系,中间轴的数量可达 2～3 根。而机舱在艉部的轴系一般只有一根中间轴,甚至不设中间轴。

中间轴的结构形式主要有带整体式法兰和带可拆式法兰两种。带整体式法兰的中间轴具有质量轻、尺寸小和安装方便等优点。法兰和轴一起锻出。有的法兰可采用焊接结构。图 3.5 所示为带可拆式法兰的中间轴,一般仅用于小型舰船以及带滚动轴承的舰船。图中标注的加粗部分(4),是为了增大锥体部的尺寸和强度。

现代舰船一般每根轴采用一个轴承,相应的轴颈也只有一个。在具有多根中间轴的长轴系舰船中,紧靠推力轴

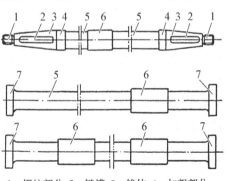

1—螺纹部分;2—键槽;3—锥体;4—加粗部分;
5—轴干;6—轴颈;7—法兰。

图 3.5　中间轴的结构形式

的第一根中间轴往往采用两个轴承,其相应的轴颈也有两个。中间轴的直径按计算求得,轴颈离法兰的距离一般在 $0.2L(L$ 为轴长)处。轴承位置与此对应。

在艉部机舱的大型舰船轴系中,由于轴承的轴向位置与各轴承的负荷是否均匀关系很大,应通过计算求得轴承位置,可不受 $0.2L$ 的限制。

3. 艉轴(螺旋桨轴)

与中间轴、推力轴相比,艉轴的工作条件较恶劣,如在海水中工作、载荷大且复杂等。在艉轴与海水之间若不采取十分可靠的隔离措施,则会产生"腐蚀疲劳",即其持久极限在一定的工作周期后会降得很低甚至为零。因此必须采取可靠的保护措施。

装螺旋桨的一端是悬臂梁,因而要承受数值较大的交变应力,容易使轴疲劳损坏;螺旋桨的液力和机械力不平衡,使轴遭受周期性变化的负荷;轴承不均匀磨损,轴线不正,导致弯曲应力增加;在大风浪中航行时,螺旋桨会空转和深沉,使轴产生附加的动载荷;螺旋桨的绞缆、撞击杂物等会产生很大的冲击负荷。因此,艉轴必须有足够的强度储备,有好的耐磨性和防腐措施,并有合理的工艺结构。

目前,小型舰船的艉轴长度为 $9\sim11$ m,个别的达到 14 m;中型以上舰船的艉轴长度约为 15 m。有的中、大型舰船,艉轴的前联轴器与螺旋桨相距 20 m,如设计成一整根艉轴,将难以加工制造,不得不将舷外部分的艉轴分成两段,构成艉轴和螺旋桨轴。

图 3.6 所示是艉轴的结构形式。图 3.6(a)所示为带可拆式法兰、无轴套和轴包覆的螺旋桨轴,一般用于油润滑艉管。图 3.6(b)所示为带整体式法兰,并带轴套和轴包覆的螺旋桨轴,一般用于水润滑艉管。

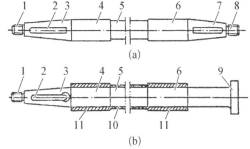

1—艉螺纹;2—键槽;3—艉锥体;4—后轴颈;
5—轴干;6—前轴颈;7—前锥体;8—前螺纹;
9—前连接法兰;10—轴包覆;11—轴套。

图 3.6 艉轴

由于艉轴工件条件恶劣,暴露于海水中的轴干表面必须采用严密的隔离海水措施。这些措施如下:

(1) 在轴上涂防腐漆或镀铬或镀镉。这种方法简单易行,但易遭受机械擦伤,可靠性差。为此,在涂层上再包一层防护层,如紧扎一层麻绳或包 $3\sim4$ 层帆布,并在绳或布上再涂一层防腐漆。

(2) 橡胶包覆。在轴干上包一层橡胶(用硫化法使橡胶紧贴在轴干上),再用帆布包扎,最后用镀锌钢丝扎紧。这种方法较上述方法可靠,但工艺复杂,成本高,在橡胶的硫化过程中轴易发生弯曲变形。

(3) 玻璃钢包覆法。这是随化学工业发展而产生的一种新方法。用化学的玻璃纤维布在环氧树脂的帮助下将其牢固地粘贴在轴干上,通常包3~4层,然后用红外线烤干。这种方法十分简单,环氧树脂烤干后的强度十分高,因此也十分可靠,目前已广为应用。

各种方法包覆后的艉轴外径应小于最小艉管轴承的内径,否则无法按由后向前的方向装到轴承中去。

4. 传动轴的结构选型

无论是艉轴还是中间轴或推力轴,其结构选型有许多相似之处。例如,轴干是采用空心还是实心,轴干与轴承接触处采用何种结构为佳,轴干与轴端零件(如连接法兰)的连接方式,轴干材质的选择等。

1) 空心度 m

传动轴在轴系中所占的质量分数很大,为了减轻轴系的质量并大幅度提高其回旋振动的共振转速,常采用空心轴结构。表示轴的空心程度的参数称为轴的空心度,用 m 表示。

$$m = d/D \qquad (3.1)$$

式中,D 为轴干外径;d 为轴干内径。通常 $m = 0.5 \sim 0.78$。

空心轴有三个好处:一是空心轴能够提高轴系回旋振动的临界转速,对刚性轴很有利;二是锻造轴干毛坯时,材质的缺陷通常在轴心部位,将轴干镗成空心,可以除去这个隐患,还能从轴的内部检查轴干品质;三是可以降低轴的质量,且对轴的传递转矩的能力影响不大。例如,当 $m = 0.4$ 时,轴干的质量减少16%,而截面惯性矩仅减少2.56%,因而对轴的传递转矩的能力几乎不产生影响。因此,直径大于150 mm 的轴干一般均制成空心。在轴端处,有时需要采用锥形与其他零件(如联轴器、螺旋桨等)连接,为保证该处的强度,一般 $m = 0.35 \sim 0.5$。为防止轴干内表面受海水腐蚀,空心轴内腔应经防腐处理,两端应保证水密。

2) 轴干和轴颈

轴干位于轴的中间部分,两端是轴颈。轴干的直径一般根据规范公式初步确定,再按与其相近的标准化轴径数值选定。轴干的长度在轴系布置时确定,它往往与主机位置、船体线型、轴线数有关。轴颈直接与轴承接触,它除了传递动力外,还有磨损,为了使其外圆面在磨损后便于修复,以延长其使用寿命,其直径应比轴干略大,一船按轴径大小的不同,增大 5～30 mm;为了便于安装,往往将前后的轴颈直径制成略有差别(差 2～10 mm),由艉部向前安装的螺旋桨轴,其艏部轴颈直径应略小。轴颈的长度应比轴承长度略长,以便在轴系安装或调整中产生少量轴向位移时,仍能与轴承较好地配合。为了避免或减少应力集中,在轴干与轴颈连接处,应采用圆弧或斜锥过渡。轴颈的结构如图 3.7 所示。

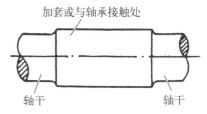

图 3.7 轴颈的结构

为了便于修理,有的轴在轴颈处配有热套安装的轴套,当轴套磨损后,可以更换。

3) 轴与轴承配合处的结构方式

轴承有滚动式和滑动式两种。滚动式轴承常见于小艇的推力轴承,而滑动式轴承多用作支撑轴承,且由于工作条件不同,通常所使用的材料也不同。如位于舰体内部的滑动式轴承通常采用白合金,而艉轴架轴承和艉管轴承在海水中工作,故常采用能在海水中工作并以海水为润滑剂的非金属材料,如橡胶、铁梨木等。滑动式轴承中,为了减少轴与轴承的摩擦,轴上的材料应与轴承材料相匹配。如与白合金配对的以钢为好,也就是轴本身的材料已满足要求;若与非金属材料配对且能在海水中工作,则以铜为好。

对于采用水润滑的轴承,为了避免海水对钢轴的腐蚀及减少轴颈的磨耗,一般在其轴颈处装有轴套。轴套材料一般采用锡青铜 QSnl0‐2,采用热套(红套)法装于轴上,轴套与轴颈之间应留适当的过盈量。若过盈量太大,会使轴套和轴颈产生过高的预应力,导致轴套胀裂;过盈量过小,则轴套在工作时可能会松动。

4) 轴干与轴端零件的连接方式

轴端零件工作时,要传递轴干的转矩和螺旋桨的轴向力,且位于空间较狭窄的舰体艉部底舱或轴隧中。因此它的外径应尽可能小,结构尽可能简单,使用可靠,拆装方便。目前,艉轴或螺旋桨轴与螺旋桨的常见连接形式主要有三种。

(1) 机械有键连接。

机械连接是靠桨的锥孔与轴的锥体紧密配合所产生的摩擦力和键来传递转矩。所以桨轴锥体和桨的锥孔通过研拂配合,使之均匀接触。键和键槽也要求进行研拂配制,使轴、孔、键三者均匀接触。螺旋桨靠拧紧螺帽以防止其向后滑脱,为了防止螺帽松动,还装有止动装置。在螺帽外面还装有导流帽,导流帽的作用是减小在舰船航行时的阻力损失,同时也是为了防止海水对轴的尾部和螺帽的腐蚀。为了保证海水不进入导流帽内,小船的导流帽在安装前填满黄油;大型导流帽则在安装后注入熔融的石蜡,最后用螺塞堵住注入口。为了减小舰船在航行时导流帽在水中的阻力损失,往往将导流帽外形做成半球形或流线型,如图 3.8 所示。

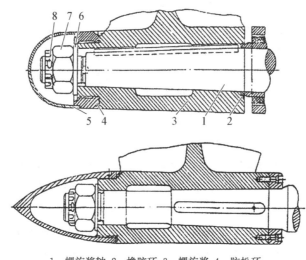

1—螺旋桨轴;2—橡胶环;3—螺旋桨;4—防松环;
5—导流帽;6—垫圈;7—螺母;8—销子。

图 3.8　螺旋桨在轴上的装配图

(2)液压无键连接。

液压无键连接的连接方式如图 3.9 所示。螺旋桨采用液压无键连接时,按下列步骤进行。

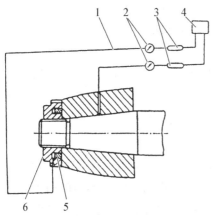

1—高压油管;2—压力表;3—油泵;
4—油箱;5—环状活塞;6—液压螺帽。

图 3.9　液压无键连接螺旋桨的安装

首先清洁配合锥面,将螺旋桨自由套入,装上带环状活塞的液压螺帽,然后用油泵将油压入液压螺帽与环状活塞之间的空间,一方面产生使桨毂右移的轴向力,使螺旋桨紧压在桨轴锥面上;另一方面油泵通过毂孔中的螺纹状、无出口的油槽将油压入并分布到整个锥面上,压力油使螺旋桨毂体略略胀大,而环状活塞的轴向力将螺旋桨进一步推入,一直推到计算的终点位置。当油泵卸压后,桨毂恢复原来形状,螺旋桨即紧配在螺旋桨轴上。

螺旋桨采用液压无键连接的优点如下：① 通过过盈配合产生的聚紧力形成了摩擦力,保证了配合面能传递主机的转矩且具有足够的安全系数,因此在一定程度上比有键更安全。② 由于桨毂和轴不用开键槽,免除了应力集中,从而使强度有所增强。③ 便于装拆,可减轻工人的劳动强度,提高生产效率。④ 能够准确地将螺旋桨叶片调整到相对于柴油机曲柄的任何位置,以改变轴系的固有频率,从而减小或避免振动。

这种连接方式的缺点是要有很高的加工精度。

（3）环氧树脂黏结。

用环氧树脂黏结螺旋桨的形式如图 3.10 所示。这种连接方式一般用于小型舰船。环氧树脂黏结剂是在现场按一定配方配制的。它可降低对配合面粗糙度的要求,不用刮配,但是修理时较费工。键也不用刮配,甚至可以取消键,因此可以大大节省工时。

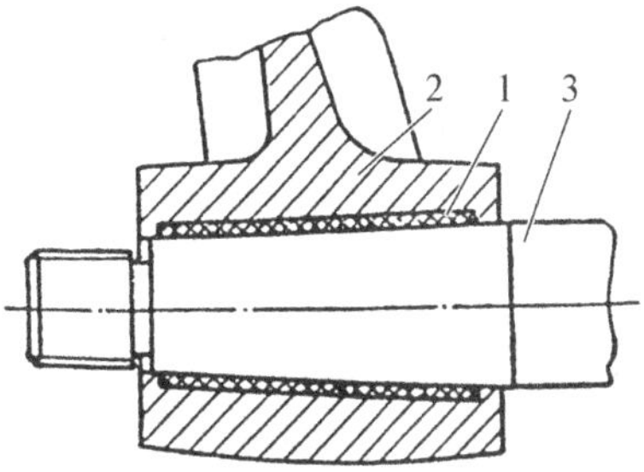

1—环氧树脂黏结剂；2—螺旋桨；
3—螺旋桨轴。

图 3.10　螺旋桨用环氧树脂
黏结剂安装

5）传动轴的材料

传动轴的材料应具有高强度、一定的可塑性、耐疲劳和耐冲击等良好的机械性能,同时应具有均质结构且没有残余应力,易于机械加工。轴的可塑性很重要,因为非塑性材料容易在过渡的地方因局部应力而产生微小的裂缝,这往往是轴断裂的起因。

机械性能的主要指标是抗拉强度、屈服强度、耐疲劳强度、收缩率、延伸率和韧性等。

传动轴的材料一般选用优质碳素钢,如 30、35、40、45 号钢,轴径小于200 mm的中间轴和螺旋桨轴也可用热轧钢代替。要求高的轴系一般采用 2Cr13、40Cr、38CrAl、30CrMo 等合金钢,但在使用合金钢时一定要慎重。因为合金钢不仅价格较贵,而且对各种形式的凹槽（如键槽）、表面伤痕和轴径的突变等较敏感,应力集中系数较高,要求精密机械加工,所以非必要时应尽量避免采用合金钢。

6）轴锻件的技术要求

用作轴材料的锻件,其化学成分、机械性能均应符合规范规定的数据。

（1）要求制造锻件的钢锭的两端部无缩孔、疏松、气孔、分层、裂纹、金属杂质及其他缺陷。

（2）直接由钢锭制造锻件时,应按正确的锻造工艺进行。锻造比（即锻造前后横截面积的比值)在轴颈部分不小于3,在法兰部分不小于1.5。

（3）锻件的中心应与钢锭中心相同,螺旋桨轴法兰应用钢锭的非冒口端锻造。

（4）轴锻造完毕后,应仔细检查轴端,不应有缩孔及疏松现象。轴表面不应有裂纹、折叠、被锤击的痕迹、砂眼、结疤以及其他缺陷。轴不应有过烧现象。凡不影响强度的小缺陷,且深度不超过机械加工余量的75%时,允许在机械加工时去除。最后一次机械加工后,全轴表面不应有任何缺陷。

（5）所有锻件在机加工前,应经热处理,以消除内应力,并使锻件在全长度内获得均匀的细结晶组织。热处理规程由钢材的成分和锻件尺寸决定。在锻件进行机械试验前,应观察其金相组织以复查热处理的正确性,这项工作对合金钢锭尤为重要。锻件热处理后,进行表面粗加工。轴径在 200 mm 以下的轴,锻造挠度在 1 m 长度内不超过 1 mm 时,允许在机械加工过程中于冷态下进行校正,并可不必消除内应力;超过上述范围时,则应进行回火,加热温度应低于引起降低机械性能的温度。

3.1.3 刚性联轴器

联轴器是把两根轴连接起来的一个器件,它的作用是把两根传动轴连接在一起,传递转矩和轴向力。所谓"刚性",是指把联轴器与轴干以及两个联轴器之间直接连接在一起。根据轴系安装、拆卸修理等具体要求可选用与轴制成一体的整体法兰式联轴器、与轴可分离的可拆法兰式联轴器、纵向夹壳式联轴器或无键液压联轴器等四种刚性联轴器。

1. 整体法兰式联轴器

整体法兰式联轴器的法兰和轴锻造成一体,主要用于中间轴和推力轴上。在大、中型舰船中,往往把轴和法兰锻成一体,某些中小型舰船则将法兰直接焊接在轴上。这两种结构形式的联轴器均已标准化,设计时可参阅 CB 82—66 及《船舶轴系轴颈和法兰》CB 145—66(或 CB/T145—2001)。连接两个法兰之间的螺栓的数目通常为 6～12 个,螺栓的直径可按规范公式计算和校验。

法兰螺栓孔有圆柱形和圆锥形两种,如图 3.11 所示。圆柱孔的优点是加工方便,缺点是孔与螺栓之间的配合精度要求较高,且螺栓经多次拆装后,孔和螺栓之间的配合精度不能保持,容易松动。圆锥孔的特点正好相反,虽然加工圆锥孔比加工圆柱孔要困难一些,但容易达到螺柱与孔之间的紧密配合,虽经多次装拆,仍能保持其原来的配合要求,不易松动且易于拆卸。

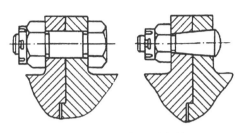
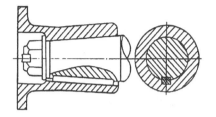

图 3.11　法兰与连接螺栓　　　　图 3.12　可拆法兰式联轴器

2. 可拆法兰式联轴器

在采用滚动轴承的轴系中或螺旋桨轴需要从船体的外部送进船体中时,必须采用可拆式联轴器,可拆法兰式联轴器是使用最为广泛的一种。

这种联轴器的内孔为一个圆锥面,如图 3.12 所示,安装时必须通过研磨使之与轴锥面均匀接触、紧密配合,并用螺帽实施轴向锁紧。配合锥面承受螺旋桨推力,锁紧螺帽则承受倒车时的拉力,主机转矩则由配合锥面和键共同传递。

可拆式法兰的质量、尺寸均比整体法兰要大,具体的结构尺寸可参见相关标准。

3. 夹壳式联轴器

如图 3.13 所示,夹壳式联轴器的特点是通过上下两半的夹壳将轴段 I 和 II 的轴端夹紧,转矩主要靠两半夹壳与轴之间的摩擦力及键来共同传递转矩。夹壳的内孔与两轴段相应的轴外径紧密配合,上、下夹壳之间留有一定间隙,由螺栓使它们夹紧于轴上,前后两个卡环与夹壳中部的两个凹槽以及两个轴端的凹槽共同用于传递轴向力。

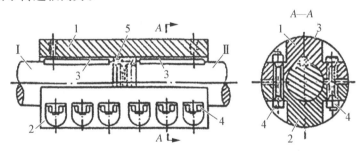

1—上夹壳;2—下夹壳;3—键;4—连接螺栓;5—卡环。

图 3.13　夹壳式联轴器

夹壳式联轴器的横截面尺寸比整锻法兰小,拆卸时不必沿轴向移动轴,故适用于不易进入的狭窄地方或舷外轴段的连接。但夹壳式联轴器的轴向尺寸较大,比整体式法兰联轴器大 1.5~2 倍,所以一般用于高速小艇轴系。

4. 无键液压联轴器

无键液压联轴器是利用联轴器轴壳和轴之间的过盈配合产生的摩擦力来传递转矩和推力的一种联轴器。被连接的轴上不需要开键槽,也不安装键,而是通过很高的油压将轴壳弹性扩大后装配到轴上,油压释放后轴壳收缩,使轴与联轴器轴壳之间形成过盈配合,达到牢固连接的目的。因此,这种连接方法称为无键液压连接。应用这种原理设计的联轴器称为无键液压联轴器。无键液压连接的方式已广泛应用于联轴器、齿轮、螺旋桨等零件的装配上。

无键液压联轴器由四个部分组成,分别为用于锁紧的螺母、密封环、外套和内套,如图 3.14 所示。外套上有高压油注油孔和低压油注油孔。外套较厚,内套较薄。内套的外表面略带锥度,锥度为 1∶80～1∶100,外套的内孔锥度与此相应。内套孔径略大于轴径,因此能在轴上滑移。

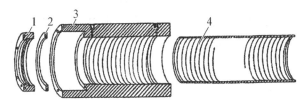

1—螺母;2—密封环;3—外套,4—内套。

图 3.14　无键液压联轴器主要构件

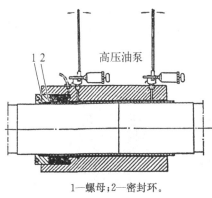

1—螺母;2—密封环。

图 3.15　无键液压联轴器的装配原理

如图 3.15 所示,联轴器在装配时,首先将内套套在要连接的两根轴的轴端,再用高压油泵将油注入内套与外套的配合锥面之间,使外套发生弹性变形而胀开,并在接合锥面上形成一层承载油膜,这时向套筒左端注入高压油,外套在该油压的作用下,沿轴向右移,一旦外套达到预定位置以后,放出内、外套之间的高压油,外套力图恢复到原来的直径并迫使内套紧压在两轴段的接触表面,把两根轴紧紧地连接在一起。螺母和密封环作为定位和防止高压油外泄之用。这种联轴器利用内套与轴颈间的正压力产生的摩擦力来传递转矩与轴向力。

在拆卸时,只需用高压油泵将油压升至一定压力,外套胀大并与内套脱离接触,同时由于锥面的作用,使压力油有一个轴向分力作用在外套上,这个分力便会使外套向左自行滑出。外套脱开后,撤去油压,作用在内套上的箍紧力就消失了,摩擦力也随之消失,并且使内套从压缩弹性变形状态,恢复到与轴颈间的动配合关系,使其很容易从轴颈上拆下来。这种连接方式对外套材料的强度要求很高,一般采用高强度钢(如轴承钢)等锻制。内套传递正压力,因此所用材料强度不一定很高,其壁厚较薄,以利于在受压时产生径向变形,一般采用碳素钢制成。装拆所需的油压较高,一般在 12 MPa 以上,甚至更高。

无键液压联轴器具有结构简单、装拆简便、拆装时不损坏配合表面、轴和联轴器没有键槽等优点,且传递转矩大,可以减小轴的直径,避免了键槽处的应力集中,特别适合于大、中型舰船的轴系。但是它也存在对配合表面加工精度要求高,拆装时需要专用油泵、专用工具等缺点。但总的来说,无键液压联轴器的应用愈来愈广。

3.1.4 轴承

轴系中需要设置若干个轴承以保证各轴段能正常运转,它们应能支承各轴段及联轴器的质量和回转时产生的径向载荷。

1. 推力轴承

推力轴承的作用是承受水对螺旋桨的推力,并将其传给船体,使船航行。轴系中应单独设置一个推力轴承,大、中型舰船还需设置一个辅助推力轴承。其位置应紧靠主机功率输出端,以确保主机的功率输出轴不受螺旋桨推力的作用。有的舰船在减速齿轮箱中设有推力轴承,对于这类轴系一般均不需再单独设推力轴承。

推力轴承按其工作原理可分成滑动式和滚动式两种,舰船主推力轴承多采用滑动式结构,且常见为基础型米切尔式推力轴承和带液压支撑的米切尔式推力轴承两种。

1) 米切尔式推力轴承

滑动式推力轴承的基本形式是米切尔式推力轴承,其结构如图 3.16 所示。推力轴的法兰分别与主机功率输出法兰和中间轴法兰连接。推力轴中部设有一个推力环,它的两侧各安置一组独立的扇形推力块用来承受轴向推力,其中正车推力块 6 块均匀分布在推力环前端,承受螺旋桨正车推力,另倒车推力块 6 块均匀分布在推力环的另一面,承受螺旋桨倒车推力。每块推力块在与推力环的接触面上都浇有白合金,其背面则有淬硬的顶头,偏心地支承在支撑垫上,使推力块在推力环回转时有一定的浮动能力,以便形成较合理的楔形油膜,使其受力均匀且可减少摩擦阻力。在支撑垫的后面设有调整板,用它来调整推力环和推力块之间的轴向间隙。上、下轴瓦分别放置在上、下轴承座体中,用来承受径向载荷。在轴承的下部设有冷却水管,用以供给海水或淡水来冷却润滑油。在运行时,推力环将滑油带起,流向推力块的摩擦面上。为了达到更好的润滑,在轴承盖上安装刮油器,它将带起的油刮下,并输送至润滑部位。在轴承下部外壳上装有玻璃管式油位计,便于观察润滑油的油位。在轴承上方安有温度计。在推力轴承的两个端部则设有上、下挡油盖,并在其中填入毛毡环,以阻止润滑油的漏出。

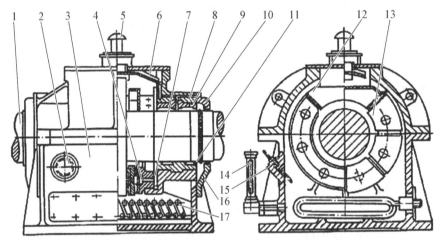

1—推力轴;2—螺塞;3—下壳;4—支撑垫;5—通气罩;6—刮油器;7—调整板;8—上壳;
9—上轴瓦;10—上挡油盖;11—下轴瓦;12—压盖;13—推力块;14—油位计;15—温度计;
16—下挡油盖;17—冷却水管。

图 3.16　滑动式推力轴承

滑动式推力轴承是依靠油楔原理工作的。油楔原理是指两个相对运动的表面相互倾斜成楔形,主动件带着有一定黏度的润滑油从大口进小口出,形成油楔,该油楔能承受推(或拉)力。

推力轴承工作原理如图 3.17 所示。图 3.17(a)为速度 v 等于 0 或起动时的工况;图 3.17(b)为速度 v 升高后,推力环将润滑油带入接触表面并形成楔形油膜的情况;图 3.17(c)为推力块的结构示意图。

当推力环沿箭头方向运动时,因受螺旋桨推力作用压在推力块上。在起动时由于推力块与支撑块的接触中心偏离支撑块的几何中心[见图 3.17(c)],即压力中心与支点中心不重合,摩擦面间的油膜压力 P 和反作用力 R 形成力偶,使推力块产生倾斜。随着推力块的倾斜,压力中心向支点移动,当 P 与 R 重合时,推力块便保持一定的倾斜位置,推力环和推力块之间就形成了楔形油膜。这种良好的油膜防止了推力环与推力块的直接接触,并实现了液体摩擦。

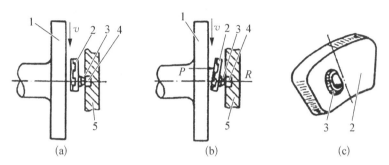

1—推力环;2—推力块;3—偏心支点;4—支撑块;5—支撑座。

图 3.17　单环式推力轴承的工作原理

推力的传递途径:推力 P→轴→推力环→油楔→正车推力块→前推力座→舰体→舰船向前进。当螺旋桨作用力为拉力时,可做类似分析。

滑动式推力轴承有以下特点。

(1)承载大,许用承压为 $2\sim3.5$ MPa,适用于推力比较大的舰船。

(2)承力方向与轴的转动方向有关,即单转向作用。

(3)正常工作时,也存在液体摩擦,有一定的发热功率,需要不间断地冷却。润滑的方式有两种,一是压力润滑,即供给压力润滑油,受热后抽出,再经外冷却器冷却后循环使用;二是单独润滑,靠自带润滑油飞溅润滑,用蛇形水管冷却。

(4)结构复杂,安装要求高。推力轴承的轴向间隙应小于柴油机曲轴的定位间隙。推力轴承的位置应尽量靠近主机或齿轮箱端,以防轴系因温差变形而影响柴油机曲轴或齿轮箱功率输出轴的轴向位置。

(5)在使用管理中,对于单轴定距桨舰船,轴上的正、倒车推力块是可以互换的。

(6)当不工作螺旋桨被拖转时(称为水涡轮工况),其推力轴承不能正常工作,在使用管理中,应注意刹轴。若脱轴自由旋转时,应加强润滑和冷却。

由于推力块受力不均匀,实际结构采用平衡垫块结构,即每个推力块由两个平衡垫块支承,平衡垫块沿圆周安装。当其中一个推力块由于某些原因而受力较大时,它就能离推力环远些,油楔增大,推力也相应减小些,而相邻的两块推力块与推力环的油楔则在平衡垫块的作用下变小了,承受的推力增大一些,从而能自动地平衡所有推力块的负荷。这种结构的推力块的承载能力可达到

3.5 MPa。

2) 带液压支撑的米切尔式推力轴承

这种推力轴承是在传统的米切尔推力轴承的基础上,增加了液压支撑机构,每个推力块的承载力均由其垫块背面的液压控制。由于所有垫块背面的油压均相同,因此每个推力块的承载力均相同。还可以由油压直接测量出推力的大小,它在结构上比上述的推力轴承复杂一些。

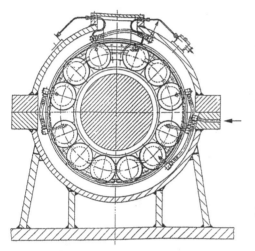

图 3.18 带液压支撑的推力轴承

推力轴承安装在齿轮箱内。如图 3.18 所示,推力块采用圆形结构,前平面上有巴氏合金,后面是半球形支点,在半球形支点与齿轮箱壳体之间增设一个压力油腔,使半球形支点与壳体不是直接接触而是由一层油垫来支承。

油垫所需的压力油用一个附加的液压设备提供,与齿轮箱的滑油系统相互独立。所有承受正车(或倒车)推力的推力块对应的油腔是连通的,具有相同的油压。油垫所需的压力与推力块所承受的推力成比例,只需测出油垫的压力就可以求出推力。在压力油管上装上压力表,用推力的刻度和单位表示,由此可以直接读出正车(或倒车)的推力值。此外,这种结构还有以下优点。

(1)由于用液压支持,使推力均匀地分布在推力轴承的整个圆周上,各推力块的受力也是均匀的,即使桨轴与推力轴承的相对位置稍有偏斜也能保持推力均匀分布,不会使局部过载。

(2)由于用液压支持,对于由螺旋桨引起的推力振荡或冲击能起到缓冲的作用。

(3)当推力测量系统有故障时,暂时切断油压支持,虽不能测量推力,但仍然可以按照传统的推力轴承方式继续工作。

3) 推力轴承在轴系中的布置及间隙的确定

推力轴承均需有一定的轴向间隙,这是为保证它正常工作所必需的,但这个间隙决不能太大。例如,当它与柴油机曲轴刚性连接时,由推力轴承的轴向间隙引起的轴向移动必然引起曲轴的轴向移动。若其轴向间隙值大于主机曲轴轴向定位轴承的间隙,则会导致轴系的轴向力全部转移到主机的轴向定位轴承而使它迅速损坏。因此,推力轴承的轴向间隙应当小于主机曲轴定位轴承的轴向间隙。又如,当推力轴与减速齿轮箱连接时,若采用刚性连接,同样会引起减速齿轮箱输出轴及位于其上的传动齿轮的轴向位移;当传动齿轮采用人字齿时,这个轴向位移将导致人字齿轮啮合状态破坏,这是不能允许的。在这种情况下,通常要在推力轴与减速齿轮箱输出轴之间增设一个补偿轴向间隙的联轴器。推力轴承的安装位置还应尽量地靠近主机或减速齿轮箱,其目的是免去在发生温度变化时,轴系的温差变形对主机曲轴定位轴承和齿轮箱齿轮正常啮合状态的不良影响。当靠近主机或减速齿轮箱时,轴系的温差变形无非使螺旋桨的轴向位置稍有变化,而这是无碍大局的。

4)辅助推力轴承

辅助推力轴承一般用在护卫舰、驱逐舰等大中型舰船上,它的功用有三个,一是在正常情况下用作一般的支点轴承。二是在主推力轴承有故障时,可以承受螺旋桨的推力,提高轴系的生命力。舰船建造规范规定,辅助推力轴承的承载能力应不小于主推力轴承的35%。三是在部分轴系或主机有故障必须停车而舰船还需航行时,可将艉轴与整个轴系之间的速拆式联轴器拆开,这时螺旋桨在水动力作用下按正转向方向自由旋转,且轴向力的方向为拉力,这个拉力即由辅助推力轴承来承受。

辅助推力轴承的结构与主推力轴承一样,主体部分与主推力轴承没有差别,通常也采用米切尔式的结构。区别在于,辅助推力轴承不工作时,推力块与推力环之间有一个间隙,为 10~12 mm,它的推力块可以通过人员的操纵迅速地投入和撤出工作,就是在轴承的左、右各附加了一套能使推力块投入和撤出工作状态的操纵机构。

2.支点轴承

轴系中需要设置若干个支点轴承以保证各轴段能正常运转。它们支承各轴段及联轴器的质量和回转时产生的径向载荷。对支点轴承而言,还可按其工作条件分成在海水中和在舰体内两种。在舰体内工作的支点轴承,无论是滑动式还是滚动式,与陆用轴承大体相同,其选型依据可参照国家标准《滑动轴承》(GB/T 2889—2020)和《滚动轴承》(GB/T 273—2020),在此不再赘述,这里主要介绍工作在海水中的支点轴承。这些支点轴承又可分为支承螺旋桨的艉轴架轴承和支承艉轴的艉管轴承两种。

1）艉轴架轴承

艉轴架轴承的数量根据轴系暴露在海水中的长度不同来确定，一般有 1~3 个。艉轴架轴承的工作条件比在舰体内的支点轴承的工作条件恶劣得多，最后端的艉轴架轴承尤甚。管理人员又很难对其进行检查和维护，只有在进坞（上排）时检查或在停泊时由潜水员进行检查。因此对它的寿命和可靠性的要求比其他轴承更高些。

艉轴架轴承的结构有多种形式，按其润滑液体的不同可分为两类：一类用海水做润滑液，另一类用润滑油做润滑液。前者的轴承材料有铁梨木、层压板和橡胶等，后者则通常采用白合金。具体结构因所选用的材料不同而有所不同。

（1）铁梨木和层压板轴承。

铁梨木是海船中常用的一种轴承材料。它的木质坚硬、有韧性、耐海水腐蚀，当其受压时会逐渐渗出少量的树脂，与海水混合成十分有效的润滑剂使之与铜合金组成摩擦系数很小的摩擦副，且几乎不伤害轴上的铜套，是一种理想的轴承材料。在结构布置上，承压载荷较大的下半圆的纤维方向与轴径垂直，上半圆可与轴线平行，以充分利用材料。但它属于天然生长的木材，生长速度慢，我国的产量较少，以进口为主，价格较贵。另外，当轴承与轴套间进入砂粒时，磨损速度将显著增加，因此不适用于近海工作。

层压板由浸透了树脂的合成纤维板经高温高压制成，是铁梨木的代用品，其性能略差些。

（2）橡胶轴承。

橡胶与青铜在有充分海水供应的情况下能组成良好的摩擦副。它具有很多特点：弹性好，能吸收轴系回旋振动和冲击，工作平稳无噪声，且能在含砂海水中工作；耐磨，在正常情况下的使用寿命比其他材料长，可达 10 年以上。橡胶轴承已大量应用于海军舰船中。

（3）白合金轴承。

这种轴承的材料分为两大类：锡基合金（锡的含量占 83％左右）和铅基合金（锡的含量占 16％左右）。前者性能优越，后者价格低。

白合金轴承的主体结构与陆用的滑动式支点轴承类似，唯其两端的密封性要求特别高，否则泥沙、海水的渗入会急速损害轴承，润滑油外泄会影响隐蔽性和污染环境。此外应充分考虑润滑和冷却。

白合金轴承在有润滑油润滑的情况下，耐磨性好，不伤轴颈；允许压强高；散热快,不易发生烧轴事故。但制造和修理复杂,价格贵。采用白合金轴承后,轴上不必再装青铜轴套。

2) 艉管轴承

在艉轴穿过舰体进入水中的交界处,一般均设艉管装置。艉管装置一般由艉管本体、艉管轴承、密封装置及润滑与冷却系统组成。艉管轴承的结构形式与艉轴架轴承相似。

3.1.5　轴系中的其他部件

1. 艉管装置

在艉轴穿过舰体进入水中的交界处,一般均设艉管装置。它的功用是支撑艉轴,保持艉轴穿过舰体处的水密封性;防止舷外海水漏入舰内或润滑油外泄;改善此处的线形,以减少舰体阻力。典型水润滑艉管的结构形式如图 3.19所示。

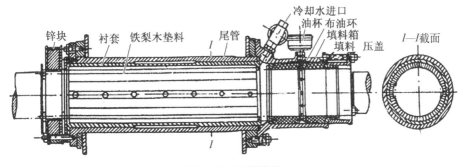

图 3.19　艉管装置

艉管轴承的结构形式与艉轴架轴承相似,下面重点介绍密封装置。艉管密封装置安装在艉管的前端。对于油润滑的艉管轴承,还起到防止润滑油外泄的作用。艉管位于舱室水线以下的底部,管理人员难以接近。一旦艉管密封装置发生问题,就可能迫使舰船进坞或上排修理,因此要求它使用可靠、密封效果好、工作寿命长、结构简单、制造和维修方便。

根据密封结构的不同,艉管密封装置可分为径向密封和轴向密封两类。径向密封装置是经常采用的一种密封装置,它是通过封闭艉轴和艉管之间的径向空隙来防止海水进入,常见的结构有皮碗式密封和填料式密封两种。皮碗式密封一般用在以油润滑的艉管轴承的艉管中;填料式密封则用在以水润滑的艉管轴承的艉管中。

20 世纪 70 代以后,出现了一种新型的密封装置,它将流体机械中的机械密封原理应用于舰船轴系,形成了艉轴轴向密封结构。英国深海密封公司开发了轴向密封装置系列产品,并已广泛地应用于各类舰船。

1)皮碗式密封装置

采用皮碗式密封装置的艉管一般都紧靠螺旋桨,在艉管和螺旋桨之间不再设置艉轴架轴承,艉管轴承都采用润滑油润滑,为了防止润滑油从艉管中向两端漏出,在艉管首端设有首部密封装置,在艉管尾端设有尾部密封装置。

(1)艉管首部密封装置。

皮碗式首部密封装置如图 3.20 所示,一对带弹簧紧圈的耐油橡胶皮碗式密封圈通过压盖和布油环固定在外壳上,防蚀衬套固定在艉轴上。密封圈的唇状接触环与衬套接触,密封圈除受到弹簧紧圈的箍紧力外,后端的密封圈还受到艉管中的润滑油压力的作用,使其紧压在防蚀衬套上。两只密封圈之间的空间充满由油杯供给的润滑油或油脂。

这种密封装置结构简单,有较好的密封性,由于有滑油润滑,磨损较小,且允许轴做轴向移动和径向跳动。

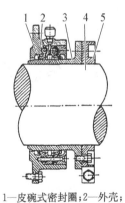

1—皮碗式密封圈;2—外壳;
3—防蚀衬套;4—艉轴;
5—固定环。

图 3.20　皮碗式首部密封装置

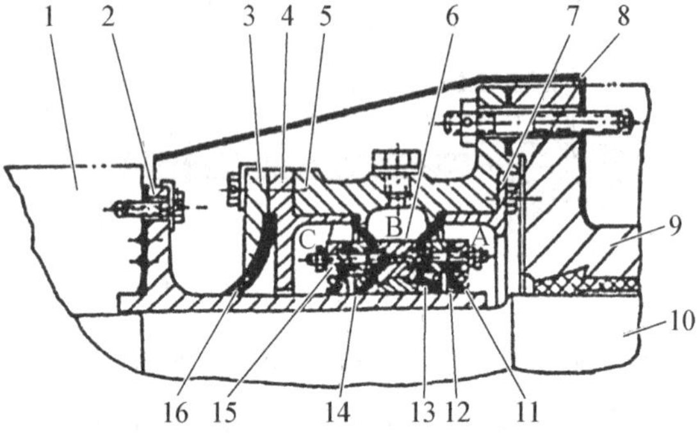

1—螺旋桨;2—防蚀衬套;3—压圈;4—后压盖;5—外壳;
6—导环;7—前压盖;8—支座;9—艉管;10—艉轴;11—弹簧;
12—小皮碗;13—大皮碗;14—中压圈;15—外压圈;16—耐油橡皮。

图 3.21　皮碗式尾部密封装置

(2)艉管尾部密封装置。

皮碗式尾部密封装置的结构如图 3.21 所示。它有两对由特种耐油和耐海水侵蚀的橡胶制成的皮碗密封圈,左边一对用来阻止海水进入艉管,右边一对用来阻止艉管内的润滑油漏出。两只大皮碗的外缘靠后压盖和前压盖压紧在外壳上,其中部则固定在导环上。环的内缘浇有白合金,并松套在镀铬的青铜防蚀衬套上,防蚀衬套紧固在艉轴末端的螺旋桨上,并可在导环中自由转动和轴向移动。皮碗与防蚀衬套接触处形成唇状接触环,接触环的宽度约为 0.5 mm,使唇状接触环处的压力约为作用在密封圈上的液体压力的 10 倍。由于弹簧的压紧力和海水或艉管内的润滑油压力的作用,两只大皮碗的唇状接触环紧压在防蚀衬套上。由于导环、防蚀衬套和艉轴都保持同心,大皮碗又同心地固定在导环上,所以大皮碗的唇状接触环在艉轴转动或有轴向移动的情况下,始终和防蚀衬套保持周向均匀压紧,因而保证了它们的密封性和磨损的均匀性。而且在倒顺车或船体发生变形时,这种密封装置的密封效果基本不变。大皮碗可防止海水中的泥沙或海洋生物进入密封装置内部。

两个大皮碗密封圈将壳体分成 A、B、C 三个腔室。腔室 A 和其前端的艉管衬套相连通,其所承受的润滑油压力和艉管内的油压相同。两个大皮碗之间的空间形成腔室 B,其内充满润滑油,以润滑导环。润滑油由专门的小油箱供应,小油箱的安装高度应以能使腔室 B 内建立 1 m 水柱高度的油压为准。腔室 C 内的水压力与舰船吃水深度有关,为防止水流入艉管内,腔室 C 内的水压应低于艉管内的油压,因此艉管轴承的润滑油箱应尽可能安装在主甲板以上。

皮碗式密封装置的结构简单,密封性能好,轴的磨损小且均匀,可在车间内整体装配好后再安装到舰上,施工简便。当舰船需要进行坞修而需将艉轴向外抽出时,只需松掉防蚀衬套与螺旋桨连接的螺钉,整个艉管尾部的密封装置与衬套可留在原处不动,就可抽出艉轴。这样可大大节省坞修的工作量。此外,防蚀衬套的壁厚可以任意选定,因此同一规格的尾部密封装置,可以用在艉轴直径相近的各种舰船上,有利于产品的批量生产和降低制造成本。

皮碗式密封装置的皮碗使用寿命与工作温度有很大关系。皮碗要承受唇边与轴套的摩擦热,同时还要承受艉轴与艉管轴承的摩擦热。唇部接触表面的温度比润滑油的正常工作温度高 21.5～38℃,目前已采用氟橡胶代替丁腈橡胶制造皮碗。氟橡胶的耐热温度较高,可达 205℃,其耐油和耐化学腐蚀的能力也很高,且有受热软化的性质,因此是现在最好的密封材料。氟橡胶制作的皮碗虽比丁腈橡胶有更高的可靠性,但其成本较高,如果一旦缺油,表面润滑不好,就会因过热软化并出现接触表面吸附现象而导致异常磨损。

2) 填料式密封装置

填料式密封装置是舰船中应用比较多的一种密封装置。如图 3.22 所示为这种密封装置常见的结构形式。它由填料压盖、压盖衬套、填料、分油环、油杯等组成。油杯内充以润滑油或润滑脂,通过分油环来润滑填料,以减少轴套的摩擦和磨损。这种密封装置是依靠转动螺母使压盖轴向移动来压紧填料,消除艉轴和艉管之间的空隙以防止漏水。如果填料受压不均,工作中将产生发热和造成轴套局部磨损,并导致漏水。因此要求填料压盖必须均匀压紧填料,不能倾斜。大直径的艉轴填料函的压紧螺母往往采用齿轮联动机构转动,以保证所有螺母能同步旋紧或放松,使压盖始终保持正直状态。

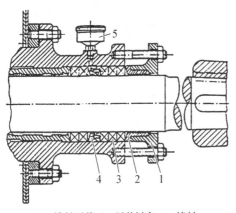

1—填料压盖;2—压盖衬套;3—填料;
4—分油环;5—油杯。

图3.22 填料式密封装置

舰船航行时填料压盖应稍放松些,使水能少量进入,以保证有水润滑及冷却填料和轴套,停泊时则将填料压紧。艉管填料函的漏水量一般应不超过40滴/分,其工作温度应不超过65℃。

填料式密封装置结构简单,密封填料取材容易,拆装维修方便,只要不松开压盖,一般不会造成大量漏水。但由于它是通过压紧填料来实现密封的,不可避免地会出现轴套发热和磨损,填料会老化变质失去弹性;当船体艉部变形或艉轴出现较大的回旋振动时,填料的密封性能将受到影响。上述原因都会造成密封装置失效,导致艉管漏水量增加。在舰船漂浮状态下,更换艉管密封填料,遇到的主要问题是可能造成大量进水。当操作人员松开压盖时,海水在静压作用下,会大量流入艉轴舱内。在这种情况下根本不可能更换全部填料,即使更换局部填料也要冒很大的风险。目前在小型舰船上,为了降低风险,通常通过在原有填料基础上再加上1~2道新填料的方法,以求暂时解决,待到舰船进坞或上排时,才能较彻底地更换或修理。

3)轴向机械密封装置

英国深海密封公司率先推出了轴向机械密封装置,用于船体密封的有三种类型:全分开(MA)型、部分分开(MD)型和备有辅助填料密封的全分开(MX9)型。

全分开型密封装置的所有套在轴上的圆形零件都分成两半,然后用螺栓连接成整体。安装修理时,允许在不移动艉轴的条件下进行拆装。部分分开型密封装置除了安装架和静密封件的支撑架是整体的以外,其余零件都是分开式的。

备有辅助填料密封的全分开型密封装置可以临时改装成填料式密封,当机械轴向密封发生故障而无法修复时应急使用。目前,部分分开型密封装置已在国内舰船上使用。

部分分开型轴向密封装置如图 3.23 所示。它由主轴封和可充气辅助轴封两部分组成。平时使用主轴封,当主轴封需拆卸修理或试验时,可临时向辅助轴封充气以密封艉管,这样舰船不必进坞就可以修理主轴封。

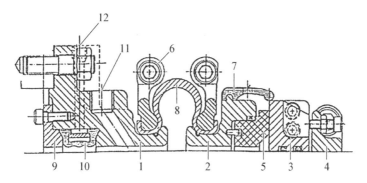

1—安装架;2—支撑架;3—动密封件;4—调整环;5—静密封件;6—夹紧环;
7—挡水环;8—弹簧;9—压紧环;10—辅助轴封;11—水接头;12—空气接头。

图 3.23　MD 型艉管密封装置

主轴封由静密封件和动密封件构成,它们都可分开成两半从轴上拆下。静密封件用石棉酚醛树脂材料制造,动密封件用锡青铜材料制造。静密封件嵌入整体的支撑架内,并由定位销定位防止转动。静密封件和支撑架的接合面上装有密封橡胶圈,以防海水漏泄。支撑架通过圆周形伸缩弹簧与安装架连接,安装架是整体结构,固定在艉管的前端。伸缩弹簧的横截面呈 Ω 形,两侧各用一对半圆夹紧环夹紧在安装架和支撑架上。伸缩弹簧的弹力使静密封件和动密封件保持良好的贴合状态。轴封安装时,伸缩弹簧必须有一定的预压缩量,此时夹紧环的连接螺栓可用作安装预压紧伸缩弹簧的工具。动密封件和夹紧调整环也是分开型结构,用螺栓连接成一个整体。夹紧调整环夹紧在艉轴上,环的凸缘上装有调整螺栓和定位螺栓,调整螺栓用来调整动密封件的轴向位置,定位螺栓(图 3.23 中未标出)伸入动密封件的定位孔中,用来带动动密封件旋转。动密封件内孔装有两道 O 形橡胶密封圈。在支撑架的外圆上装有用氯丁橡胶制成的防护罩(挡水环),以防止从主轴封漏泄的水飞溅至四周,防护罩底部有放水孔。

压紧环用螺栓固定在安装架上,其间形成的凹槽中装有用氯丁橡胶制成的可充气的气胎(辅助轴封),它平时与轴不接触。使用辅助轴封时,由安装架上的空气通道向气胎内充 0.2～0.5 MPa 的压缩空气,气胎膨胀,将漏水通道堵死,完成密封功能。使用充气密封时禁止转动艉轴。

在安装架上有两个空气管接头和两个水管接头。空气管接头一个连接进气阀,用来向气胎充气,另一个连接放气阀,用来放气和排除气胎内的积水;水管接头一个用来连接进水阀,另一个用来连接放水阀。平时,放气阀始终保持打开状态,放水阀关闭;航行时,进水阀打开,维持 9～30 L/min 的流量,向艉管轴承供水。

轴封检修后应进行试验。充气轴封的试验方法:关闭放气阀,打开进气阀,向辅助密封提供压力为 0.5 MPa 的空气,此时气胎应紧压到轴上起密封作用;再关闭进水阀,打开放水阀,当主轴封内腔积水放完后不再有水流出,说明气胎的密封效果良好。主轴封的试验方法是:在气胎充气情况下,关闭放水阀,打开进水阀,提供压力不大于 0.15 MPa 的水,主轴封不应漏水。试验完毕后,关闭进气阀,打开放气阀,使气胎处于不工作状态。

MD 型艉轴密封装置平时不需要维护保养,每次检修安装后要测量并记录主压紧环的距离,以便日后对比了解密封件的磨损情况。由于这种密封装置采用轴向的弹性密封,消除了对轴的磨损,允许轴系存在较大的不对中并能适应轴承磨损、船体变形、艉轴振动以及存在较大的径向和轴向位移的工作条件,液力平衡保证了低磨损和长寿命,使这种密封装置为世界各主要船级社及船主所接受,已越来越多地应用到各类中、大型舰船上。

2. 刹轴器

1) 功用

刹轴器的功用是使轴系停止转动。轴系停止工作后转动的原因是惰转或水流对不工作螺旋桨冲击而产生的低速转动。当轴低速转动时,会导致轴承的半干摩擦,也会给某些轴系元件带来危害。

刹轴器安装在直接回行推进装置中,它还能在实施回行时起到使轴系迅速停转的作用,从而提高了机动性。

2) 结构类型

刹轴器有箍式、带式、插销式等三种基本结构。前两种是靠摩擦力矩制动,故刹轴力矩较小,但能在轴慢速转动时直接制动。第三种的制动力矩来自插销,故制动力矩大,但只能在轴停转且插销孔对准时方能插入,因此常与前两种合在一起使用。采用第三种时,通常使用轴的联结法兰,其外圆表面作为箍式或带式的摩擦表面,法兰平面则安排插销孔。

有的刹轴器是气胎式的,能在轴系运转情况下将轴刹住以使其迅速停止运转,它通常与主机操纵系统联动,或能单独控制。

3. 盘车装置

为防止轴系长期在轴承上处于某个位置,导致轴颈与轴承之间发生不良的化学反应,轴系上应设有盘车装置。该装置通常由主机或齿轮箱的盘车装置替代,当主机、齿轮箱均无盘车装置时则要单独设置,其作用是在轴系静止时使轴系低速转动。

盘车装置有多种形式,根据盘车时所需的力矩的大小,主要有手动式盘车装置和电动式盘车装置等。在自动化操纵系统中,盘车装置应与主机起动装置联锁。

3.1.6　轴系校中及轴系实例

1. 轴系校中

轴系将发动机和螺旋桨连接并由轴承支承,用以传递发动机的动力和螺旋桨的推力。轴系中各传动轴依靠联轴器逐段连接起来,这些轴段、轴承与主机(或齿轮箱)输出法兰之间应有良好的对中,这就是轴系校中。

轴系校中的任务是在确定轴系的理想中心线之后,使相邻两轴段中心线之间的偏差满足轴系对偏差的要求,并连接成一个整体,使轴系能够正常工作。

轴系的理想中心线应当是发动机(或齿轮箱)动力输出轴中心线与螺旋桨中心的连线。确定理想中心线常用的方法有钢丝拉线法、光学仪器法、激光法三种。

若轴系校中不良,可能引起下述不良的后果:轴系部分轴承负荷分布不均,过小或受反向负荷而失去正常的支承作用;艉轴架轴承负荷过大或形成单边负荷,使后轴承迅速磨损;减速齿轮箱大齿轮轴前后轴承负荷不均,甚至使其中一个轴承脱空,另一个超过承载能力,影响齿轮的正常啮合,齿轮箱振动、噪声增加,损伤齿面;影响艉轴密封装置的正常工作,长期运转会使密封元件严重磨损,造成泄漏或出现过热、烧损等现象。

轴系各轴段的几何中心线如果未能与理想中心线完全重合,则在安装过程中必然会出现安装偏差。轴系的偏差如图 3.24 所示。通常以两种方式表现出来,一种是偏移,一种是偏斜。在相邻两根轴段中,若以左侧轴段为基准轴,则右侧轴段相对左侧的基准轴段会出现偏差。图 3.24 中(a)是轴段出现偏移,(b)是轴系偏斜,(c)是轴段连接的实际情况,既有偏移,又有偏斜。

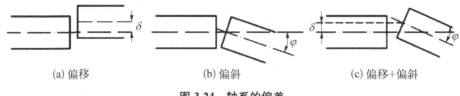

(a) 偏移　　　　　　　　(b) 偏斜　　　　　　　(c) 偏移+偏斜

图 3.24　轴系的偏差

当轴系的偏移和偏斜量超过安装中规定的要求时,就应该进行轴系校中,否则会影响轴系的正常工作,并产生危害。轴系中相邻轴段间的轴系校中、找正的方法通常分为三种:直线校中法、轴承负荷校中法和合理校中法,后两种当前较为常用。

2. 轴系实例

1) 小型舰船的轴系实例

图 3.25 是某小型舰船的轴系示意图。该船为三机三桨,主机为轻型大功率高速柴油机,并附有回行减速齿轮箱,齿轮箱内设有推力轴承以承受轴系的轴向力。图 3.25 中(a)所示是边轴系,左、右舷边轴系完全相同,为面对称布置;(b)所示是中轴系。

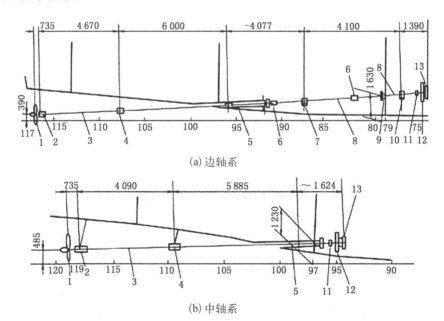

(a) 边轴系

(b) 中轴系

1—螺旋桨;2—艉轴架轴承;3—艉轴;4—艉管轴承;5—艉管轴承及密封填料函;
6—液压联轴器;7,10—中间轴承;8—中间轴;9—隔墙填料箱;
11—轴系转速传感装置;12—手动制动器;13—法兰联轴器。

图 3.25　小型舰船的轴系示意图

左、右舷侧轴系平行于中线面,扩散角为 0°,倾斜角约为 3°44′。轴系由艉轴和两根中间轴组成,总长约 21 172 mm。艉轴有一个艉管轴承、一个艉轴架轴承,均采用整体式橡胶轴承,艉轴和后中间轴用液压联轴器连接。两根中间轴也用液压联轴器连接,两轴上各有一个支点轴承支承,该支点轴承为双排向心球面滚柱轴承。其他的轴系部件及相关的尺寸如图 3.25 所示。

中轴系没有中间轴,只有一根艉轴,位于中线面上,扩散角为 0°,倾斜角为 3°53′,总长约 12 334 mm。中间轴系的艉轴也设有一个艉管轴承、一个艉轴架轴承。

2) 中型舰船的轴系实例

图 3.26 是某双轴双调距桨舰船中一套轴系的示意图。轴系分成五段,均为钢制空心轴,内部装有调节螺距用的液压油输送机构及供应压缩空气到桨叶表面以降低螺旋桨噪声的管系,其中 SKF 是无键液压联轴器。

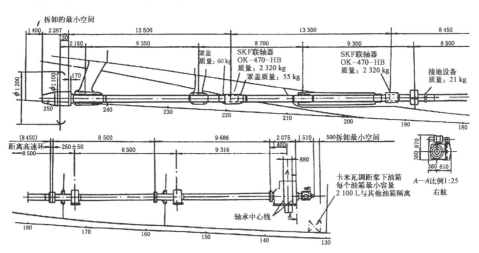

图 3.26 中型舰船的轴系示意图

轴系共有六个轴承,分布情况是:244 号、225 号肋骨处为艉轴架轴承,208 号肋骨处为艉管轴承,189 号、172 号、155 号肋骨处为船内支点轴承,推力轴承在齿轮箱中。

轴系穿过位于 157 号、174 号、186 号肋骨三处隔墙,在 196～208 号肋骨处穿出船体,157 号、174 号肋骨处设有隔墙填料箱,196 号肋骨处设有艉轴填料箱。桨叶中心位于 248 号肋骨处,齿轮箱位于 135～139 号肋骨处。

在后中轴与中轴接合处(176 号肋骨)设有长度为(250±50)mm 的距离调整环(其确切的长度在最后安装时确定)。它的目的有三个:一是弥补轴系及船体制造过程中的全部累计误差;二是便于安装轴内的各种设备;三是便于安装内部用于调距桨的服务器,在操纵螺距的液压系统发生故障时,可维持正螺距以保证舰船的机动性。

3.2 典型传动设备

3.2.1 传动设备的主要功用

在舰船推进装置中,由于舰船用途、主机形式、推进性能要求不同,推进装置所采用的传动方式也有所不同,除了机桨之间直接传动之外,还有间接传动和其他形式的传动。从发动机到螺旋桨之间除了传动轴系之外,还应配备各种机械传动设备,包括弹性联轴器、万向联轴器、离合器、减速齿轮箱等,起到减速或变速传动、并车或分车合理安排主机的推进功率、离合和倒顺、补偿轴系变形、隔离脉动转矩和抗冲击,以及满足其他布置上特殊要求等作用。

1) 减速或变速传动

除了采用低速柴油机直接驱动螺旋桨的舰船之外,大部分舰船都采用中、高速柴油机、汽轮机或燃气轮机。而螺旋桨的转速主要受推进效率及其他因素的限制,不能太高。因此,必须配备齿轮减速器使主机的高转速能与螺旋桨要求的低转速相匹配。有些采用低速柴油主机的舰船,在螺旋桨直径能增大的前提下,也采用齿轮减速箱。

有些多工况的舰船、渔船、工程作业船等,为了充分利用装置功率、提高推进装置的整体经济性,近年来都提出使用双速螺旋桨推进,要求配备双挡速比的齿轮减速器。测量船、考察船等特种舰船的传动设备还要考虑微速航行时的减速要求。

2) 并车或分车合理安排主机的推进功率

舰船要求具有足够大的推进功率,而机舱的容积尺寸和机械设备的质量指标又受到限制,因此选用多台尺寸、质量较小的中、高速柴油机,利用并车传动设备共同驱动同一根传动轴,组成大功率推进装置。常用的有双机、三机或四机并车。

还有一些舰船,其吃水较浅,螺旋桨的直径无法增大,为了充分利用主机的功率,常将其分车,同时驱动两个螺旋桨,使其充分发挥效益。也有的分车用于轴带发电机或水泵等输出,或实现一机两桨作为相互备用等。

3）离合和倒顺

离合器是推进装置中的重要设备，大多数主机机组中都有配备。离合器能使主机和螺旋桨之间随时脱离和接合，这对提高推进装置的机动性是十分有益的；利用离合器可使主机无载启动和暖机；多机并车时可实现部分主机工作以提高低速航行时装置的经济性；各台主机之间可实现必要的切换；在没有微速装置的场合，可利用某些离合器允许有滑差或时离时合的功能以满足舰船微速航行的功率要求等。

目前，部分中速柴油机、绝大部分高速柴油机以及燃气轮机，都设计成不可反转式的。当它们与定螺距螺旋桨配合时，就要求配置具有倒顺功能的传动设备，以便在主机转向不变的情况下，使螺旋桨反转，实现舰船倒航。因此离合器与齿轮箱组合可以大大改善舰船的操纵性能。

4）补偿轴系变形

由于各种原因引起的舰体变形会破坏轴系原来的对中状态，从而使轴系产生十分有害的附加载荷，影响其工作寿命和可靠性。某些联轴器（如万向联轴器、齿形联轴器等）能减弱因变形对轴系造成的不利影响。

5）隔离脉动转矩和抗冲击

推进装置在工作时常受到振动与冲击的作用，如在系统的两端（主机与螺旋桨端）有不均匀的干扰力矩输入，整个系统很容易产生强烈的扭转振动；在主机突然启动或螺旋桨撞击冰块等障碍物时，都会使系统遭受较大的冲击等。这些振动和冲击对系统的正常工作影响很大，大功率传动齿轮对此更为敏感，甚至会引起齿间敲击，造成事故。因此，要考虑消减扭振与提高抗冲击的性能。通常在发动机和齿轮传动设备间配置弹性元件和挠性元件（如高弹性联轴器、板簧联轴器、挠性簧片联轴器等），也有些大功率传动装置的输出端装有弹性元件。

6）布置中的调节作用

通过传动装置中不同元件的配置组合，可达到左右机转向不同的要求；双轴、多轴的轴线之间在水平距离和垂直间距方向上的调整；轴线与水平面、纵剖面之间夹角布置的合理性；主机中心线与轴线位置的合理调整等。后传动装置的使用对主推进装置的布置有利，便于船体稳心的调整，使舰船具有良好的机动性与操纵性。

3.2.2 弹性联轴器与万向联轴器

1. 弹性联轴器

弹性联轴器是轴段之间实现挠性连接的一种形式，它能使两根具有微小偏斜和偏移的轴段连接起来传递转矩,并消除由于这些偏差引发的附加载荷。在舰船推进装置中,它常安装于主机和齿轮箱或齿轮箱与中间轴之间,可以增加传动轴系的弹性、调整其自振频率、衰减振动的传递、降低扭振幅值或使传动轴系的共振转速被排除在柴油机的使用转速区域之外。此外,弹性联轴器还能"隔离"柴油机输出的脉动转矩对传动齿轮的作用,改善齿轮箱的工作条件。再者,一般的弹性联轴器都具有补偿轴系在安装中和安装后由于舰体变形而产生对中误差的能力,只要所产生的对中误差在弹性联轴器允许补偿量的范围内,就能保证推进模块的正常运行。简言之,其作用是减振、降低附加负荷、降低轴系校中的工艺要求、允许两根传动轴之间有少量的相对轴向位移等。因此,弹性联轴器在现代推进装置特别在大功率推进装置中得到了极广泛的应用。

弹性联轴器的具体结构形式非常多。根据其弹性元件所用材料的不同主要分成橡胶弹性联轴器和金属弹性联轴器两大类。

1) 橡胶弹性联轴器

橡胶弹性联轴器主要利用橡胶元件的压缩变形、压缩-拉伸变形、剪切-拉伸变形、弯曲变形以及各种变形的组合来传递转矩。

橡胶弹性联轴器的结构形式很多,图 3.27 所示是目前使用较为普遍的一种弹性联轴器,称为高弹性整圈式橡胶联轴器。这种联轴器的结构比较简单,主要部件是两个整圈橡胶弹性环。输入法兰和输出法兰分别与整圈橡胶弹性环的外缘和内缘连接。转矩传递过程是从输入法兰传至整圈橡胶弹性环,再传至输出

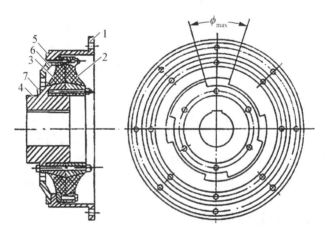

1—输入法兰;2,3—整圈橡胶弹性环;4—输出法兰;
5—限位装置环;6—弹性环外环螺栓;7—弹性环内环螺栓。

图 3.27　高弹性整圈式橡胶联轴器

法兰。为了防止启动和瞬时过大扭转角引起橡胶损坏,结构上设有限位装置,即图中外环上的限位装置环和内环法兰凸出部分。ϕ_{max}是弹性环最大扭转角,大于该值时限位装置起作用,内外环直接接触。

高弹性整圈式橡胶联轴器具有很大的弹性,还具有一定的滞后阻尼特性,可以较有效地改变系统的自振频率以达到在常用转速范围内避开严重共振转速的目的。目前在舰船柴油机-减速齿轮箱这类传动装置中得到较多的应用。

RATO 型高弹性联轴器是一种橡胶与金属黏结结构的剪切型高弹性联轴器,其剖面如图 3.28 所示。此联轴器主要由扭转弹性部件、膜片部件和连接件组成。其中的扭转弹性部件主要由多个扇形橡胶块组成,扇形橡胶块的截面成锥形。橡胶块与金属片黏结,依靠橡胶块的剪切变形来传递转矩。膜片部件均布置在弹性部件的后端并允许承受轴向位移。

RATO 型高弹性联轴器能适应轴向、径向和角度方向的相对位移,对特定频域的结构噪声有较好的隔离功能,同时还具有较好的扭转特性和阻尼特性,能够改善旋转系统的扭振状态。目前多用于舰船推进模块、柴油发电机组等场合。还可与万向联轴器串联使用,如某 CODOG 型推进模块中就包含了这种组合的配置方式。

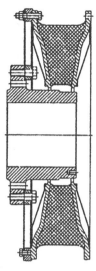

图 3.28 RATO 型高弹性联轴器剖面

需要注意的是,这种联轴器在转矩的作用下,它的橡胶弹性元件会沿轴向收缩,从而产生附加的轴向力作用在主、从轴上,使主、从轴的轴承承受附加的轴向载荷。

橡胶弹性联轴器除了上述整圈式橡胶联轴器外,还有很多其他形式,如图 3.29所示。

橡胶弹性联轴器的结构形式的共同特点:结构简单、造价低、加工成型方便;扭转方向的弹性大,对扭转振动和冲击具有良好的隔振和减振作用;能补偿对中误差和轴段运转时产生的偏差;对特定频域的结构噪声具有较好的隔离作用;耐油和耐热性差;易老化;由于制造中橡胶硬度的偏差较大,因而其负荷性能不易控制。

2) 金属弹性联轴器

金属弹性联轴器主要是利用金属簧片、卷簧、板簧、膜盘、不锈钢丝绳等作为弹性元件的弹性联轴器,具体的结构形式很多,应用广泛。

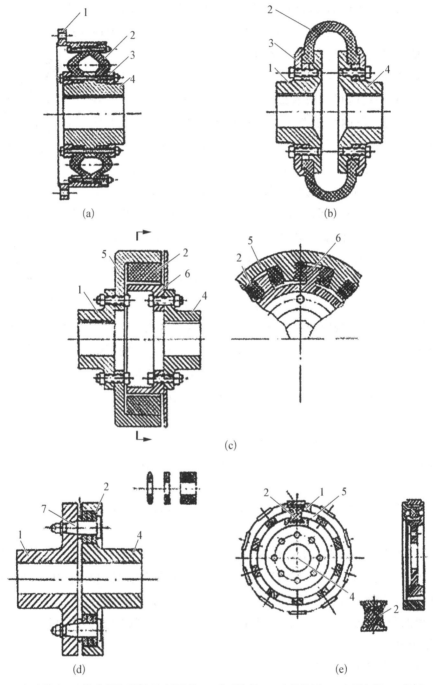

1—主动法兰;2—橡胶弹性元件;3—压紧环;4—从动法兰;5—金属外环;6—金属内环;7—柱销。

图 3.29　橡胶弹性联轴器

（1）簧片联轴器。

如图 3.30 所示是一种具有较大阻尼和弹性的金属簧片联轴器，称为盖斯林格联轴器。它的结构主要由内轮和外轮两部分组成。通常，内轮作为输出端，外轮作为输入端，但也可互换。内轮部分的主要零件是花键轴，外轮部分的主要零件是侧板、中间块压紧螺栓、锥形环、外套圈、限位块、带法兰的侧板等元件。在内外轮元件之间径向布置着数组金属簧片，它的外端与外轮元件固定，内端镶入花键轴槽内，使主、从动零件保持同心。利用金属簧片弯曲弹性变形时产生的弹力，传递内外部件（主动件与从动件）之间的转矩。依靠金属簧片组在传递转矩时具有较大弯曲变形，使联轴器具有较好的弹性。内部油腔充满润滑油，起到缓冲和阻尼的作用。

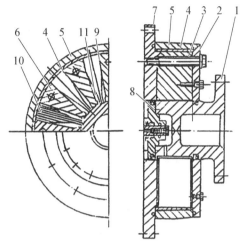

1—花键轴；2—侧板；3—中间块压紧螺栓；
4—锥形环；5—外套圈；6—限位块；
7—带法兰侧板；8—压板；
9，11—油腔；10—金属簧片。

图 3.30　高阻尼簧片联轴器

高阻尼簧片联轴器按簧片的结构不同可分为对称型和非对称型两种。对称型能双向传递转矩，非对称型只能单向传递转矩。在传递同样大小转矩的前提下，对称型的外形尺寸和质量要比非对称型的稍大些。

这种联轴器主要具有如下特点。

（a）扭转弹性好，缓冲作用显著。通常其静扭转角度为 $2°\sim6°$。可以利用它的弹性来调节系统的自振频率，使主临界转速被排除在发动机的工作转速之外，有较好的调频作用。

（b）阻尼性能好。利用它的高阻尼特性（阻尼力与弹力之比为 $0.5\sim0.9$，且在很大范围内与振动的频率无关），可吸收处在工作范围内的其他谐频的共振能量，对这些谐频振动起减振作用。

（c）结构紧凑、尺寸小、工作可靠、耐久性好。

（d）能对主、从轴的对中误差起一定的补偿作用。许用相对径向位移一般为 $0.45\sim0.90$ mm，许用相对轴向位移为 $1.5\sim5.0$ mm，许用相对角位移为 $0.2°$ 左右。

（e）结构复杂，要配置专用的滑油系统，造价较高。

（f）簧片的组合方式为阶梯状，故其"变形-弹力"线不是线性的而是由数段折线组成，对消除扭振很有利。

（2）金属膜盘式挠性联轴器。

金属膜盘式挠性联轴器是一种通过极薄的双曲线型面的挠性盘传递转矩的装置。这类联轴器利用膜盘材料的挠性补偿输入轴与输出轴之间的相对位移，利用双曲线型膜盘壁传递转矩和提供挠性，利用其内、外径处的刚性轮缘和轮毂，在相邻膜盘和输入、输出法兰之间传递转矩。膜盘之间以及膜盘与主、从动构件法兰之间可根据不同的使用要求分别采用螺栓、端面齿、夹紧环、焊接（如电子束焊、钎焊等）或铆接等各种连接方式。

膜盘式联轴器工作可靠、寿命长；传递功率大，可达 100 000 kW；适用转速高，可达 10 000 r/min；补偿主、从轴之间相对位移的能力也大；无须润滑；无噪声；可以在恶劣的环境下工作；安装、维护简便；作用在系统中的附加载荷小。由于膜盘式联轴器具有上述优点，在现代高速旋转机械中广泛采用，大量应用于航空、舰船和工业涡轮系统中。挠性很大的膜盘可以足够补偿动力涡轮轴的热膨胀变形和对中误差。

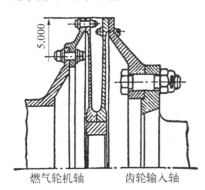

燃气轮机轴　　齿轮输入轴

图 3.31　某船燃气轮机与齿轮箱之间的连接

如图 3.31 所示是某船燃气轮机与齿轮箱之间的连接。它由两个外径为 558.8 mm 的膜盘组成，在最初的安装对中时，它受到 3.8 mm 的预拉伸变形，在热状态下运转时，联轴器承受 3.8 mm 的压缩变形，也就是该联轴器补偿的轴向变形量达 7.6 mm。而在整个工作过程中，联轴器由此轴向变形在动力涡轮轴上所产生的附加轴向力不超过 450 kgf[①]。

与非金属弹性联轴器相比，金属弹性联轴器具有以下特点：弹性元件具有较高的强度，传递转矩的能力大；减振性能稳定，适用于高速运转；物理、化学性能稳定，具有较长的使用寿命，基本不受温度的影响；结构复杂，制造成本高。此外，这类联轴器还能依靠改变金属弹性元件受力部分的长度、预紧力或数量等方法来改变弹性元件的刚度，使联轴器具有定刚度或非线性刚度的特性。

---

① 　1 kgf＝9.806 65 N。

2. 万向联轴器

为了满足新型舰船对减振降噪的要求,舰船的主机一般采用弹性支承(如主机采用双层隔振),而传动装置采用刚性固定,主机与传动齿轮箱之间的连接必然会产生过大的相对位移(包括角位移)。前述的各型联轴器已不能满足要求,一般在主机与传动齿轮箱之间要设置万向联轴器。

万向联轴器在各个方向(包括偏移、偏斜、长度变化)上都具有很大的补偿能力,能够在两轴轴线的夹角为 20°~45°范围内变化,保证所连接的两轴连续回转,可靠地传递转矩。它传递的转矩范围和转速范围(即传递能力)都很大,传动效率高,结构紧凑,维修保养比较方便。这些特点使得万向联轴器能够适应现代舰船恶劣的工作环境。万向联轴器是一种刚性联轴器而不是弹性联轴器。需要注意的是,在万向联轴器的两端一定要设置可靠的支点轴承。

目前,舰船上多采用十字轴双联式万向联轴器,如图 3.32 所示。

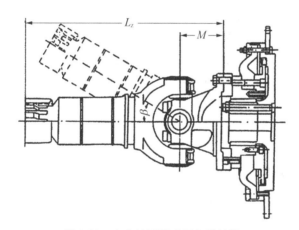

图 3.32 十字轴双联式万向联轴器

3.2.3 离合器

离合器是舰船传动装置中一个重要的传动设备,一般安装在主机和减速齿轮箱的主动齿轮之间。其主要作用是在主动轴旋转时与从动轴接合或脱开,从而可在主机运转的条件下,使齿轮箱的从动部分与螺旋桨一起运转或停止运行。

舰用离合器的种类很多,常见的有摩擦离合器、液力耦合器和同步离合器。

1. 摩擦离合器

摩擦离合器是机械式离合器中的一种,靠摩擦力来传递转矩。由于它具有一系列优点,在中小功率舰船动力装置中得到了广泛的应用。近年来,在大功率中速柴油机或多机并车传动机组中也已普遍使用,甚至在国外大功率船用燃气轮机组中也逐渐推广使用。

1) 摩擦离合器的构成原理

(1) 分类。

(a) 按摩擦面的形状可分为以下 3 类。

盘片式:摩擦副是圆盘的表面,它又分为单片式及多片式;

圆锥式:摩擦副为内外圆锥体,摩擦工作表面为圆锥面,它又可分为单锥面和双锥面;

圆柱式(气胎式):工作摩擦面为内外圆柱面,它又可分为单圆柱和双圆柱两种。

(b) 按摩擦面的工作状态可分为以下 3 类。

干式:它的工作表面不能沾油或水;

湿式:它的工作表面用油润滑和冷却;

半干式:它的摩擦面处于半干式摩擦状态。

(c) 按接合的动力,可分为机械式、液压式、气动式和电磁式。

(2) 结构原理。

如图 3.33 所示为广泛使用的几种舰船用摩擦离合器,下面介绍这几种离合器的结构原理。

(a) 盘片式摩擦离合器。

图 3.34 为盘片式摩擦离合器的原理图。主动轴和从动轴分别装有主动摩擦盘和从动摩擦盘,利用移动环可使从动摩擦盘做轴向移动并与主动摩擦盘互相压紧,从而产生垂直作用在摩擦盘上的压紧力(正压力)N,在它的作用下,两圆盘间产生摩擦力 F 和对轴的摩擦力矩 M_T:

$$F = N\mu \tag{3.2}$$

$$M_T = FR = N\mu R \tag{3.3}$$

式中,μ 为两圆盘间的摩擦系数;R 为圆盘的平均半径,m。

可见,只要这个摩擦力矩大于主动轴的转矩,主动摩擦盘与从动摩擦盘便能紧紧地接合在一起,从而将主动轴的转矩传给从动轴。

从式(3.3)可知,离合器传递转矩能力的大小与下列因素有关。

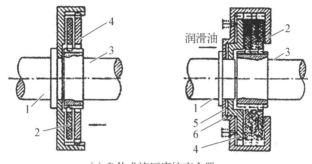

(a) 盘片式液压摩擦离合器

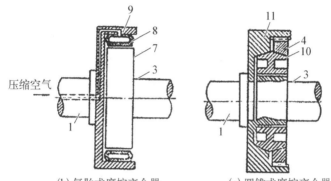

(b) 气胎式摩擦离合器　　　(c) 圆锥式摩擦离合器

1—主动轴;2—摩擦片;3—从动轴;4—压板;5—油缸;6—活塞;
7—内鼓轮;8—气胎;9—外鼓轮;10—圆锥轮;11—鼓轮。

图 3.33　几种常用的舰船用摩擦离合器

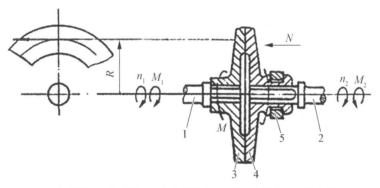

1—主动轴;2—从动轴;3—主动摩擦盘;4—从动摩擦盘;5—移动环。

图 3.34　盘片式摩擦离合器原理图

ⓐ 传递转矩 M_T 与摩擦盘的平均半径 R 成正比。增加摩擦盘尺寸 R,可以增加传递转矩的能力,但无限制增加摩擦盘的尺寸是不可能的,所以也可以通过增加摩擦面的数量,以增加摩擦面积,达到增大传递转矩的目的,所以有单片式

摩擦离合器和多片式摩擦离合器之分。

ⓑ 传递转矩 M_T 与摩擦系数 μ 成正比。摩擦系数 μ 的大小与摩擦副的材料有很大关系。摩擦副的对偶材料一般有铸铁与铸铁、钢与青铜或黄铜、钢与钢或铸铁、皮带与钢或铸铁、软木与钢、层压胶布与钢等。

在传递较大功率的离合器中,为了进一步提高摩擦系数,使用由特殊材料制成的摩擦片或其他摩擦副,主要摩擦材料为石棉基材料和粉末冶金材料两大类。

石棉基材料由石棉加黏结剂和填料模压而成,可分为石棉树脂、石棉橡胶、石棉塑料等。填料中主要有铜丝、锌丝等,其主要目的是提高材料的耐磨性、导热性和机械强度。由于受到材料中树脂、橡胶、塑料等的影响,这类摩擦材料的工作温度不能很高,一般是 $200\sim300℃$。若在高温下,摩擦系数要降低。

粉末冶金材料是金属型材料,分铁基和铜基两类。铁基粉末冶金材料由铁、钢、铅、石墨、三氧化二铝等组成。铜基粉末冶金材料主要由铜、铅、硅、石墨、石棉等组成。粉末冶金材料与石棉基材料相比,具有耐磨性好、摩擦系数稳定、导热性好等优点,它的工作温度可达 $560℃$,但价格较后者贵。

ⓒ 传递转矩 M_T 与正压力 N 成正比。对于小型的、传递转矩不大的离合器,可以采用手动机械操纵;对于要求传递转矩较大的离合器,则必须采用气动或液动机构操纵。

图 3.35 是一种用于小型柴油机倒顺车减速齿轮箱的盘片式摩擦离合器的示意图。图中的摩擦盘与发动机飞轮相连,为摩擦离合器的主动部分。顺车摩擦片和倒车摩擦片通过花键与空心从动轴和实心从动轴相连,摩擦片 3 和 6 藉花键能分别相对于从动轴 1 和 10 做微小的轴向移动,但必须随轴旋转。从动轴 1 和 10 的末端各自带有小齿轮 8 和 11,分别与大齿轮 13 和 12 相啮合(齿轮 11 和 12 之间经过一只惰轮),由此带动输出轴,它直接和螺旋桨相连。

空车时,传动机构处于中间位置,摩擦盘 4 也处于中间位置,倒、顺车摩擦片和主动部分都不接触,即呈脱离状态,因此,发动机虽在运转,但螺旋桨保持静止不动。

顺车时,操纵手动杠杆,经拨叉使传动机构向右移动,通过一系列的杠杆机构使摩擦盘 4 向右移动,把顺车摩擦片压紧在摩擦盘 4 和 2 之间,发动机的功率就由顺车摩擦片、空心从动轴通过顺车小齿轮和顺车大齿轮减速后,由输出轴传给螺旋桨轴。

倒车时,拨叉使传动机构向左移动,摩擦盘 4 向左移动,倒车摩擦片被压紧在摩擦盘 4 和 5 之间(此时顺车摩擦片已脱开),发动机的功率即经倒车摩擦片、

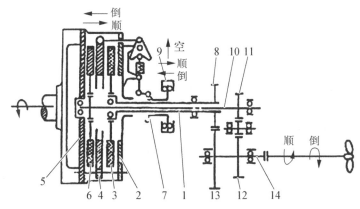

1—空心从动轴；2,4,5—摩擦盘；3—顺车摩擦片；6—倒车摩擦片；7—传动机构；8—顺车小齿轮；
9—拨叉；10—实心从动轴；11—倒车小齿轮；12—倒车大齿轮；13—顺车大齿轮；14—输出轴。

图 3.35　小型柴油机减速齿轮箱的摩擦离合器

实心从动轴经倒车小齿轮、惰轮和倒车大齿轮反向和减速，由输出轴传给螺旋桨轴。

（b）圆锥式摩擦离合器。

动力装置中实际使用的锥形摩擦离合器大多数是双锥体型。如图 3.36 所示是双锥体型高弹性摩擦离合器。主动摩擦锥体 1 和 2 通过法兰与主机输出轴相连。从动摩擦锥体 3 和 4 则通过四个盆形高弹性橡胶元件与从动轴相连。当需要接合时，来自从动轴中孔的压缩空气通过管子通到由两个从动摩擦锥体之间形成的气缸中，气缸外侧与内侧有密封装置 7，以防压缩空气漏泄。在压缩空气作用下，两个从动摩擦锥体被分别推向左、右，与主动摩擦锥体逐步压紧，从而使离合器接合。一般主动锥体为铸铁或铸钢件，从动摩擦锥体外面镶有耐磨耐热的摩擦材料。当需要脱离时，气缸内的压缩空气经管子排出，靠高弹性橡胶元件的恢复力使从动摩擦锥体与主动摩擦锥体脱离接触，离合器便不传递转矩。

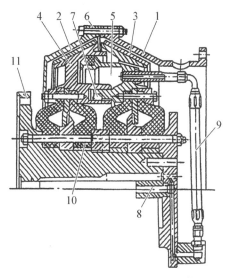

1,2—主动摩擦锥体；3,4—从动摩擦锥体；
5—气缸；6—螺栓；7—密封圈套；8,9—管子；
10—高弹性橡胶元件；11—从动轴。

图 3.36　双锥体型高弹性摩擦离合器

单圆锥体传递转矩为

$$M_\mathrm{T} = \frac{\mu R_\mathrm{T} Q}{\sin\alpha + \mu\cos\alpha} \tag{3.4}$$

式中,R_T 为圆锥体工作表面的平均半径,m;Q 为轴向压紧力,N;α 为圆锥体工作表面与轴线的夹角。

这种圆锥式摩擦离合器的特点:

ⓐ 结构简单、紧凑、轴向尺寸不大,且兼具离合与高弹联轴器两个功能。

ⓑ 与盘片式摩擦离合器相比,在直径和传递转矩相同的情况下,圆锥式摩擦离合器所需接合力约为盘片式摩擦离合器的 1/3;脱开时,易于保证摩擦面分离。

ⓒ 散热条件好,质量小,安装要求不高。

ⓓ 用压缩空气操纵,便于遥控和自动控制。

ⓔ 双锥体型结构不仅能够提高传递转矩的能力,而且可以使作用在锥体上的轴向力在离合器内部得到平衡,简化了设计。

ⓕ α 愈小,相同外形尺寸条件下的传递转矩的能力愈大,但 α 受自锁的影响,不能太小。

(c) 气胎式摩擦离合器。

气胎式摩擦离合器的工作面呈圆柱形,由内鼓轮、外鼓轮、膨胀气胎和摩擦块等主要部件组成,如图 3.37 所示。外鼓轮与主动轴连接,内鼓轮(摩擦轮)与

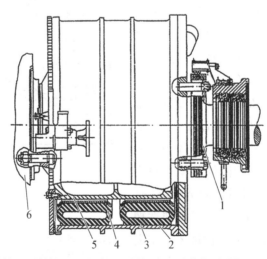

1—主动轴;2—外鼓轮;3—气胎;4—摩擦块;5—内鼓轮(摩擦轮);6—从动轴。

图 3.37 气胎式摩擦离合器结构图

从动轴连接,在外鼓轮的内侧固定有橡胶膨胀气胎,气胎的内侧装有摩擦块。接合时,压缩空气由外鼓轮壳体中的气道进入气胎,使气胎膨胀,内径收缩迫使摩擦块抱紧内鼓轮,达到传递转矩的目的。当压缩空气释放后,气胎由于本身的弹性恢复原状,内径扩张,摩擦块与内鼓轮脱离接触。摩擦块与内鼓轮之间留有 4~5 mm 的间隙,以保证完全脱开,不会出现"带排"现象。

气胎式摩擦离合器能传递的转矩为

$$M_T = N\mu R \tag{3.5}$$

$$N = Q \pm F \tag{3.6}$$

$$Q = 2\pi RB(P_2 - P_1) \tag{3.7}$$

$$F = \frac{mv^2}{R_a} = \frac{m}{R_a}\left(\frac{2\pi R_a n}{60}\right)^2 \tag{3.8}$$

式中,μ 为摩擦系数;R 为摩擦轮的半径,m;N 为摩擦块作用在摩擦轮上的正压力,N;Q 为气胎充气后未旋转时作用在摩擦轮上的正压力,N;P_1 为摩擦块和摩擦轮开始接触时所需的空气压力,一般为 0.029~0.069 MPa;P_2 为气胎的充气压力,MPa;B 为摩擦轮的宽度,m;F 为气胎弹性部分在旋转时的离心力,N;m 为气胎弹性部分的质量,kg;R_a 为气胎弹性部分截面质心的半径;m;v 为气胎弹性部分截面质心的线速度,m/s;n 为转速,r/min。

气胎装在外鼓轮上时,式(3.6)中 F 前的符号取负,说明离心力 F 对正压力 Q 起抵消作用。而当气胎装在内鼓轮上时,正好相反,F 前的符号取正,离心力使正压力 Q 增加。当转速很高时,前者将使正压力明显降低,易滑摩;后者则使脱开过程中的滑摩功大。这也是这种离合器不适用于高速工作环境的主要原因之一。

气胎式摩擦离合器与其他摩擦离合器相比,有如下特点。

ⓐ 由于橡胶轮胎的特点,使气胎式摩擦离合器在减振和隔声方面有明显优点,它对轴系的扭振、横振和纵振都有缓解作用,同时还能减弱主机或电动机的结构噪声通过轴系、螺旋桨向水中的传播。这个特点给潜艇在各种航行状态(包括水面、半潜或水下)时的隐蔽性带来好处。

ⓑ 接合缓和、脱离迅速,空转性能好,既对接合时的冲击载荷有一定的缓冲作用,又可避免脱开时的"带排"现象(当然要以合理的设计为前提)。同时可以通过改变空气压力来调节离合器传递转矩的能力。

ⓒ 因充气的气胎富有弹性,当摩擦块磨损后,能自动补偿。

ⓓ 允许主动轴与从动轴的轴心线存在较大偏差,无论在偏移、偏斜及轴向位移方面都放宽了要求,这给轴系安装带来了方便。

ⓔ 由于气胎是橡胶制品,易老化,且它的工作温度范围小(一般为 30~50℃,否则会加速老化)。

ⓕ 不适用于高速传动,一般适用于转速低于 1 000 r/min 的情况。

ⓖ 需要一整套为离合器服务的辅助设备,如压缩空气源、空气分配器、自动阀、操纵器、加速器等,造价较高。

2) 摩擦离合器的作用

(1) 当推进装置采用不可逆转的主机时,利用离合器和倒、顺车齿轮箱相配合,使螺旋桨能正、反转,从而实现舰艇倒航的需要。

(2) 当离合器处于接合状态时,使主机驱动螺旋桨工作;当离合器处于脱开状态时,主机与螺旋桨处于分离状态,便于主机空载启动、空转或检修;在多桨舰艇拖桨航行时减少航行阻力及不必要的主机和轴系中各轴承的磨损。

(3) 可以利用摩擦离合器的时开时合,使舰艇获得超低速航行。

(4) 在多机并车传动装置中实现多机并车传动和单机分车传动。

(5) 由于离合器传递的转矩超过规定数值以后会自行打滑,因此对主机、轴系具有一定的安全保护作用。特别当发生螺旋桨碰到礁石或被卡住等意外情况时,特大的转矩将使离合器打滑,而不致损坏主机、轴系等设备。

(6) 气胎式摩擦离合器具有一定减振、隔声的作用。

3) 摩擦离合器的特点

(1) 在接合后的稳定工作中,主动轴和从动轴之间没有相对滑动,传动效率高。

(2) 分离、接合时间较短,按它本身的结构特点,它可在几秒之内完成完全接合。

(3) 设备简单、结构紧凑、质量小。

(4) 摩擦离合器在接合和脱离的过程中产生打滑、发热和消耗功率。

(5) 传递功率与离合器的尺寸、质量成正比关系,所以在大功率推进装置中离合器的尺寸、质量均较大。

(6) 液压气力和电磁操纵的离合器需消耗一定的辅助能量。

2. 液力耦合器

1) 液力耦合器的结构原理

利用液体来传递功率的装置称为液力传动装置,液力耦合器则是液力传动装置的一种形式,液力耦合器最早是从离心泵和涡轮机的工作原理中得到启发而创造出来的。

　　从图 3.38 中可以看到,发动机带动离心泵工作,使具有一定压头的工作液体通过管道,带动涡轮机的叶片旋转,从而带动螺旋桨旋转。工作液体做功后流回到循环油箱供再次循环使用,于是发动机的机械能通过液体媒介传给螺旋桨。为了缩小耦合器结构尺寸,减少液体在管道中的流动损失,把工作轮尽量靠拢,使泵轮出口直接对着涡轮进口,液力耦合器的基本结构如图 3.39 所示。

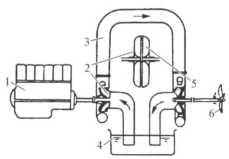

1—发动机;2—离心泵;3—管道;
4—循环油箱,5—涡轮机;6—螺旋桨。

图 3.38　液力耦合器工作原理示意图

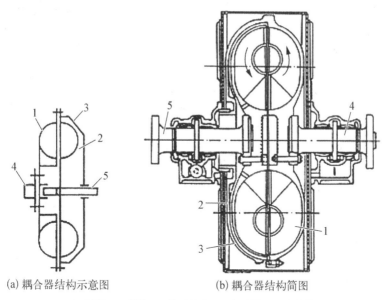

(a) 耦合器结构示意图　　　　　(b) 耦合器结构简图

1—泵轮;2—涡轮;3—转动外壳;4—主动轴,5—从动轴。

图 3.39　液力耦合器结构图

　　液力耦合器的主要部件是两个工作轮:泵轮和涡轮。泵轮通过主动轴与发动机相连,是耦合器的主动部分。涡轮与功率输出轴(从动轴)相连,是耦合器的从动部分。泵轮与涡轮左右对称布置,尺寸完全相同,轮内都装有相当数量的径向叶片,形成一瓢一瓢的工作腔,但泵轮内的叶片数量与涡轮内的不相等,且不存在公约数。安装时它们在轴向有一定的间隙,彼此无机械联系。工作腔中充有工作液体(矿物油),依靠它做媒介在泵轮和涡轮之间流动而传递功率。转动外壳一般与泵轮连接,随泵轮一起转动,它内部没有叶片,主要作用是使工作轮内部形成封闭空间,保证油的循环流动,防止漏泄。

　　发动机工作时,泵轮在发动机带动下旋转,工作腔中的液体被叶片带动与泵轮一起绕轴线转动,它是一种复合运动。既有叶片带动下绕轴线的回转运动,又有在离心力作用下从叶片内缘向外缘流动的相对运动,这种复合运动称为环流,如图 3.40 和图 3.41 所示。

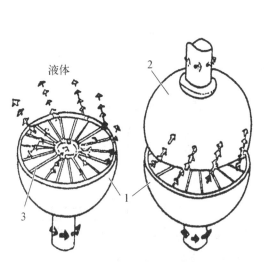

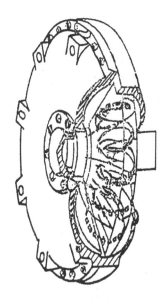

1—泵轮;2—涡轮;3—叶片。

图 3.40　耦合器液体从泵轮到涡轮的流动方向　　**图 3.41　耦合器工作腔中的环流**

　　因为耦合器工作腔中的工作液体形成了环流,才使耦合器传递转矩成为可能。即在泵轮中液体被加速,发动机的机械能转变成工作液体的动能(高速)和势能(高压);高能量的液体从泵轮腔外半径处流出并进入涡轮,带动涡轮叶片,使涡轮跟着转动,在涡轮工作腔中液体的能量转变成机械能,传给从动轴,实现了功率传递。液体从泵轮腔进入涡轮腔的过程中存在能量损失,因此涡轮的转速始终低于泵轮的转速,而涡轮腔中流动液体产生的离心力小于泵轮中相应位置流体的离心力,从而保证在涡轮腔中流动的液体能克服离心反力,从外半径向内半径流动,最后从涡轮腔的内半径流出,再进入泵轮腔,这样往复循环,实现主动轴到从动轴的动力传递。

　　2) 液力耦合器的工作特性

　　液力耦合器的工作特性是指它传递的转矩 M 和传递效率 η 与其转差率之

间的关系。前者称为转矩特性,后者称为效率特性。

(1) 转矩特性。

发动机通过泵轮把机械能转换成工作油的动能和压力能,增加了液体的能量。根据动量矩定理,增加的能量就是动量矩的增量,因此发动机作用于泵轮中液体的转矩可用动量矩定量推导,具体推导过程可参考相关资料。考虑到泵轮与涡轮的摩擦转矩后的实际转矩外特性如图 3.42 所示。图 3.42 中,M 为理论转矩外特性线,M' 为实际转矩外特性线,M_f 为两者的差值即摩擦转矩:

$$M' - M = M_f \tag{3.9}$$

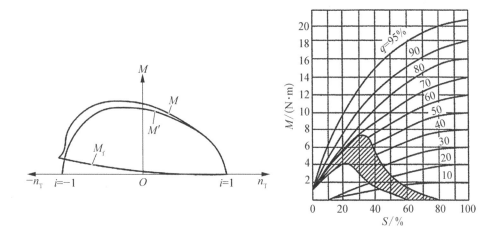

图 3.42 实际和理论转矩外特性　　**图 3.43 不同充满程度下的转矩外特性**

当在涡轮和泵轮之间组成的环流空间未被液体完全充满时,由于环流的各种参数会随液体充满程度变化而导致液力耦合器转矩外特性随之变化,如图 3.43 所示。图 3.43 中,横坐标 S 为转差率,$S = (n_B - n_T)/n_B = 1 - i$;$q$ 为液体的充满程度。

从图 3.43 中可看出两点:在某一个充满程度下的转矩外特性与全部充满时的形状都为椭圆形,图中的阴影区表示会出现强烈的振动,这是由于环流不稳定所致。为此,在使用没有防止产生不稳定环流装置的液力耦合器时,一定要注意充放油的时机和完成充放油动作所需的延续时间,避免引起长时间的剧烈振动。若液力耦合器必须在部分充油状态下长期运行,则需要选用特殊结构的液力耦合器。

(2) 效率特性。

液力耦合器工作过程中存在能量损失,所以,其输出功率 N_2 总是小于输入

功率 N_1，它们的比值就是液力耦合器的传动效率 η：

$$\eta = \frac{N_2}{N_1} = \frac{M_T n_T}{M_B n_B} \cdot \eta_m = \frac{M_T n_T}{M_B n_B} \cdot \eta_{Tm} \eta_{Bm} \qquad (3.10)$$

式中，η_{Bm} 和 η_{Tm} 是泵轮和涡轮的机械效率；$\eta_m = \eta_{Bm}\eta_{Tm}$，为耦合器总的机械效率，不会有太大的变化，一般为 $0.98 \sim 0.99$；而 $M_T = M_B$。因此，液力耦合器的效率为

$$\eta = \frac{n_T}{n_B} \cdot \eta_m \qquad (3.11)$$

可见，效率特性与转速比(n_T/n_B)成正比。当 n_B 为常数时，效率与涡轮的转速成线性正比关系，如图 3.44 所示。当效率逐渐上升到 A 点时，泵轮和涡轮的转速差非常小，自此以后，转速差更小。环流量也急剧降低，能传递的转矩已十分微小。在这种情况下，耦合器所受到的空气阻力矩、轴承等机械摩擦力矩所占的比例相对较大。从 A 点以后就不适合线性关系而变为虚线所示关系。当 $n_B = n_T$ 时，环流量为零，故效率也降为零。说明液力耦合器的效率永远不能达到 1，一般最高值为 0.985。

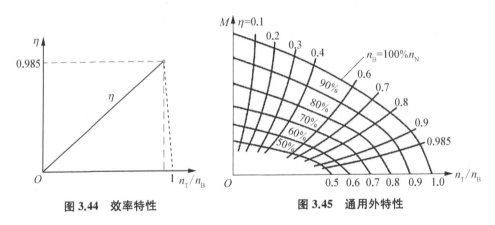

图 3.44 效率特性   图 3.45 通用外特性

如果将转矩特性线上不同泵轮转速 n_B 下的相同效率点连起来，就可得到等效率曲线，如图 3.45 所示，也称为液力耦合器的通用外特性曲线。由于耦合器最高效率一般只能达到 0.985，因此，图中的 0.985 等效率曲线以下的区域不可能作为液力耦合器的工作范围。

通过对耦合器的进一步分析，可以得出如下结论。

(1) 在液力耦合器中，虽然主、从动体无机械联系，但通过油做媒介传递功率时，能使主、从动体转矩保持不变。

（2）从工作液体看,采用密度较大的工作液体可以传递较大转矩。

（3）转矩与泵轮出口直径和涡轮出口直径有关,泵轮出口直径增大和涡轮出口直径减小都会使转矩增大。

（4）从工作液体充满度上看,全部充满工作液体的耦合器,比部分充满工作液体的耦合器传递转矩的能力大,故改变充满度可以调整耦合器传递转矩能力。

（5）从外载荷变化情况来看,随着外载荷增加,耦合器的传动转矩一定会增加,以满足主、从动轴转矩相等的原则。

3）液力耦合器在推进装置中应用

液力耦合器能满足动力装置的多种要求,使它成为动力装置中的重要传动部件之一,在推进装置中的应用有以下特点。

（1）耦合器的泵轮和涡轮之间没有机械联系,靠液体环流传递动力。转矩相等,但转速不等,使它具备作为联轴器的基本条件,而且还是带有滑差(主、从动的转速存在速度差)的联轴器。

（2）它靠液体传递动力,只要有效地控制液体的充入和排出,就能实现离合作用。所以它不仅是联轴器,也是一种带滑差的离合器。

（3）对于大惯量的传动系统,如柴-燃联合动力装置的巡航机驱动系统,可以使柴油机只带泵轮空载启动,从而改善了启动性能。

（4）耦合器具有良好的过载保护功能。它能适应舰船变工况要求,甚至在最恶劣情况下(如螺旋桨被冰块卡住等),能有效地保护主机免受损伤。这是它与其他联轴器相比具有重大区别的地方。

（5）对于直接传动的推进装置,舰船最低航速受发动机最低稳定转速的限制。装了耦合器后,可以利用耦合器的部分充油特性,实现无级调速,舰船最低航速可不受发动机最低稳定转速的限制,从而能满足测量船、扫雷艇、救生船等舰船对微速航行的要求。

（6）耦合器以液体为介质传递转矩,具有优良的隔离扭振性能,常在减速装置和并车装置中用作隔振元件,以保护减速齿轮箱。如图 3.46 所示是某推进装置在液力耦合器前后的转矩

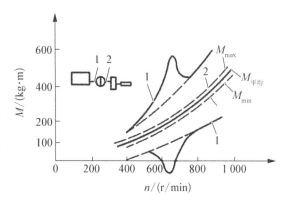

图 3.46　某推进装置的转矩变化曲线

变化曲线。图中,曲线 1 是未装液力耦合器时的变动转矩,曲线 2 是安装液力耦合器后的变动转矩。由图可见,柴油机输出的变动转矩从液力耦合器前的1.44$M_{平均}$经液力耦合器后变为$(1.04\sim 1.05)M_{平均}$,其减振效果十分显著。

(7) 在多机并车装置中可以均衡负荷。

但液力耦合器也有缺点和不足之处。例如,传动比 $i<1$,有功率损失;需要有一套冷却循环系统;当发动机的转速较低时,耦合器本身的质量、尺寸显得偏大;充放油所需的时间较长等。这些问题限制了它更广泛的应用。

3. 同步离合器

1) 同步离合器的结构和工作原理

在共轴式传动的柴-燃联合动力装置中,由巡航机提供巡航速度以下的全部动力,大于巡航速度时,CODOG 型动力装置由加速机提供推进动力,CODAG 型动力装置由巡航机和加速机共同提供推进动力。由巡航工况转入加速状态时,能使加速机组自动地投入工作;从加速状态退回巡航工况时,能保证加速机组自动撤出工作状态并与巡航机组完全脱离,以确保不中断推进动力的传递。前述的离合器已不能满足这些特殊的要求,必须使用具有特殊功能的同步离合器。

(1) 同步离合器的结构。

同步离合器的典型结构和离合过程如图 3.47 所示,主要由 3 个部分组成:离合圈、螺旋花键轴和同步圈。离合圈左端和输入轴用键连接成一体,右端装有一圈直齿内花键;带有螺旋齿外花键的中空套轴恰好套在输出轴上,且用键将二者连接成一体;同步圈左端有直齿外花键与离合圈配合,可以允许相对的轴向移动。它的内部有与中空套轴上的螺旋齿外花键轴相配合的螺旋齿内花键,当两者有相对轴向位移时,同时发生一定角度的相对转动,或者两者有一定角度的相对转动时,同时发生相对的轴向移动。此外,同步圈上面还装有两只对置的爪。

(2) 同步离合器工作原理。

(a) 脱开状态。

如图 3.47(a)所示为脱开状态。当输入轴和输出轴没有相对转动时(如都处于静状态或都以同速同向旋转时),同步圈的直齿外花键正好处于离合圈左面的无齿部位,两者不啮合,因此输入轴不可能向输出轴传递动力。此时,同步圈上的两只爪位于离合圈的内齿圈中,且两者之间也相对静止。

(b) 结合过程。

当加速机开始加速时,输入轴的转速大于输出轴的转速(输出轴通常与齿轮

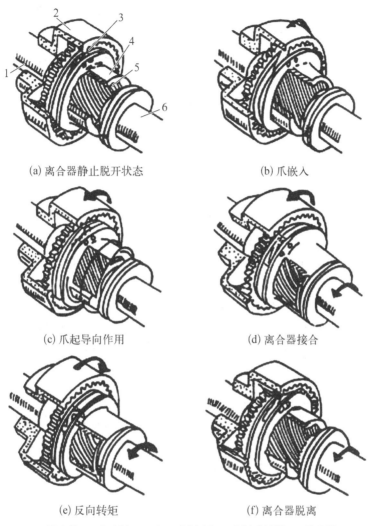

(a) 离合器静止脱开状态　　　　　　　(b) 爪嵌入

(c) 爪起导向作用　　　　　　　　(d) 离合器接合

(e) 反向转矩　　　　　　　　　(f) 离合器脱离

1—输入轴；2—离合圈；3—爪；4—同步圈；5—螺旋花键轴；6—输出轴。

图 3.47　同步离合器的基本结构和工作原理

箱中的主动小齿轮相连)，离合圈就带动两只爪使同步圈的转速大于螺旋花键轴
（也就是输出轴的转速)，由于螺旋花键的作用，使同步圈在相对螺旋花键轴做向
前的相对转动的同时，还相对于螺旋花键轴做向右的轴向移动，如图 3.47(b) 所
示。当同步圈右移到它的直齿外花键与离合圈的直齿内花键开始轴向接触时，
由于直齿外花键、两只爪以及螺旋花键副的相对位置设计得很精确，正好使直齿
花键副处于能互相啮合的位置。于是同步圈左端的直齿外花键进入离合圈的直
齿内花键内，进入啮合状态，同步圈继续右移，直到同步圈的右端和输出轴上的

法兰接触并被轴向顶住为止。此时两只爪已处于离合圈的右外端而不再在离合圈的直齿内花键内,如图 3.49(c)所示。上述动作完成后,由于输入轴的转速略大于输出轴的转速,因此,加速机的动力通过输入轴→离合圈的直齿内花键→同步圈的直齿外花键→同步圈的螺旋齿内花键→螺旋齿外花键轴(含输出轴上的法兰)→输出轴传递,输出轴即开始加速。这段动作如图 3.49(d)所示,于是加速机自动进入带负荷运行状态。

（c）脱开过程。

当加速机减速并准备撤离时,输入轴的转速显然要低于输出轴(因为巡航机仍在工作,所以输出轴仍以一定的转速也就是与巡航机转速相应的某一转速转动)。这时,可以认为离合圈相对输出轴做相反方向的转动,如图 3.49(e)所示。因此,在螺旋齿花键副的作用下使同步圈向左移动,直到它的直齿外花键与离合圈的直齿内花键完全脱离。此时两只爪又进入到离合圈的直齿内花键内,恢复到图 3.49(a)所示的脱开状态。

如果加速机停止转动而巡航机继续运转,则输出轴继续转动如图 3.49(f)所示。此时两只爪在离合圈的直齿内花键中不停地跳动,加速机与输出轴完全脱离。如果加速机又要投入工作,则又重复上述的结合过程。

2) 同步离合器的特点

从上面所述的工作原理可看出这种离合器有如下特点。

(1) 同步离合器是一种带有同步机构的齿形离合器,由棘爪机构和螺旋花键副组成的同步机构。棘爪机构起着感受是否同步的作用,依靠螺旋花键副实现直齿花键副在接合和脱离时的轴向移动,并与直齿花键副、输出轴上的法兰共同传递动力。当输入轴和输出轴的转速同步时,由棘爪机构推动螺旋花键副运动而使直齿花键副啮合。若有一个反向力矩,则离合器自动脱离。因此,它的接合和脱离完全是自动的,不依赖任何其他机构,在强度足够的条件下,其结合和分离十分可靠。

(2) 同步离合器靠花键副传递动力,传递转矩能力强,质量、尺寸小,传递效率为1。目前这种单个离合器能传递的功率已超 3×10^4 kW。

(3) 同步离合器即使在输入轴静止不动、输出轴以较高转速转动的情况下(相当于加速机不动,巡航机工作的工况或相反),也只引起棘爪在内齿圈中不停地跳动,能确保加速机与巡航机完全脱离。只要采取适当措施,棘爪就不易磨损,因而具有较高的寿命且能允许投入运行的发动机以高速运转。

(4) 同步离合器属于单转向离合器,多用在双机以上的并车或交替使用场合,对于单机传动齿轮箱的场合就不能起到离合作用。

（5）同步离合器是刚性离合器,对所传递动力中的周期脉动十分敏感,必须先经过高阻尼弹性联轴器或液力耦合器。

为减少棘爪机构的磨损,使其具有较长的寿命,可采取以下措施：改善润滑条件;在未结合状态下,只要从动轴的转速大于某一值时,爪能自动与离合圈脱离接触,直到从动轴的转速低于该值时又自动与离合圈接触等。

3）同步离合器在舰船上的应用实例

从上述分析中可看出,图 3.47 表示的仅是原理性的结构,实际使用的同步离合器的结构要复杂得多。图 3.48 为某 CODOG 推进装置巡航主机端应用的 SSS 离合器,其结构特点如下。

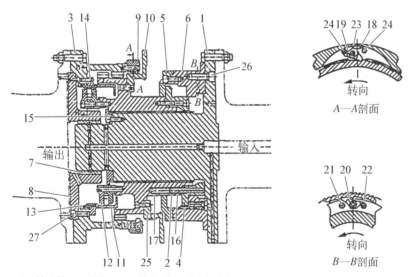

1—输入轴;2—离合圈;3—输出环;4—缓冲器内环;5—缓冲器端环;6—缓冲器外环;
7—滑动件端面;8—开关滑动件;9—初级爪架;10,13—棘轮;11,12—次级爪架;
14—作动环;15—齿轮;16—制动杆;17—弹簧杆;18—弹簧;19,20—爪块;
21,22,24—限位销钉;23—销;25,26,27—螺栓。

图 3.48　SSS 离合器实例

（1）采用高速爪和低速爪组合。

低速爪机构（初级爪）由初级爪架 9、爪块 19、弹簧 18 和棘轮 10 组成（见图 3.48 中的 A—A 剖面）。初级爪架 9 固定在输出环 3 上。爪块 19 通过销 23 固定在初级爪架 9 上,由弹簧 18 维持爪块 19 和棘轮 10 接触。限位销钉 24 限制爪块 19 的转动范围。棘轮 10 用螺栓 25 固定在离合圈上。在启动和低速时,弹簧 18 的弹力大于爪块 19 的离心力,所以爪块 19 始终与棘轮 10 保持接触,此棘爪机构始终处于棘合状态。

高速爪机构(次级爪)由爪架 11、12,棘轮 13,爪块 20 和限位销钉 21 组成。与低速爪机构不同的是没有设置弹簧(见图 3.48 中的 $B—B$ 剖面)。棘轮 13 为内齿型,固定在输出环 3 上,而爪架 11、12 则装在离合圈上。这样,在低速和静止时,高速爪块 20 的头部在其重力的作用下下垂而不与棘轮 13 接触,不起作用;当转速达到一定值后,高速爪块 20 头部的离心力大于其重力而外张,从而与棘轮 13 接触,进入棘合状态。而此时低速爪块 19 的离心力大于其弹簧 18 的弹力而抬起,脱离棘合状态。因而在高转速时,由高速爪机构感应离合器的同步转速的作用。

(2) 设置双动缓冲器。

缓冲器外环 6 用 8 个螺栓 26 固定在输入轴 1 的左端,缓冲器端环 5 用 12 个螺栓 27 固定在外环 6 的左边。这样,外环 6、端环 5 和输入轴 1 共同组成缓冲腔。缓冲器中的润滑油由输入轴 1 中的轴向油孔和径向油孔引入。该油路引入的润滑油还同时输送至各摩擦表面供润滑用。缓冲器的作用原理:缓冲器有两个空腔(见图 3.48 左图的上半部分),平时充满润滑油,当离合圈 2 右移时,端部空腔内的润滑油从径向油孔(虚线所示)排出,它的缓冲作用很小。另一方面,缓冲器的内环 4 与外环 6 和端环 5 之间的空腔容积在离合圈 2 刚开始右移的阶段是不变的,只是部分润滑油从右边流到左边。当离合圈 2 右移到内环的外沿与外环的内沿相接触时,把空腔分隔成左右两个互不相通的空腔,若要使离合圈 2 继续右移,必须右腔排油而左腔充油。右腔排油的通道是外环 6 上的两个轴向孔(见图 3.48 左图的下半部分),这两个轴向孔都用带小孔的堵头堵住,润滑油只能从堵头的小孔进出,阻力加大,从而使离合圈 2 右移的速度减慢,保证其右移到最后阶段能平稳地靠上端部。缓冲器开始起作用时,爪块将脱离棘轮,驱动齿已部分啮合但尚未全部啮合。

由于该缓冲器的作用,还可以延缓初期脱开过程的动作(其原理与上述的相反),同时使得当输入和输出两轴出现短时的、小幅度的转速波动时,或在缓慢的减速过程中,能使离合器不至于出现频繁的离合动作。

图 3.48 左图的上半部分为脱离状态,下半部分为结合状态。

3.2.4　减速齿轮箱

1. 功用

减速齿轮箱是通过减速齿轮系将发动机的功率传给推进器。它是一种重要的后传动装置,主要作用有以下 3 个方面。

1）减速

因转速低、直径大的螺旋桨具有比较高的推进效率，所以在舰船总体设计中，应尽量采用低转速、大直径的螺旋桨。若采用低速柴油机，则主机转速往往可以满足螺旋桨低速要求；若采用中速柴油机、高速柴油机、汽轮机、燃气轮机，则必须配置相应的齿轮箱减速，使主机转速与螺旋桨转速实现最佳的匹配。由于舰船的运行工况比较复杂，为了保证在各种工况下充分发挥主机的性能，有的减速齿轮箱被设计成多速比（最常见的是双速比）的方式，目的是使主机适应更广阔的工况范围并且使主机运行在高效区，这对高增压柴油主机的低负荷工况尤其重要。

2）倒顺

舰船的倒航可以通过螺旋桨的反向旋转实现。螺旋桨的反向旋转可以通过三个途径来实现：主机反转、齿轮箱的倒顺、可调螺距螺旋桨从正螺距变到负螺距。若采用不可逆转的主机和普通定距桨，则必须采用能起倒顺车作用的减速齿轮箱。

3）离合

在齿轮箱中安装离合器，对提高推进装置的机动性是十分必要的。装了离合器之后，就能使发动机与齿轮箱按要求结合和分离，实现主机的无载启动或调试，并便于修理。在双机并车或多机并车的装置中可实现部分机工作等。

除了上述主要作用之外，当采用两台或多台主机共同驱动一个螺旋桨时，可通过齿轮箱实现双机并车或多机并车。有时为了节能的需要，齿轮箱除了传动螺旋桨之外，还可用来传动发电机组和其他辅助机械。

近年来，随着中、高速柴油机技术的发展，单机功率不断增大，与低速柴油机相比，其在质量、体积和高度等指标方面有明显的优越性，越来越多地用作各种舰船的主机。为了提高螺旋桨的效率和扩大中、高速柴油机的使用范围，齿轮箱在中速柴油机推进装置中应用日益增多，一般都配有离合-倒顺-减速齿轮箱。采用汽轮机动力装置、燃气轮机动力装置以及联合动力装置作为舰船主机的舰船中，齿轮箱更是不可缺少的。

2. 结构形式

船用齿轮箱结构形式很多。根据输入、输出轴的布置形式不同，有单轴输入、单轴输出的水平异心式布置，垂直异心式布置，功率二分支水平同心式布置，功率二分支垂直异心式布置等；双轴输入、单轴输出的三齿轮结构布置、五齿轮结构布置以及七齿轮结构布置等；以及双轴输入、双轴输出和三轴输入、双轴输出等布置形式。根据减速要求不同，有一级减速、二级减速以及行星齿轮减速等。下面介绍几种主要的齿轮箱。

1) 单级异心传动齿轮箱

这种齿轮箱属于一级减速,所以称为单级;齿轮箱的功率输入轴和功率输出轴不在同一轴线上,所以又称为异心传动齿轮箱。这种齿轮箱按功率输入轴和功率输出轴的相对位置又可分为垂直异心传动和水平异心传动两种。

如图 3.49 所示为一垂直异心传动齿轮箱。该齿轮箱的功率输入轴和功率输出轴布置于垂直平面内,由输入轴上的小齿轮带动输出轴上的大齿轮,实现一级减速。这种齿轮箱的显著优点是占机舱面积小,宜布置于面积比较狭小的艉机型机舱。但由于两轴心线布置于垂直平面内,势必要抬高主机的高度,使主机质心升高,影响舰船的稳性。

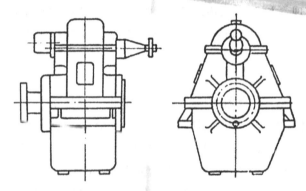

图 3.49 垂直异心传动齿轮箱

如图 3.50 所示为一个水平异心传动齿轮箱,它的结构与垂直异心传动齿轮箱几乎相同,所不同的是它的功率输入轴和输出轴布置于同一个水平面内。采用这种布置能有效降低主机质心,对中部机舱、双机双桨的推进装置布置更为方便,两主机的间距有保证,但是水平尺寸较大,多占用了机舱面积。

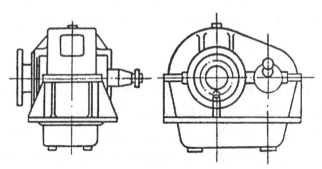

图 3.50 水平异心传动齿轮箱

2）双级同心式减速齿轮箱

这是一种功率输入轴和功率输出轴中心线在同一直线上的双级减速齿轮箱,如图 3.51 所示。主机功率通过输入轴 6 及其上的小齿轮 7,传给第一级减速的大齿轮 2,然后通过中间轴 3 上的小齿轮 17 传给装于功率输出轴 13 上的第二级减速大齿轮 10,再通过输出轴 13 驱动螺旋桨,实现两级减速。

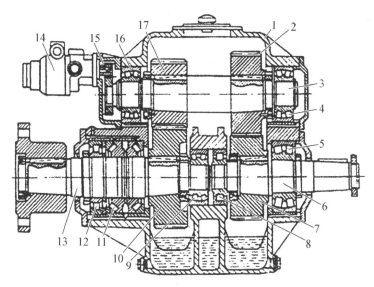

1—箱体;2,7,10,17—齿轮;3—中间轴;4,5,8,9,11,12,16—支承轴承、止推轴承;
6—输入轴;13—输出轴;14—润滑油泵;15—油泵传动装置。

图 3.51　双级同心式减速齿轮箱

由于功率输入轴和输出轴处于同一轴心线上,高度一致,布置上没有限制。该齿轮箱可降低主机质心,改善舰船的稳性,但由于多了一对过桥齿轮,传动效率降低,质量及成本提高。这种齿轮箱的选型方法与单级异心传动齿轮箱相同。

3）双机(多机)并车减速齿轮箱

在一些需要大功率的推进装置中,需要两台或多台主机共同驱动一个螺旋桨,这就需要用到双机(多机)并车减速齿轮箱。

如图 3.52 所示是一个单级三齿轮双机并车齿轮箱,小齿轮 3 装在输入轴 2 上,该轴由滑动轴承 6 支承,小齿轮 3 带动大齿轮 4,通过输出轴 5 驱动螺旋桨。在功率输出端装有米切尔式推力轴承 7,以承受螺旋桨产生的轴向推力。在主机功率输出端与齿轮箱功率输入轴连接处,一般应串接高弹性联轴器,以减轻转矩不均对齿轮的影响。为了两台主机能按要求投入运行或撤出,各自还应串接离合器。

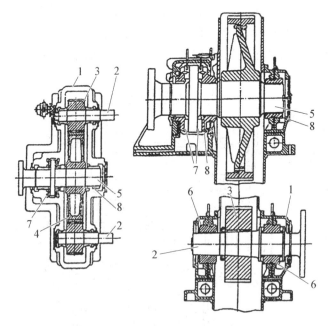

1—箱体;2—输入轴;3—小齿轮;4—大齿轮;5—输出轴;
6—滑动轴承;7—推力轴承;8—滑动轴承。

图 3.52　单级三齿轮双机并车齿轮箱

3.2.5　组合式传动设备

现代舰船推进装置中一般很少设置单功能的减速齿轮箱,通常与弹性联轴器、离合器或倒顺装置等共同组合在一起,许多情况下,推力轴承也布置在齿轮箱内,形成一个具有多功能的组合式传动设备,以适应各种不同的需要,同时具备减速、离合、倒顺以及传递推进动力等功能,并使整个传动装置具有十分紧凑的结构和较小的质量、尺寸,便于实施控制与操纵。

1. 离合倒顺车减速齿轮箱

如图 3.53 所示为离合倒顺车减速齿轮箱的剖面。该齿轮箱包含了减速、离合、倒顺车的全部功能。箱体 1 内装有输入轴 2、中间轴 3 和带功率输出法兰的输出轴 4。输入轴 2 和中间轴 3 上各自装有多片式摩擦离合器 15 和 16、传动齿轮 17 和 18 以及主动齿轮 19 和 20。离合器 15 使输入轴 2 和主动齿轮 19 接合或脱开,而离合器 16 使传动齿轮 18 和主动齿轮 20 接合或脱离。离合器 15 和

16 均用操纵阀 22 的手柄操纵。输出轴 4 上装有两个圆锥滚子推力轴承 23 以承受螺旋桨的推力。齿轮油泵 24 由输入轴 2 直接驱动,以提供操纵离合器的压力油及润滑轴承和齿轮啮合点的润滑油等。

顺车离合器输入轴 2 上的传动齿轮 17 与倒车离合器主动轴 25 上的传动齿轮 18 啮合。顺车离合器的输入轴由主机驱动;倒车离合器的主动轴 25 经顺车离合器输入轴上的传动齿轮 17 和倒车离合器主动轴 25 上的传动齿轮 18 驱动,它可以输出一部分功率,供轴带发电机或其他辅机之用。轴 25 也称为辅助功率输出轴(PTO)。

顺车时,将操纵阀 22 手柄扳至顺车位置。液压油送至顺车离合器 15 的油缸。油缸中的活塞使主动摩擦片和从动摩擦片压紧,顺车离合器接合。输入轴 2 带动顺车主动齿轮 19 旋转。

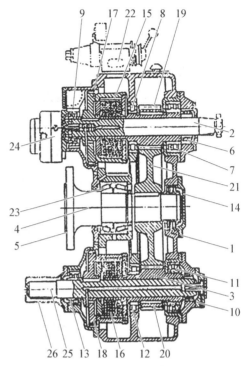

1—箱体;2—输入轴;3—中间轴;4—输出轴;
5—法兰;6,7,8,9,10,11,12,13,14—滚动
轴承;15,16—离合器;17,18—传动齿轮;
19,20—主动齿轮;21—大齿轮;22—操纵阀;
23—推力轴承;24—油泵;25—主动轴;
26—防护罩

图 3.53　离合倒顺车减速齿轮箱

此时倒车离合器脱开,齿轮 19 驱动输出轴上的大齿轮 21,从而驱动输出轴。输出轴与输入轴的转向相反。

倒车时,将操纵阀 22 手柄扳至倒车位置。液压油送至倒车离合器 16 的油缸,油缸中的活塞使主动摩擦片和从动摩擦片压紧,倒车离合器接合。输入轴 2 通过传动齿轮 17 和 18、主动轴 25、倒车离合器 16 及倒车主动齿轮 20 驱动输出轴上的大齿轮 21,从而驱动输出轴。此时顺车离合器 15 脱开。输出轴的转向与输入轴相同。

空车时,操纵阀 22 的手柄放到停车位置。顺车离合器和倒车离合器均脱开。此时输入轴转动,输出轴不转动。

2. CODOG 推进系统传动装置典型结构

图 3.54 为某 CODOG 型动力装置布置简图,推进器为调距桨。

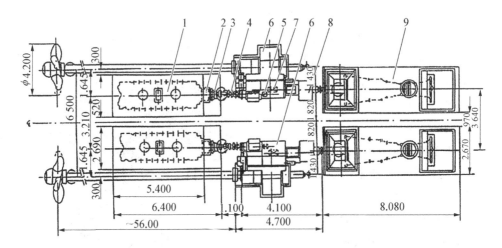

1—柴油机；2—液力耦合器；3—弹性联轴器；4—万向联轴器；
5,7—SSS 离合器；6—减速齿轮箱；8—高速联轴器；9—燃气轮机。

图 3.54 CODOG 型动力装置布置简图

巡航主机为柴油机，它是单转向、大功率箱装体式柴油机，采用双层隔振装置与基座相接。柴油机与传动轴系之间的后传动装置有液力耦合器、弹性联轴器、万向联轴器、SSS 离合器、减速齿轮箱等部件。

液力耦合器嵌入柴油机的后部，目的是缩小动力装置的轴向尺寸。液力耦合器的作用一是作为离合器，实现柴油机与轴系的离合，便于柴油机空车运行或维修保养；二是隔离柴油机的脉动转矩，保护其后的传动件。

弹性联轴器是一种 RATO 型高弹性联轴器。该型联轴器对轴向、径向和角度方向的相对位移有一定的适应能力，主要是对特定频域的结构噪声有较好的隔离作用，同时还具有较好的扭转特性和阻尼特性，能够改善旋转系统的扭振状态。RATO 型高弹性联轴器安装在柴油机的箱装体外侧，在系统中的主要作用是隔离结构噪声。

万向联轴器采用十字轴双联式万向联轴器，前端接弹性联轴器，后端接减速齿轮箱。其作用是补偿柴油主机采用双层隔振时引起的过大位移（包括角位移）。

巡航机 SSS 离合器 5 位于齿轮箱内，安装在主动小齿轮之前，靠近柴油机的功率输入端。其作用是当加速主机投入工作时，切断柴油机与轴系的连接；当加速主机撤出工作时，恢复柴油机与轴系的连接。

减速齿轮箱的主要作用是减速。在减速齿轮箱内还装有推力轴承、转轴设备和刹轴器等轴系元件。推力轴承为带液压支撑的滑动式推力轴承,并增加了推力测量装置。

加速主机采用燃气轮机,提供舰船高速时所需的动力。燃气轮机通过高速联轴器连到齿轮箱。

加速机 SSS 离合器 7 也位于齿轮箱内,安装在燃气轮机驱动的主动小齿轮之前,靠近燃气轮机的功率输入端。其作用是当巡航主机工作时,切断燃气轮机与轴系的连接;当燃气轮机投入工作时,使燃气轮机与轴系连接。为了保证燃气轮机能空车试验,在 SSS 离合器 7 上设置有切断装置,以使燃气轮机与轴系脱开,这是与 SSS 离合器 5 有差别的地方。

习题

1. 轴系的功用是什么?

2. 轴系通常由哪些主要部件组成? 以直接传动方式为例进行说明并简述其功用。

3. 简述推力轴承的工作原理。

4. 辅助推力轴承与主推力轴承有何异同点?

5. 典型传动设备主要有哪几种? 各自的功能是什么?

6. 为什么有些推进装置要加装弹性联轴器? 试举例说明。

7. 弹性联轴器与刚性联轴器有何异同点?

8. 按传递功率方式(或工作原理)区分,离合器有几种类型? 各自有何特点? 适用在何种情况下并举例说明。

9. 液力耦合器的基本原理是什么? 它在推进装置中的应用特点是什么?

10. 齿轮箱的作用是什么?

11. CODOG 装置中组合式传动设备应如何合理配置?

第 4 章　典型舰船推进器

推进器是舰船动力装置的核心部件之一,是主动力系统中的能量转换器,更是直接影响舰船总体和动力装置性能的关键因素,如快速性和声隐身性。了解并掌握典型舰船推进器的结构组成、工作原理、性能特点、与船体和原动机的配合特性以及典型工况下的使用注意事项,对于动力装置的日常使用与作战运用来说至关重要,也是机电部件全体人员努力提升自身业务素质、履职尽责的重中之重,需要重点关注。

在造船与轮机工程行业内,推进器是指产生推进或驱动力的机械设备。这个机械设备可以是结构比较简单的定距桨(fixed pitch propeller,FPP),也可以是结构较为复杂的组装件,如调距桨(controllable pitch propeller,CPP)、科特导管螺旋桨(Kort propeller in nozzle)、喷水推进器(waterjet propulsor)、直翼推进器(Voith‐Schneider propeller,VSP)、泵喷推进器(pumpjet thruster)等。

4.1　螺旋桨

螺旋桨是当今舰艇应用最多的推进器,18 世纪初便开始用于舰船推进,并在 18 世纪中期就确立了螺旋桨作为舰船推进器的统治优势地位并一直延续至今。掌握螺旋桨叶片的几何参数描述、桨叶工作原理与受力分析以及对桨叶空化现象的认识,是所有舰船推进器学习的基础和共性问题,也对理解潜艇推进器常用的 7 叶大侧斜螺旋桨与泵喷推进器的特殊性能需求大有裨益。

4.1.1　桨叶叶型的几何参数描述与基本工作原理

螺旋桨叶片是具有弯扭特征的三维复杂曲面,其基本工作单元是半径 r 处的叶截面,如图 4.1 所示,由半径为 r 的同心圆柱面与桨叶相交得到。叶截面径向扩展高度 dr 后形成两叶截面之间的叶元体,叶根截面与叶梢截面之间的叶元体叠加构成叶片三维实体几何形状。

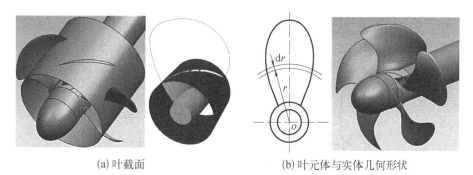

(a)叶截面　　　　　　　　　(b)叶元体与实体几何形状

图 4.1　螺旋桨叶片基本工作单元

1. 螺旋桨叶片的几何参数描述

叶片三维几何参数中,基本名词术语包括叶根、叶梢、导边、随边、压力面(或称为叶面)、吸力面(或称为叶背)和旋向(右旋或左旋)。

将圆柱面上的叶截面展平后得到该半径处的二维伸张叶切面,由翼型参数中的弦长 c、拱度 f 和厚度 t 来描述,如图 4.2 所示,弦长中点为叶切面参考点。正视图中,从叶根截面到叶梢截面参考点之间的连线构成叶片参考线,如图 4.3(a)所示,用于描述不同半径叶截面处的侧斜程度。侧视图中,过桨轴中心线的纵伸剖面与叶片的相交截面可以表征叶片厚度,该相交截面上不同半径处的曲线中点之间的连线构成桨叶母线,用于描述不同半径叶截面处的纵倾程度,如图 4.3(b)所示。通常定义:向叶片旋转反方向侧斜为正,以利于线速度较大的叶截面推迟进入船尾伴流区,向船尾方向纵倾为正,以减小叶梢流动与船尾结构之间的干扰,即后侧斜为正、艉纵倾为正。

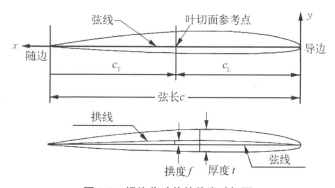

图 4.2　螺旋桨叶片的伸张叶切面

由三维桨叶得到二维伸张叶切面的过程与由伸张叶切面形成桨叶的过程互逆。对于半径 r 处的二维伸张叶切面而言,首先在半径为 r 的圆柱的径向相切

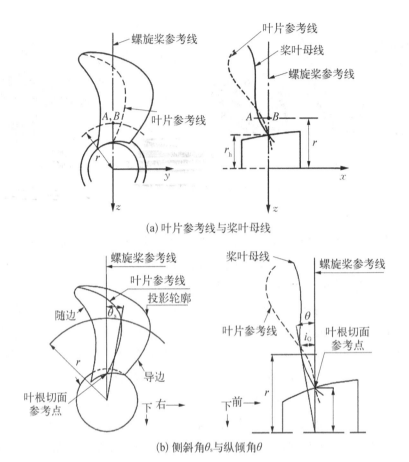

(a) 叶片参考线与桨叶母线

(b) 侧斜角 θ_s 与纵倾角 θ

图 4.3　螺旋桨叶片参考线、桨叶母线、侧斜角和纵倾角

平面内将叶切面横移"后侧斜"距离,此时二维平面的坐标原点由叶切面随边移至叶切面参考点处,再在相切平面内绕基线与弦线的交点沿逆时针方向旋转该叶切面的螺距角(以右旋桨为例),然后沿轴向纵移"纵倾"值,最后将叶切面缠绕到圆柱面上,即完成了移侧斜、转螺距角、移纵倾和缠绕的过程,得到了该半径处的三维叶截面,如图 4.4 所示。在此之后,对不同半径处的叶截面进行曲面放样,即可得到三维桨叶曲面。

从上述三维桨叶曲面的生成过程可知:螺旋桨叶片可以由不同半径处叶截面对应的伸张叶切面的二维型值来描述。例如,在给出叶切面厚度和拱度沿弦长方向分布规律的条件下,若再给出不同半径叶切面处的弦长 c、螺距 P、侧斜角 θ_s、纵倾 rk(或者用符号 i_G、i_T、z_R 表示)、最大厚度 t 和最大拱度 f_m,即可以由此构造生成叶片三维几何形状。具体而言,螺旋桨叶片上空间

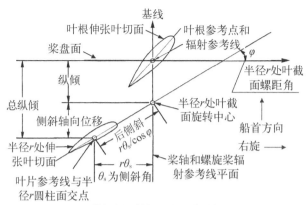

(a) 移侧斜、转螺距角、移纵倾

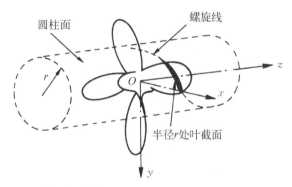

(b) 由二维伸张叶切面缠绕得到三维叶截面

图 4.4　二维伸张叶切面生成三维叶截面进而形成螺旋桨叶片的过程

任一点的坐标信息与该点所在叶截面对应的伸张叶切面之间具有一一对应的关联特征,如半径 r 处伸张叶切面上任一点 $p(x, y)$,经横移、旋转和纵移变换后分别对应为点 p_1、p_2 和 p_3,再经缠绕变换后得到该半径处叶截面的对应三维空间点 $p_4(X, Y, Z)$,如图 4.5 所示,则该任一空间点 $p_4(X, Y, Z)$ 的坐标信息表示为

$$\begin{cases} X = r\sin\{[(x - c/2 - r\theta_s/\cos\varphi)\cos\varphi - y\sin\varphi]/r\} \\ Y = -r\cos\{[(x - c/2 - r\theta_s/\cos\varphi)\cos\varphi - y\sin\varphi]/r\} \\ Z = (x - c/2 - r\theta_s/\cos\varphi)\sin\varphi + y\cos\varphi - rk \end{cases} \quad (4.1)$$

其中,φ 为螺距角,与螺距 P 之间满足关系式 $\tan\varphi = \dfrac{P}{2\pi r}$。

与上述变换过程进行类比,喷水推进器以及泵喷推进器的转子和定子三

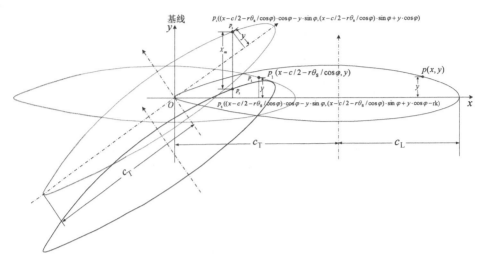

图 4.5　桨叶半径 r 处叶截面生成过程中任一点坐标变换

维叶片同样可以由其不同半径叶截面所对应的叶切面型值来描述,即已知弦长、螺距、侧斜(或侧斜角)、纵倾(或纵倾角)、最大厚度和最大拱度 6 个参数的条件下,再结合厚度和拱度分布规律,则可以得到三维叶片几何。该几何参数描述方法已经成为当前世界海军舰艇推进器的通用表述方法,例如,图 4.6 中所示的是美国海军某舰艇 7 叶大侧斜桨型值表以及某后置定子式泵喷转子叶片的型值表,其中,7 叶桨的侧斜度为 87.5%,泵喷转子叶片侧斜度约为 35%。国内舰艇推进器的快速性设计计算书中型值表同样如此,机电人员需要掌握该方法。

2. 螺旋桨叶片的工作原理与受力分析

由前所述,桨叶旋转叶片的基本工作单元是不同半径处的叶截面,展平后对应为二维伸张叶切面,可由翼型参数进行描述。由流体力学知识可知:对于在流体介质中运动的二维翼型而言,所受升力与阻力直接受攻角影响。当攻角为正攻角且不超过临界攻角时,升力与阻力近似随攻角增加而线性增加,如图 4.7 所示。该图中,升力和阻力以升力系数和阻力系数量来描述。那么,可由翼型受力基本特征直接推广得到旋转叶片叶截面的受力和速度分布特征,如图 4.8 所示,进而推导得到潜艇推进器的受力情况。

图 4.8 中,半径 r 处叶截面在攻角 α_K 时受到升力 $\mathrm{d}L$ 和阻力 $\mathrm{d}D$,受力分解后可以得到轴向推力 $\mathrm{d}T$ 和旋转阻力 $\mathrm{d}F$。此时,该叶截面一边随船体轴向前进、一边周向旋转,转速为 n。叶截面周围的流体介质运动表现为轴向进流速度

Diameter (*D*)：21 feet (6.4 meters)（直径）
Number of blades (*Z*)：7（叶片数）
Projected area ratio (A_E/A_O)：0.77（盘面比）
Mean width ratio：0.216
Blade thickness fraction (BTF)：0.062
Rake at blade tip：6.17 inches (15.7 cm)（叶梢截面纵倾）
Projected skew angle at blade tip：45 degrees (0.79 rad)（叶梢截面侧斜角）

半径	弦长	螺距	θ_B	侧斜角 θ_s	最大厚度	最大拱度	纵倾
r/R	*c/C*	*P/D*	(degrees)	(rad)	*t/c*	f_m/c	Z_R/D
0.2	0.207 0	1.125	0.0	0.0	0.20	0.049 0	0.0
0.3	0.245 6	1.223	2.2	0.038 4	0.162 5	0.044 4	−0.001 7
0.4	0.272 2	1.288	7.1	0.123 9	0.132 5	0.036 7	−0.004 4
0.5	0.281 7	1.318	13.1	0.228 6	0.108 0	0.031 4	−0.007 0
0.6	0.268 4	1.309	20.0	0.349 1	0.088 0	0.030	−0.007 7
0.7	0.232 0	1.250	27.7	0.483 5	0.017 5	0.029 5	−0.004 9
0.8	0.181 5	1.140	34.5	0.602 1	0.059 0	0.028 1	−0.000 3
0.9	0.118 0	0.970	40.3	0.703 4	0.050 0	0.026 3	0.008 2
1.0	0.0	0.722	45.0	0.785 4	0.045	0.024 0	0.024 5

注：数据来源于文献，为便于理解，部分参数给出了中文名称。

(a) 7 叶大侧斜桨（侧斜度 87.5%）

半径 *r/R*	弦长 *c/D*	螺距 *P/D*	纵倾 i_T/D	侧斜角 θ_s	最大厚度 *t/c*	最大拱度 f_m/c
0.180 0	0.146 03	1.807 5	0.000 0	0.000 00	0.227 02	0.018 76
0.250 0	0.160 30	1.787 5	0.000 0	0.676 23	0.195 27	0.020 84
0.300 0	0.170 84	1.790 9	0.000 0	1.182 09	0.173 24	0.023 36
0.400 0	0.191 78	1.812 5	0.000 0	2.317 00	0.132 78	0.029 78
0.500 0	0.210 59	1.824 4	0.000 0	3.762 56	0.099 16	0.033 60
0.600 0	0.226 38	1.787 5	0.000 0	5.870 00	0.074 53	0.032 50
0.700 0	0.239 00	1.687 5	0.000 0	8.993 00	0.058 85	0.025 19
0.800 0	0.247 09	1.546 3	0.000 0	13.310 10	0.050 67	0.016 32
0.900 0	0.234 16	1.375 0	0.000 0	18.822 84	0.047 47	0.008 79
0.950 0	0.193 26	1.262 5	0.000 0	21.869 89	0.046 81	0.005 95
1.000 0	0.000 00	1.100 0	0.000 0	25.000 00	0.046 35	0.003 42

（b）后置定子式泵喷转子

图 4.6　美国海军大侧斜桨与泵喷叶片几何参数描述

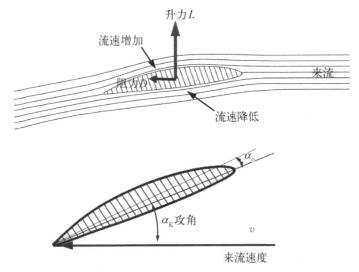

图 4.7 二维翼型受力随攻角变化曲线

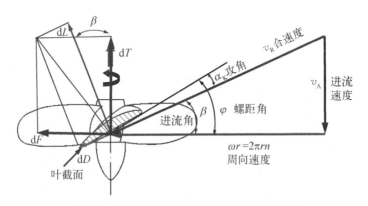

图 4.8 旋转叶片叶截面受力与速度分布特征

V_A 和周向进流速度 $2\pi rn$，合成后合速度为 V_R（忽略诱导速度影响），对应进流角为 β，与几何螺距角之间满足关系式 $\varphi = \alpha_K + \beta$。该航速和转速运行工况下，叶截面轴向推力 $\mathrm{d}T$ 和制动力矩 $\mathrm{d}Q$ 受进流角和攻角影响的变化可由下列表达式描述：

$$\begin{aligned}
\mathrm{d}T &= \mathrm{d}L\cos\beta - \mathrm{d}D\sin\beta \\
\mathrm{d}F &= \mathrm{d}L\sin\beta + \mathrm{d}D\cos\beta \\
\mathrm{d}Q &= r\,\mathrm{d}F
\end{aligned} \tag{4.2}$$

由式(4.2)可知,当攻角减小时,叶截面推力和力矩均减小,如转速不变、突然受到顺风推力使航速瞬态增加的过渡工况;反之,当攻角增加时,叶截面做功能力增强,推力和力矩均增加,如航速不变、主机突然加速使得转速增加的过渡工况。

在明确叶截面轴向推力和阻力矩后,将叶截面受力从叶根到叶梢截面进行积分,即可得到单个旋转叶片的轴向受力和消耗力矩,表达式为

$$T = \int_{r_d}^{R} \mathrm{d}T, \quad Q = \int_{r_d}^{R} \mathrm{d}Q \tag{4.3}$$

其中,r_d 和 R 分别为叶根截面和叶梢截面半径。因大侧斜桨和泵喷的多个叶片各自在周向上完全对称,所以其总的推进器产生推力和消耗力矩对应为单个旋转叶片受力的 Z 倍,Z 为叶片数。

综合桨叶在转速不变、进速增加时产生推力和消耗力矩均减小,且在进速不变、转速增加时产生推力和消耗力矩均增加的变化规律,为了统一描述旋转叶片受力以及做功能力随运行工作点的变化规律,引入进速系数、推力系数、力矩系数和敞水效率性能参数:

$$J = \frac{v_A}{nD_p}, \ K_T = \frac{T}{\rho n^2 D_p^4}, \ K_Q = \frac{Q}{\rho n^2 D_p^5}, \ \eta_0 = \frac{J}{2\pi}\frac{K_T}{K_Q} \tag{4.4}$$

以此来比较不同推进器的做功能力以及分析同一推进器在运行工作点变化时对其水动力性能的影响。其中,D_p 为叶片直径。"敞水"指进流速度在周向和径向方向均匀分布、无干扰,表征了孤立推进器工作时的做功效能。典型螺旋桨叶片的敞水性能曲线如图 4.9 所示,图中力矩系数放大 10 倍。由图 4.9 可知:一方面,推力系数和力矩系数随进速系数增加近似呈线性减小,当进速系数为零时,即处于系泊工况,螺旋桨叶片的载荷最大;另一方面,效率曲线中存在最佳效率点,超过该点进速系数后,桨叶做功效能急剧减小。为了给推进器实际工作中留出部分应急空间,桨叶设计工作点通常位于最佳效率点前方,且随着转速与航速匹配增加,桨叶进速系数基本保持不变。

当推进器位于潜艇尾部时,因受到艇体围壳和尾翼伴流的影响,如图 4.10

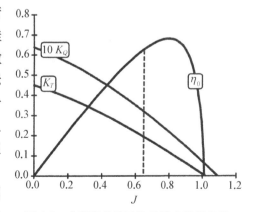

图 4.9 典型螺旋桨叶片的敞水性能曲线

所示的十字形尾翼后方的流场速度矢量分布图,周向不均匀程度明显,使得推进器工作点偏离设计工作点,推进效率有所降低。通常将该条件下的推进器效率称为艇尾推进器效率,其与敞水效率之间的关系为

$$\eta_b = \eta_0 \cdot \eta_R \tag{4.5}$$

其中,η_R 为相对旋转效率,通常取值为 0.98~1.0,用于表征同一推进器在敞水和艇尾条件下工作于相同转速、产生相同推力时消耗制动力矩的差异。对于机电人员管装工程应用而言,可直接取艇尾推进器效率约等于敞水效率。

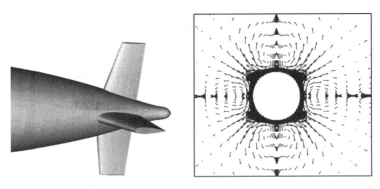

图 4.10　典型潜艇尾翼后方的流场速度矢量分布

4.1.2　典型组合螺旋桨结构及特点

单个桨叶作为基本的做功承载单元,在特定的使用场合需求下可以引申出较多的组合结构,如可调螺距螺旋桨(简称调距桨,CPP)、导管螺旋桨(简称导管桨)、对转螺旋桨(简称对转桨,CRP)、吊舱式螺旋桨(简称吊舱,pod)等,均在当前船舶推进中占据较大的市场,如驱护舰推进广泛采用调距桨,电动力鱼雷推进中广泛采用对转桨,综合电力船舶推进中采用吊舱。因此有必要对典型组合螺旋桨的结构与特点进行阐述,做到心中有数。

1. 调距桨

从叶根至叶梢,桨叶叶截面螺距(或螺距角)通常是变化的,一般以 0.7R 或 0.75R 叶截面螺距作为桨叶螺距。桨叶螺距一定时,桨叶周向对称分布且固连于桨毂上,称为定距桨。当通过一定的机械结构,如液压调距结构使桨叶相对于桨毂能够绕径向轴转动时,可实现正螺距、零螺距和负螺距,称之为调距桨,如图 4.11 所示。因此,与定距桨 FPP 相比,调距桨桨毂直径显著要大,且桨叶叶根处通常带有螺栓结构。

图 4.11 调距桨

调距桨的结构比定距桨复杂得多,一般称为调距桨系统或调距桨装置。调距机构一般有机械和液压两种。其中,机械调距机构一般用于小艇,液压调距机构由于其紧凑、作用力大、灵活、便于遥控,在大中型舰船上得到了广泛应用。液压调距机构通常包括转动桨叶的伺服动力油缸和分配液压油给油缸的配油器、桨叶定位及其反馈装置、附属设备等。

因螺距可调,在螺距机械止档位置调节范围内,一个调距桨就相当于无穷多个定距桨。因此,调距桨的敞水效率曲线中,就可以将定距桨的一个高效点变为一个高效区,如图 4.12 所示。改变螺距,就相当于改变了桨叶的做功能力。所以,对于同一推力需求来说,通过转速和螺距两者的配合,可以实现多种运转参数的配置,如高转速、小螺距实现与低转速、大螺距等同的推力效果。正因如此,调距桨推进系统有以下显著特点。

(1) 舰船在各种工况下,调距桨均能使主机发出全部功率。定距桨的设计往往只考虑额定工况下主机功率与舰船阻力相适应。当工况变化时(如重载、轻载等)就会使主机的功率与舰船的阻力不相适应,导致主机功率发出不足或过剩而影响效率和航速。调距桨则可根据舰船工况的变化随时调节螺距,从而使主机功率与舰船阻力相适应。

(2) 调距桨提高了舰船的机动性。通过改变螺距,可使舰船获得正车航速、零航速和倒车航速,且主机不用反转,非常适合于燃气轮机的应用。因此,在柴-燃联合动力装置中,通常都采用调距桨。一些工程船舶,如扫雷艇,常需要微速航行,因受主机最低稳定转速的限制往往无法实现,采用调距桨则是解决这个问题的较好途径之一。此外,调整螺距比定距桨反转以及柴油机反转实现起来均

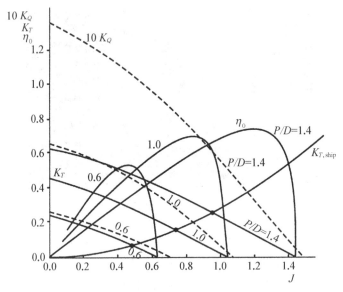

图 4.12　调距桨敞水性能曲线

要更加便利,有利于提升舰船总体的机动性,对于离靠码头、狭水道航行、紧急避碰等具有重要意义。同时,也减轻了柴油主机机件的磨损程度,延长了主机的使用寿命,甚至可以省去主机的整套换向装置。

(3)调距桨的毂径比较大,桨叶根部与桨毂联结处很难达到流线型的要求,因此其最高推进效率一般比定距桨低 1%~2%,且易发生空泡空蚀。

(4)调距桨结构复杂,密封要求很高,维修保养困难,成本较高,制造安装技术要求较高。

2.导管桨和对转桨

导管桨是在螺旋桨的外围加上一个环形套筒(简称导管)而成,如图 4.13 所示。导管剖面通常为机翼型或折角线型。导管产生推力时,能够一定程度减小桨叶载荷,尤其对于重载螺旋桨使用来说,效果更为明显,因此,导管桨在桨叶载荷较重的船舶上得到了较为广泛应用,如拖船、拖网渔船等。

螺旋桨的载荷越重,桨叶尾流能量损失越大,采用导管带来的好处就越多。轻载情况下,由于尾流收缩很小,损失能量较小,导管对于推进的改善反而高于尾流的损失,得不偿失,故轻载时一般较少采用导管。根据导管改变桨叶盘面处流速的效果不同,一般导管可分为加速型导管和减速型导管两种,如图 4.14 所示。采用导管后,除了可以小量提高推进效率外,还有以下特点:

图 4.13　导管桨

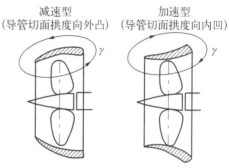

减速型
（导管切面拱度向外凸）　　　加速型
（导管切面拱度向内凹）

图 4.14　加速型及减速型导管示意图

（1）导管桨盘面处的水流速度受航速变化的影响远较开式桨小，因此导管桨吸收功率受航速变化的影响较小，在各种载荷（如拖曳或自由航行等）下都能良好地运转；

（2）纵摇减小，可减小波浪中失速；

（3）保护螺旋桨不与异物相碰，浅吃水时可防止空气吸入。

除了加装导管外，采用双桨同轴反转形成对转桨，是另一种较为常用的结构形式，特别是在中高航速需求下，单个桨叶做功能力不足时，通过前、后桨的推力载荷匹配，可以实现推进和抗空化的效果。通常来说，因前、后桨同轴反向旋转，具有前、后桨流场相互干扰作用明显、流动特征复杂的显著特征。而且，后桨为了避开前桨的梢涡脱落与其导边相互作用发声，后桨桨叶数比前桨要少，且直径要小。

与单个开式桨相比，对转桨通常具有以下特点：

（1）比单桨推进效率高 5%～15%，全寿命周期费用降低；

（2）具有更高的操纵灵活性；

（3）负荷分配在两个螺旋桨上，故在吸收同等功率时，负荷较单螺旋桨低，有利于避免空泡的产生，在一定负荷下对转桨直径可较小；

（4）具有较高的冗余度，安全性提高；

（5）对转桨船的船速比相同单桨船的提高 6%。

此外，鉴于机械结构较为复杂，对转桨使用维护也存在一些不足，如对转桨轴承润滑比较困难;需重视两轴之间的密封问题和力矩不平衡问题;轴的构造较为复杂,制造工艺要求高,造价和维修费用高,故较大功率的传统对转桨难以推广应用。

3. 吊舱

吊舱是方位推进器的一种,严格讲是一种电力传动式方位推进器。其驱动电机安装在船外的舱体内,电机轴直接驱动螺旋桨而无须齿轮,如图 4.15 所示,通常由支架、舱体、螺旋桨和鳍组成。其中,对于鳍是否拥有以及具体的安装形式,不同厂家的方案不同。吊舱于 1955 年由 F. W. Pleuger 和 F. Busmann 发明,但吊舱实用技术的首次使用是 1990 年芬兰的 ABB 公司用于 Azipod。

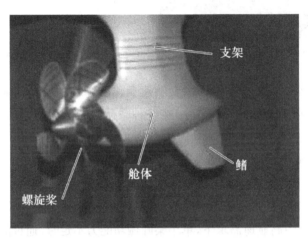

图 4.15 典型吊舱结构组成

世界上主要的吊舱制造商有 ABB 公司和 Rolls‐Royce 公司,其次是 Siemens 公司和 Schottel 公司联合开发集团,STN ATLAS(Atlas Marine Electronics)公司与 John Crane‐Lips 公司联合开发集团[开发了 Dolphin(功率为 3~19 MW)]。ABB 公司提供的吊舱数量最多,功率也最大。该公司的吊舱共有三种类型:Azipod(标准型 pod,功率为 5~30 MW)、Compact Azipod(紧凑型 pod,功率为 0.4~5 MW)、Contra‐Rotating Propeller Azipod(对转型 pod,简写 CRP‐pod,功率为 17.6 MW)。市场占有率排名第二的是 Rolls‐Royce 公司所生产的 pod,产品命名为 Mermaid,其功率为 5~25 MW。ABB 公司可在公司内部完成 pod 所有部件的设计、制造和成套,而 Rolls‐Royce 公司则与电器部件生产商 Alstom 联合生产 pod。市场上不同厂商的典型吊舱如图 4.16 所示。

(a) Azipod

(b) Mermaid

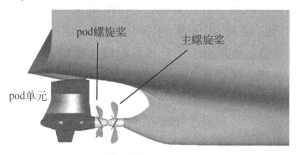
(c) 对转型-Azipod

图 4.16　典型吊舱结构图

定性来看,吊舱具有以下特点。

(1)操纵性较优:吊舱可以在 360°范围内旋转,紧急停车滑行距离短,回转半径小,极大提高了舰船的操纵性能。

(2)降低噪声:吊舱推进器的特殊设计使其空泡减少,脉动压力降低,舰船舱室内的噪声较低。

(3)经济性较好:水动力和传动效率高、建造时间短、全寿命费用低。

(4)布置灵活:去掉减速齿轮箱、艉轴系、舵及艉侧推器等常规设备,使电力推进设备布置灵活,节省舱室容积。

4.1.3　螺旋桨空化与空化初生

推进器满足水动力性能,即在给定航速和转速条件下产生尽可能大的轴向推力、消耗尽可能少的轴功率,这是其叶片设计的基本要求。在此基础上,由于转速增加,叶片线速度增加,旋转叶片工作于海水介质中时还存在空化现象。此外,从旋转叶片开始周向运动,到低转速无空化状态工作,再到高转速有空化状态运行,叶片振动以及辐射噪声始终存在。实际测量表明:一旦推进器叶片出现空化,其振动和辐射噪声将显著增加,甚至有可能成为全船最主要的辐射噪声源。因此,新型舰艇交艇时其专项测试项目中除了快速性指标测量、考核航速下辐射噪声测量外,还包括安静航速(空化临界航速)测量,该技术参数将直接用于指导实现潜艇最大限度快速、隐蔽接敌的战术目的。总结来看,现代舰艇推进器的总体设计需求是推进效率达标、临界航速高、振动和噪声小。

1. 螺旋桨空化形态与空化性能

在舰艇推进器空化研究中,以螺旋桨空化研究最为集中。空化是流体中由于局部低压而出现的水蒸气集聚的一种相变过程。空化通常的表现形式有三种:附着空化、游离空化和涡空化。附着空化也称为片空化(sheet cavitation),通常稳定地起始于桨叶或翼型吸力面的近导边处,空穴闭合后形成驻点并产生回流。随着翼型攻角增加或者是环境压力下降,片空化范围通常沿弦长和径向方向增加。当空穴闭合于桨叶或者是翼型表面时,称为部分空化(partial cavitation);而闭合于桨叶下游随边处时称为超空化(super cavitation),如图4.17(a)所示。随着回流沿翼型表面的发展,片空化从桨叶或者是翼型表面脱落。游离空化也称为泡空化(bubble cavitation),是单个气泡在低压梯度流动中游离、生长和破灭的过程,通常表现为云空化(cloud cavitation)现象,如图4.17(b)所示。涡空化通常产生于桨叶叶梢和桨毂下游的低压涡核区,对应于高雷诺数流动的涡量集中。毂涡空化是由于桨叶叶根涡脱落后在桨毂尾端截面收缩的影响下产生的强烈的轴向涡旋运动,而梢涡空化通常附着于桨叶叶梢或者是向下游游离,并且一般与片空化同时存在,如图4.17(c)所示。在现代军、民用舰船上,包括常规潜艇,较多已安装后置毂帽鳍(PBCF)装置,其主要目的是消除毂涡空化的影响,如图4.18所示为7叶桨毂帽鳍空泡筒试验结果以及安装7叶桨毂帽鳍的常规潜艇尾部结构布置。对于大侧斜桨而言,梢涡空化的分离点通常起始于导边一定半径处,称为导边梢涡空化(leading edge tip vortex cavitation)。

随着转速不断增加,螺旋桨各类空化通常表现的过程如下:从无空化到出现梢涡空化,到片空化,再到发展了的片空化和泡空化,如图4.19所示。对于螺旋桨空化的水下辐射噪声,涡空化噪声远小于片空化噪声,并且又以叶背片空化贡献量最大、毂涡空化贡献量最小。因此,潜艇推进器要着重关注空化产生以及

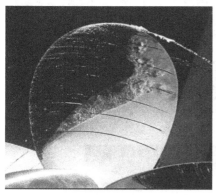
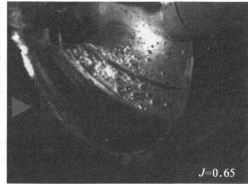

MARINE-S桨(Kuiper, 1981)部分空化　　　　　E779A桨(Pereira等, 2004)超空化

(a) 螺旋桨片空化

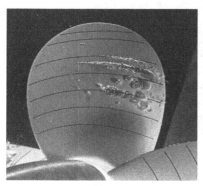

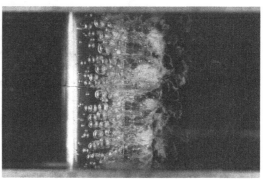

MARINE-S桨(Kuiper, 1981)　　　　　　NACA4412水翼(Kermeen, 1956)

(b) 螺旋桨和水翼游离空化

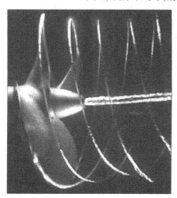

(c) 螺旋桨梢涡空化、毂涡空化和片空化(Newcastle University, 2008)

图 4.17　螺旋桨的典型空化形态

(a) 毂帽鳍消除毂涡空化

(b) 带毂帽鳍的7叶桨

图 4.18　潜艇7叶大侧斜桨加装毂帽鳍

泡空化

无空化（低转速）　　梢涡空化　　　片空化　　发展了的片空化
　　　　　　　　　　　　　　　　　　　　　　　　（高转速）

→ 转速增加

图 4.19　典型螺旋桨空化形态发展过程

空化产生后对动力装置的使用影响。

　　推进器空化性能以及抗空化性能是对其流动现象以及在相应流动状态下所表现出来性能的一种统称。国际推进器专家委员会给出了描述：螺旋桨空化性能主要包括空化初生性能、推力突降（有时也称为推力崩溃，thrust breakdown）性能和空蚀性能。推力突降性能指因大量空化引起的螺旋桨推力损失的现象。

桨叶制动力矩受空化的影响与之类似,也称为力矩突降性能。对于水面舰艇螺旋桨而言,通常在靠近螺旋桨空化初生区域,推力和力矩都会较无空化状态下相应值略有增加,如图 4.20 所示为美国海军驱逐舰桨模的空化试验结果。并且,推力和力矩的改变一般会导致螺旋桨效率下降。因此,螺旋桨空化崩溃性能反映的是桨叶力积分量随空化程度变化的现象,由推力下降起始空化数、推力损失衰减斜率和推力突降限制点(cavitation break-off 或者 cavitation limit)共同描述。这一概念较当前已知的"推力突降仅指发不出有效推力的限制点"范围要更广一些。此外,因空蚀性能目前在交船/艇阶段以及动力装置的日常使用过程中均较少被关注,此处不再单独阐述。

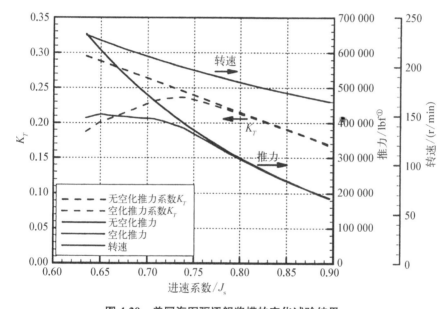

图 4.20　美国海军驱逐舰桨模的空化试验结果

当前,美国海军设计人员通常采用如图 4.21 所示的 Gawn‐Burrill 标准图谱来预估螺旋桨空化推力的下降起始点。该图谱认为:通常在叶背空化面积小于桨盘面面积的 10% 时,即工况点位于或者低于 10% 的叶背空化限制线时,可认为无推力下降发生。图中还给出了瑞典国防研究中心 SSPA 以及其他机构所采用的用于判断螺旋桨推力崩溃起始点的限制曲线。5168 桨为 DDG1000 驱逐舰的桨模。

---

①　1 lbf=4.448 222 N。

图 4.21 中,横坐标与纵坐标的变量分别定义为

$$\sigma_{0.7R} = \frac{p_0 - p_v}{\frac{\rho_1}{2}[v_s^2 + (0.7\pi nD)^2]} = \frac{\sigma_s}{1 + \left(\frac{0.7\pi}{J_0}\right)^2} \tag{4.6}$$

$$\tau_c = \frac{T}{\frac{\rho_1}{2}A_0[v_s^2 + (0.7\pi nD)^2]} = \frac{8K_T}{\pi[J_0^2 + (0.7\pi)^2]} \tag{4.7}$$

式中,p_v 为汽化压力;p_0 为空泡筒内压力;ρ_1 为水的密度;v_s 为螺旋桨进流速度,因对应为均匀来流,所以以航速来表示;n 为螺旋桨转速;D 为螺旋桨直径;J_0 为进速系数;T 为推力;K_T 为推力系数;桨盘面积 $A_0 = \pi D^2/4$;基于航速的空化数 σ_s 定义为

$$\sigma_s = \frac{p_0 - p_v}{\frac{1}{2}\rho_1 v_s^2} \tag{4.8}$$

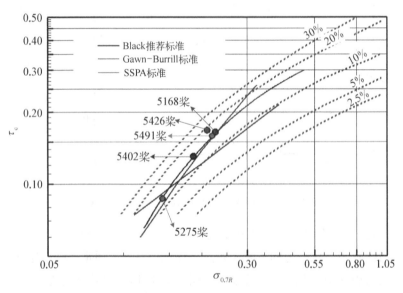

图 4.21 舰艇螺旋桨空化推力崩溃起始限制标准

当给定 J_0 和 σ_s 并求得 K_T 后,即可由图 4.21 预估桨叶空化面积,并由此初步判断螺旋桨是否出现因空化引起的推力下降现象。在此基础上,利用经验公式,机电人员可初步由空化面积比来预估水面舰艇螺旋桨的空化噪声谱源级,表达式为

$$SL(1\ \mu Pa,\ 1\ Hz,\ 1\ m) = 163 + 10lg(zD^4n^3/f^2) \tag{4.9}$$
$$+ 10lg(E_c/A_0)(dB)$$

式中，E_c 为空化面积；f 为频率；z 为桨叶数。

2. 螺旋桨空化初生与临界航速

由前所述，无论是否采用大侧斜方案，在工作深度一定、达到一定转速或航速的条件下，桨叶都会产生空化。由于空化对产生辐射噪声具有突出作用，舰艇推进器无论是在设计阶段还是在使用阶段，都要尽最大可能避免空化产生。

为了实现该目的，国内舰艇推进器在设计末期通常由模型尺度推进器的空泡筒/减压水槽试验测量来校核其空化评估，并以此为基础，通过"相似换算"来放大评估船尾实尺度推进器的空化性能。需要注意的是，依据试验测量时空化检测手段的差异，推进器空化初生又可以分为声学空化初生（acoustic cavitation inception）和可视空化初生（visual cavitation inception）两类，且声学空化初生要早于可视空化初生。

可视空化也即通常所说的空泡，此时，小尺度气泡在模型试验时肉眼可见，一般为厘米量级。可视空化初生时机通常对应为第一个可视气泡出现的时机，或者是取单位时间间隔内气泡重复出现的时机，如时间间隔 10 s。国内空泡筒试验测量时多以单位时间间隔内 1～2 个微小气泡连续出现的时机作为空化初生时机；声学空化初生是根据水听器检测气泡破灭时产生的脉冲信号来判定的，相当于根据单位时间内空化事件出现的频率（cavitation event rates）来判断，此时肉眼尚无法观察到气泡出现，一般为毫米量级甚至是微米量级。由于对声学空化测量要求较高，目前国内推进器空化试验测量还主要以可视空化测量为主，所确定的推进器空化初生临界点即为可视空化初生时机，并以此来预估实尺度船尾推进器的临界航速。

螺旋桨空化初生试验结果通常以空化斗（cavitation inception bucket）的形式给出，用于描述各类空化初生所对应的初生空化数随进速系数的变化关系，包含梢涡空化初生、片空化初生和泡空化初生。典型无侧斜标准螺旋桨 NSRDC 4381 的空化斗空泡筒试验结果如图 4.22 所示。纵坐标空化数定义同式（4.8）。图中给出了桨叶无空化工作区、不同负载下的叶背和叶面梢涡空化初生曲线、不同半径叶截面的片空化初生曲线和桨叶叶背泡空化初生曲线。通常而言，螺旋桨空化初生性能特指梢涡空化初生，且主要对应为叶背梢涡空化初生。因此，通常在评价螺旋桨空化初生性能时仅以 2 条梢涡空化初生曲线来表示,用以反映螺旋桨本身的空化初生性能。

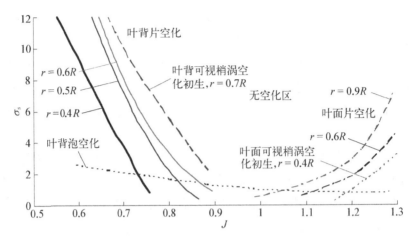

图 4.22 典型标准螺旋桨空化试验结果

因声学空化初生与可视空化初生存在差异,由这两种空化初生标准可分别测量得到推进器的声学空化斗和可视空化斗,如图 4.23 所示,由此确定的临界航速也将包括声学空化初生航速(ACIS)和可视空化初生航速(VCIS)两个数据。为了实测证明这两种航速指标之间存在差异且说明差异大小,德国汉堡水池于 2014 年专门在低噪声水动力空泡水筒(HYKAT)中测试比较了螺旋桨以及三维水翼的空化初生性能。结果表明:无论是螺旋桨还是三维水翼,声学空化初生肯定早于可视空化初生,但两种初生标准所对应的临界航速之间的差异小于 2 kn。因此,对于机电军官人员来说,在从随舰快速性计算资料中读取由可视空化初生确定的临界航速技术参数后,考虑到国内舰艇推进器叶片的加工制造精度,直接将之减小 2~3 kn,从而确定声学空化初生临界航速,进而用于指导舰船动力装置的安静使用。

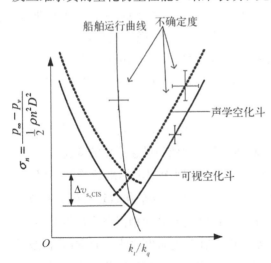

图 4.23 推进器声学空化斗与可视空化斗

在此基础上,还值得关注的

是将模型尺度推进器的空化试验结果通过相似换算放大到实尺度时,如换算得到的实尺度推进器的空化形态、空化初生时机以及空化噪声,与舰艇推进器实尺度海试测量结果是存在差异的。这一差异通常称为"尺度效应"。应用相似换算时的基本条件是模型桨和实桨的进速系数相等,当假定模型尺度与实尺度空化数相等时,两者空化形态相同,空化初生时机也相同。尺度效应背后的影响因素众多,典型因素:① 模型试验时流体介质为淡水,水中含气量与海水环境差异明显。试验结果表明,即使当空泡筒中淡水的含气量达到 70％时,未溶解气体气核的直径仍较海水中的小,螺旋桨片空化初生仍较海水中要晚。② 模型桨和实尺度桨的雷诺数相差两个数量级,使得桨叶边界层流动差异明显。③ 模型桨和实尺度桨的来流速度尺度以及游离涡演变脱落的时间尺度存在明显差异,使得两者产生空化的时机不同,产生空化后发展演变的快慢也不相同。变几何尺度和变来流速度条件下的三维水翼以及回转体的空化试验结果可以明确地证明上述结论,如图 4.24 所示。图中,纵坐标为基于来流速度定义的空化数。可知,空化数相同时,若进流速度或几何尺度相差倍数关系,则小尺度和大尺度对象的空化形态完全不同;即使尺度缩小到 2,当两者初生空化形态相当时,大尺度对象的初生空化数也比小尺度的提前约40％,对应的临界航速更低。因此,若机电人员所在的舰船若没有进行临界航速的实船海试测量,而仅参照快速性计算资料中由模型尺度空泡筒试验结果所得的该项技术指标,则实际隐蔽航行时,还需要将该临界航速指标值降低1～2 kn,以更好地从声隐身方面保全自己。

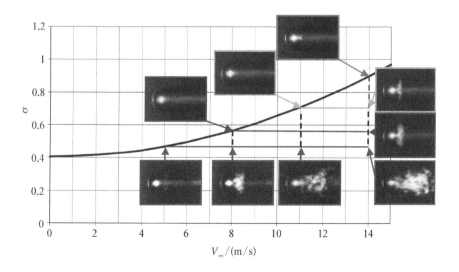

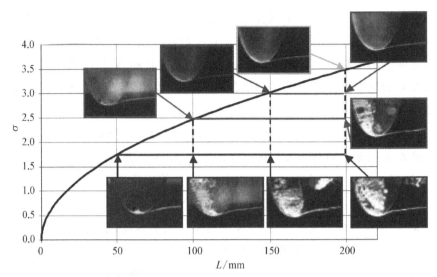

图 4.24 进流速度对回转体空化和几何尺度对三维水翼空化的尺度效应影响

4.2 喷水推进器与泵喷推进器

喷水推进器和泵喷推进器均属船舶泵类推进器。喷水推进器(waterjet,简称喷泵)比螺旋桨发明早 19 年,20 世纪 60 年代美国宾州大学研发了泵喷推进器(pumpjet,简称泵喷)并首次成功应用于 MK48 鱼雷,然后英国海军的 HM 丘吉尔号核潜艇是第一个(1970 年)使用了泵喷推进器的潜艇,紧接着 1990 年俄罗斯基洛级常规潜艇 B‐871(Alrosa)也使用了泵喷推进器。泵类推进器发展至今,其具体结构形式和应用场合十分多样:既有内流场,也有内外流场;既有定子(也称为导叶)在前,转子(也称为叶轮)在后,也有转子在前,定子在后;既可以包含进水流道,也可以无进水流道;既有外置式,也有内置式;既有水面喷水,也有水下喷水;既用于水面舰船推进,也用于鱼雷和潜艇推进,还可用于水下航行器推进。从潜艇推进器的发展演变来看,随着泵喷在世界海军强国主战潜艇上的成功应用,如海狼级、弗吉尼亚级、机敏级潜艇,以及美国海军下一代俄亥俄级改进型战略导弹核潜艇将应用无轴驱动式集成电机泵喷(简称无轴泵喷)作为主推进器的研制计划定型,泵喷研制技术已经成为新型潜艇减振降噪的核心技术之一,需要引起极大重视。

4.2.1 喷水推进器

当前,喷水推进以其高速、高效、低噪声等显著特点已被国外广泛应用于高速、高性能水面舰船上。例如,美国海军未来三型主战水面舰艇之一的滨海战斗舰

(LCS)已经采用了全喷水推进方式,如图 4.25 所示的 LCS 单体船和三体船。并且,美国海军于 2005 年公开的先进电力推进演示舰 Sea Jet 上首次采用了由罗-罗公司开发设计的先进全浸没式喷水推进器 AWJ－21,如图 4.26 所示,在喷水推进器的降噪设计方面又取得了明显的进步。同时,德国为南非海军建造的 MEKO A－200 护卫舰首次采用了同时具备柴-燃原动机联合和螺旋桨与喷水推进联合的混合推进系统,进一步将喷水推进的应用扩展到了中大型水面舰船上,如图 4.27 所示。该舰排水量为 3 590 t,已于 2005 年、2006 年陆续服役。国内当前在主战舰艇中仅有一型快艇采用了全喷水推进,在喷泵的自主设计研发方面还有较长的路要走。

<table>
<tr><td>(a) LCS单体船4台喷泵</td><td>(b) LCS三体船4台喷泵</td></tr>
</table>

图 4.25 美国海军采用全喷水推进器的滨海战斗舰

图 4.26 美国先进电力演示舰 AESD 装备的浸没式喷水推进器 AWJ－21

**图 4.27 南非海军采用 5 叶桨-喷泵混合推进
技术的 MEKO A‑200 护卫舰**

喷水推进器的性能特点主要由喷水推进器的结构和工作原理所决定。典型
的艉板式喷水推进器由进水流道、喷水推进泵、喷口和操舵倒航机构(也称为转
向倒车装置)组成,如图 4.28 所示。国际市场上著名的 KaMeWa 71SII 型喷水
推进器即采用了该布置结构(见图 4.29),泵进口直径为 71 cm。喷水推进泵(简
称泵本体)是喷水推进器的核心部件,直接影响喷水推进器的水动力和声学性
能,由叶轮和导叶体组成。现代船用喷水推进泵主要为单级混流泵或比转速更
高的轴流泵。其中,因喷口与导叶体整体铸造,通常指喷水推进泵时也将喷口包
含在内。进水流道为喷水推进泵叶轮提供进流,可以在一定程度上改善喷泵进

1—进水流道;2—喷水推进泵;3—喷口;4—操舵倒航机构。

图 4.28 典型艉板式喷水推进器结构

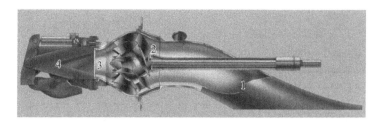

1—进水流道;2—喷水推进泵;3—喷口;4—转向倒车装置。

图 4.29　KaMeWa 71SII 型喷水推进器

流的均匀性。转向倒车装置的作用是转向和倒车,通常在分析喷水推进器推进性能时不予考虑。

转向倒车装置由转向机构和倒车机构两部分组成,分别实现转向和倒车功能。其中,转向机构由方向舵和转向油缸等部件组成。方向舵的旋转轴刚好在导叶体的后部,以保证有效地使喷射水流偏转。在两个转向液压油缸共同作用下,方向舵可向左舷或右舷偏转30°角,通过这种方式来控制航向。喷射水流向后喷射时,如果左舷油缸回油,右舷油缸充油,方向舵向左舷偏转,喷射水流对船舶产生逆时针力矩,使船舶左转弯,如图 4.30 所示。

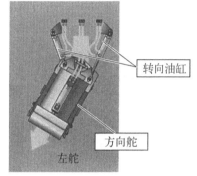

转向油缸

方向舵

左舵

图 4.30　喷水推进器的转向机构及操作示意图

典型倒车机构由倒航斗、倒航油缸和连杆组成。倒航斗由上、下两颚组成,两者通过连接杆连接起来,能张开和闭合。倒航斗是可折叠式的,安装在方向舵底部的凹槽内。倒航斗能将向后喷射的水流向前下方折转,直到水流与船底成45°角为止。在全速前进位置,倒车油缸收起,倒航斗的上颚和下颚与方向舵的底部平齐,水流从倒车斗上方流过,产生向前的推力;倒航操纵时,倒车液压油缸充油伸长,通过连杆机构使倒航斗的上颚和下颚张开,向后喷射的水流被折转向前下方喷射,产生向后的倒航推力,如图 4.31 所示。

通过控制倒航斗的位置可以控制喷水推进器推力向前或向后,且推力大小可无级调节。倒航斗处于中间位置时,部分水流向后产生向前推力,部分水流被折转向前下方向产生向后的推力。当向前推力与向后推力平衡抵消时,喷泵产生的总推力为零。由于倒航斗上下颚张开和闭合的过程是连续的,所以喷口射流产生的正、倒航力的变化也是连续的,可以实现船舶的无级调速,如图 4.32 所示。这也正是喷水推进器推进船舶实现航速和转速解耦的关键原因所在。

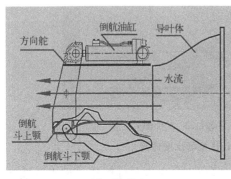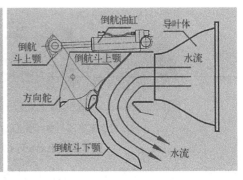

(a) 正航状态   (b) 倒航状态

图 4.31 倒航斗结构示意图

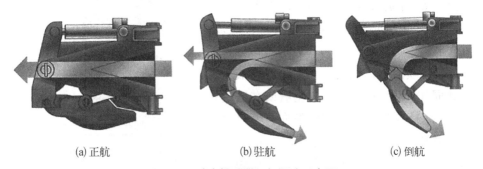

(a) 正航   (b) 驻航   (c) 倒航

图 4.32 喷水推进器无级调速示意图

喷水推进的工作原理:在叶轮的抽吸作用下,水流从船底经进水流道进入喷水推进泵,经叶轮做功和导叶体整流后从喷口高速向后喷出,推进船体前进。换句话说,喷水推进器是一种产生推力等于通过其水流动量差的推进器,选型设计时适用于动量定理。在叶轮、导叶体和喷口三者的配合设计下,可以保证喷泵具有高效和优越的抗空化性能。除叶轮产生轴向推力外,导叶体和喷口也产生推力,相对于单个桨叶部件来说可以在一定程度上减小旋转叶片承受负载,再加上叶片数更多,可以明显延迟旋转叶片的空泡发生。

近 10 年内,出现的最为先进的轴流外形混流式大功率密度喷水推进泵如图 4.33 所示,该喷水推进泵具有轴流泵的外形和混流泵的性能特点,是紧凑式大功率密度喷水推进泵的代表,被美国海军研究署(ONR)命名为 AxWJ,意思为先进轴流形喷水推进泵。

喷水推进器与目前水面舰艇常用的 5 叶大侧斜螺旋桨的显著差别在于,它在中、高航速下效率高,抗空化能力强,辐射噪声低。如某导弹快艇在设计航速

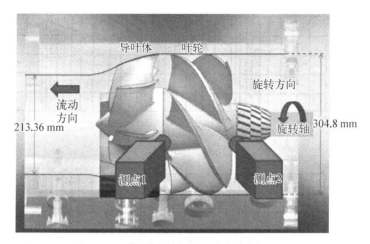

图 4.33　先进轴流外形混流式喷水推进泵

40 kn 下,喷水推进器仍远离空化区,泵效率达到约 89%。为了定量比较喷泵与螺旋桨的水动力和噪声性能差异,ITTC1996 船舶特种推进器委员会给出了常用推进器的敞水效率随推力负载系数变化的曲线图(见图 4.34)。图中可以看出,在较大推力系数范围内,喷泵效率均要高于低载荷 B 型系列螺旋桨(高效率桨)的效率。此外,在噪声性能的比较方面,瑞典 Akustikbyran 水声研究所应瑞典海军的要求,于 1967—1968 年对分别采用螺旋桨和喷水推进的某艇的水下噪声进行了测试比较,如图 4.35 所示。在同样的主机转速下,整个频率范围内喷水推进的声压级都要比螺旋桨推进小约 10 dB。

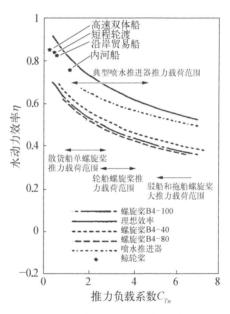

图 4.34　推进器敞水性能比较

　　喷泵水下辐射噪声比 5 叶桨低的原因可以归纳为以下三点:一是喷泵进流在进水流道的整流作用下不均匀度比桨小,同时出流不均匀度在导叶体和喷口的回收周向速度分量作用下显著比桨小,产生的湍流噪声也小;二是喷泵直接辐射噪声传递途径比桨少,理由是在喷泵轮缘的周向屏蔽作用下,加上喷口射流位于空气中,使得其直接辐射噪声只能是沿进水流道反向向船底以下辐射,而 5 叶

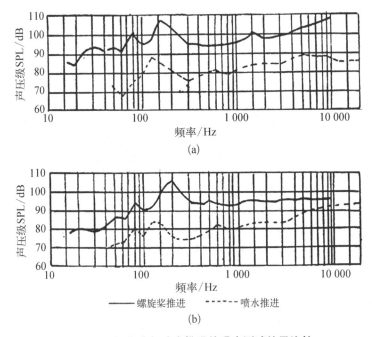

(a)

螺旋桨推进 ———— 喷水推进 - - - - -

(b)

图 4.35 螺旋桨与喷水推进的噪声测试结果比较

桨的直接辐射噪声向水中任意方向辐射;三是喷泵周向轮缘与船体结构连为一体,质量刚度比单个桨叶旋转部件更大,使得叶片流固耦合引起的二次辐射噪声显著比桨小。

目前,国内已经具备高效和大功率密度喷水推进泵的自主设计能力,相关设计技术已通过国家发明专利固化。典型自主设计喷泵如图 4.36 所示,模型泵水力效率达到 91.37%,无空化产生,功率密度为 2 872.2 kW/m²,约为现代 5 叶大侧斜螺旋桨的 2 倍。实尺度喷泵吸收功率约 21 MW,适用于航速为 30～50 kn 范围内的瘦长排水型水面船舶推进。中高航速下,船体艉板喷泵射流束飞溅流动如图 4.37 所示,与螺旋桨船尾伴流有显著差异。

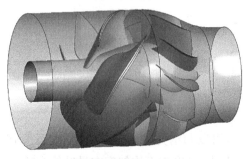

图 4.36 高效和大功率密度喷水推进泵

4.2.2 泵喷推进器

泵喷推进技术起源于美国。1957 年,美国宾夕法尼亚大学应用研究实验室

(a) 泵转速逐渐增加

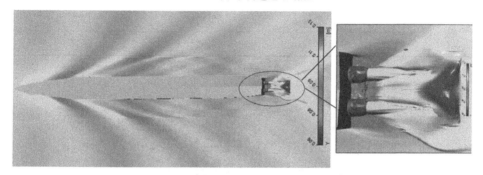

(b) 设计航速下船体兴波和船尾射流束

图 4.37 喷水推进泵射流飞溅数值模拟

成功设计出了首套泵喷推进器,并将其应用于 MK48 重型鱼雷。目前,世界各国的高速鱼雷(45 kn 以上,除超空泡鱼雷外)均采用泵喷推进。

潜艇泵喷推进由鱼雷泵喷推进发展演化而来,美国虽然是世界上第一个掌握泵喷设计技术的国家,但英国却第一个将其应用于潜艇推进。1983 年,采用泵喷技术的英国特拉法尔加级核潜艇首艇服役。截至目前,英、美、法、俄等国已将泵喷推进技术应于核潜艇,如表 4.1 所示,共计约 35 艘。以美国海狼级攻击型核潜艇为例,该潜艇水下最高航速 30 kn 以上(有报道可达 35 kn),水下 30 m 时的低噪声航速大于 20 kn,辐射噪声接近于海洋环境噪声,被美国官方称为当今世界上最安静、最快速的潜艇。海狼级和弗吉尼亚级泵喷推进潜艇的外形结构配置如图 4.38 所示。

表 4.1 典型采用泵喷推进的核潜艇相关信息

国　别	核潜艇型号	推进器	首艇服役年份
英　国	特拉法尔加级	泵喷	1983
	前卫级	泵喷	1993
	机敏级	泵喷	2010

续　表

国　别	核潜艇型号	推进器	首艇服役年份
美　国	海狼级	泵喷	1997
	弗吉尼亚级	泵喷	2004
俄罗斯	北风之神级	泵喷	2013
法　国	凯旋级	泵喷	1997
	梭鱼级	泵喷	2016

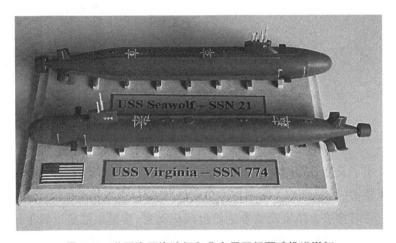

图 4.38　美国海军海狼级和弗吉尼亚级泵喷推进潜艇

泵喷是一种组合式水动力推进器,由轴对称环形导管以及导管内的旋转叶栅和静止叶栅组成。旋转叶栅和静止叶栅通常又称为转子和定子,或者是叶轮和导叶。转子通常位于渐扩式导管内,使得流经转子叶片的水流减速以延迟空化产生,改善泵喷空化性能和提升安静航速。定子为一组与进流方向成一定角度的静止叶栅,在轴向方向上可位于转子前方或后方。位于转子前方时,为转子进流提供预旋,改善转子进流条件;位于转子后方时,回收转子周向旋转尾流,利于提高泵喷推进效率。依据定子相对于转子的轴向位置,泵喷可分为前置定子式泵喷和后置定子式泵喷两大类。目前,前置定子式泵喷主要用于潜艇推进,后置定子式泵喷主要用于鱼雷推进,如图 4.39 所示。对于潜艇泵喷推进来说,当泵喷功率较大、轴向长度较长时,为了保证泵喷在艇尾的固定安全,有时将定子置于转子后方的同时还需要在转子前方增加一套叶栅结构,主要起固定作用,该结构通常称为前后定子式泵喷或多级泵喷,也可以直接归属于前置定子式泵喷之中。

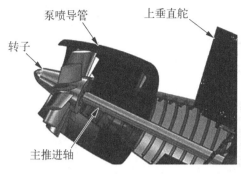

泵喷导管　上垂直舵

转子

主推进轴

(a) 弗吉尼亚级潜艇用前置定子式泵喷　　(b) MK48鱼雷用后置定子式泵喷

(c) 海狼级潜艇用前后定子式泵喷

图 4.39　潜艇和鱼雷推进用泵喷

　　除上述分类外,依据驱动泵喷转子周向旋转的外作用力来源,又可以将泵喷分为机械式泵喷和无轴驱动式泵喷(简称无轴泵喷)两大类。机械式泵喷通过艇体/雷体内部的原动机经轴系驱动转子周向旋转,无轴泵喷通过集成于泵喷导管或轮毂内的电机发出的电磁力驱动转子周向旋转,又称为集成电机式泵喷,是集成电机推进器(integrated motor propulsor,IMP)中的一种。目前世界海军舰艇中核潜艇和鱼雷上采用的主推进泵喷均为机械式泵喷,如海狼级潜艇、弗吉尼亚级潜艇、机敏级潜艇、凯旋级潜艇等,而无轴泵喷已在潜艇辅助推进器中得到应用,如图 4.40 所示为弗吉尼亚级潜艇上采用的辅助推进集成电机泵喷。图中所示为集成电机泵喷在液压机构控制下伸出艇体外工作。经过十余年的应用经验积累,集成电机泵喷正逐步向主推进器发展,并且很有可能直接作为美国海军下一代俄亥俄级改进型战略导弹核潜艇的主推进器。

　　泵喷在外形上类似于一个多桨叶的导管桨,转子叶片数通常大于 7 叶,一般

图 4.40 弗吉尼亚级潜艇辅助集成电机泵喷

安装于具有负斜率坡度的载体(潜艇或鱼雷)尾锥段。泵喷与开式螺旋桨(如目前常规潜艇上采用的 7 叶大侧斜螺旋桨)不同的是,工作时转子和定子叶片位于载体边界层流内,进入泵喷的迟滞来流速度明显比自由来流速度低。如果设计合理,泵喷出流速度几乎能够接近载体航速。对于潜艇用开式螺旋桨来说,因直径较大,进入桨叶的平均来流速度接近潜艇航速。依据动量定理,桨叶出流速度必须大于来流速度,螺旋桨才能产生推力,所以螺旋桨尾流比泵喷出流具有更大的尾动能,浪费的能量也更多。

虽然泵喷目前主要应用于水下核潜艇和鱼雷推进载体上,但泵喷的应用场合并不局限于水下,例如,排水量 3 400 余吨的美国驱逐舰(试验舰)USS Witek(DD‐848,设计航速 36.8 kn,服役 22 年,1968 年退役)采用了双轴泵喷推进,反潜护卫舰 USS Glover(FF‐1098,设计航速 27.5 kn,服役 25 年,1990 年退役)采用了单轴泵喷推进(见图 4.41),只是受限于当时的设计水平,导致泵喷的降噪效果并未达到预期,限制了其在 21 世纪驱逐舰、护卫舰上的应用。类似的,尽管喷水推进技术比螺旋桨早诞生 19 年,但在长达近 1 个世纪的船舶推进器发展进程中,喷水推进的发展与应用都明显滞后于螺旋桨。而且,除了核潜艇和鱼雷成功采用泵喷推进器外,常规潜艇已经有了泵喷演示验证的先例,无人巡逻小艇、无人深潜器、蛙人运载器等推进载体也都具备泵喷推进应用的条件。

经理论分析,与 7 叶大侧斜螺旋桨相比,泵喷具有以下应用特点。

（a）美国驱逐舰（试验舰）USS Witek（DD‑848）

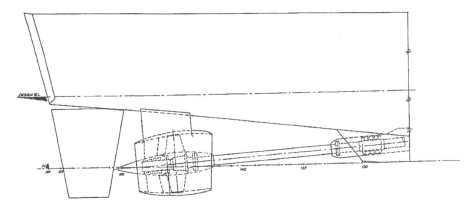

（b）美国反潜护卫舰USS Glover（FF‑1098）

图 4.41　水面舰艇驱逐舰泵喷推进应用

(1) 泵喷的推进效率略高于 7 叶大侧斜桨。从喷泵应用时最为显著的特点之一"高航速时推进效率高、抗空化性能优"的角度来看,泵喷叶栅流体通道同样具有该特点。泵喷承受作用力的部件由 7 叶桨中的单个桨叶扩展为转子、定子和导管三个部件。当导管产生零推力或小推力时,通过合理分配转子和定子叶片作用力负载,可以做到在空化性能相比 7 叶桨更优的条件下推进效率也略高。当定子位于转子前方时,能够有效改善转子叶片进流角,减小叶栅通道内流体二次流动损失,对提高效率和降低噪声均有利。当定子位于转子后方时,通过充分回收转子叶片周向旋转尾流,能够显著减小泵喷出流周向湍动能,也对提高效率和降低辐射噪声有利。

(2) 泵喷的辐射噪声低于 7 叶大侧斜桨。首先,转子和定子叶栅通道位于导管内壁面包裹的空间,导管能够起到一定的声屏蔽、抑制,甚至是吸声作用。其次,转子叶片数通常大于 7,且转子直径通常比桨叶小,叶片负载比桨叶更低,叶梢周向旋转速度更小,使得泵喷的辐射噪声线谱比 7 叶桨更低。文献表明,低航速下,泵喷的低频线谱噪声比 7 叶大侧斜桨要小 15 dB 以上,宽带谱总噪声级下降 10 dB 以上。高航速下,降噪效果更为明显。最后,泵喷空化性能要优于 7 叶桨,使得泵喷临界航速更高,那么中高航速下泵喷无空化噪声就要显著低于相当航速下的 7 叶桨空化噪声。

(3) 泵喷的设计难度比 7 叶桨大,配重更难。泵喷作为一种组合式推进器,导管、转子和定子三者紧密相关,三者之间的流场和声场相互作用机理非常复杂。并且,泵喷性能对艇体尾流的敏感程度也较 7 叶桨高,使得水动力和声学设计难度要显著大于 7 叶桨。三个部件组合使泵喷轴向长度通常为泵喷最大直径的 0.85~1.00 倍,要显著大于 7 叶桨桨毂的轴向长度,使得泵喷的质量明显大于 7 叶桨,产生的纵向弯矩也明显要大,进而使得配重很难。

(4) 泵喷的操纵性能评估较 7 叶桨更难。因泵喷对非均匀进流较 7 叶桨更加敏感,艇体操纵时边界层流显著改变,有可能使泵喷推进性能下降较多,声学性能显著弱化。该结论尚有待试验和数值分析的进一步验证。

因此,辐射噪声低和临界航速高是泵喷的显著性能特征,也是泵喷设计水平的衡量标准,更是泵喷成为现代舰艇和鱼雷主推进器的关键要素。当然,尽管泵喷具有抗空化性能优的潜在技术优势,但泵喷在高于临界转速条件下同样是存在空化的,而且其空化可能发生部位除了转子叶片和定子叶片外,还包括导管壁面,较螺旋桨空化更加复杂。如图 4.42 所示为印度海军研究所设计的某鱼雷泵喷空化试验结果,由图可知,转子叶片吸力面、定子叶片叶根前缘处、导管进口和转子叶片吸力面均产生了显著空化,在工作深度为 30 m 时该泵喷的空化临界航速约为 32 kn。

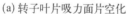

(a) 转子叶片吸力面片空化

(b) 定子叶片叶根前缘泡空化

(c) 导管进口和转子叶片吸力面泡空化

图 4.42　印度海军某鱼雷泵喷空化试验结果

4.2.3　喷泵与泵喷的异同点分析

从上述结构组成、工作原理与应用特点的分别阐述可以看出,喷泵与泵喷两者之间既联系紧密,形、神皆相似,又存在一定的差异,在选型设计和工程应用上应区别对待,才能达到主推进系统设计最佳的目的。

1) 相同点

(1) 两者都是由定子和转子叶栅结构构成的组合式推进器,都适用涡轮机械理论,都由流经叶栅通道的流体动量差来决定推进力大小,在实现推进器功能方面都需要满足快速性指标、抗空化和辐射噪声控制的要求。

(2) 都安装在推进载体尾部,无论是水动力还是结构方面,都与舰/艇体尾部几何形状存在强烈的相互作用,需要进行匹配设计。例如,艉板式喷泵在一定航速范围内推力减额系数为正值,与螺旋桨差异明显;再如,海狼级和弗吉尼亚级泵喷推进潜艇均采用"木"字形艇尾,法国凯旋级泵喷推进潜艇采用"工"字形艇尾,某型潜艇采用"米"字形艇尾,船坞中弗吉尼亚级潜艇 SSN - 789 尾锥段的小端与大端直径比大于 0.35,如图 4.43 所示,明显区别于国内 7 叶桨推进的常规潜艇典型艇体尾锥段及尾翼结构配置方案。

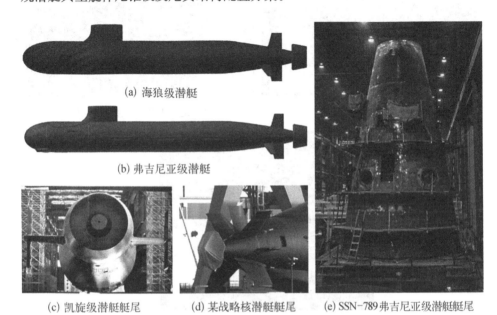

(a) 海狼级潜艇

(b) 弗吉尼亚级潜艇

(c) 凯旋级潜艇艇尾　　　　(d) 某战略核潜艇艇尾　　　　(e) SSN-789弗吉尼亚级潜艇艇尾

图 4.43　典型泵喷推进潜艇的艇尾结构

(3) 叶型设计时都可以采用桨叶设计时用到的升力线理论/涡格升力线理论、升力面理论,或者是泵叶片设计时采用的一元升力法设计理论、S1/S2 流面二元设计理论、准三元/全三元设计理论来实现。叶型设计完成后,都可以引入侧斜、增加叶片数、增加定转子之间的轴向距离、改变几何进流角等措施,来实现降噪优化设计。

2) 两者之间的差异

(1) 两者应用场合不同,直接决定了设计理念不同。喷泵的突出优势集中在高速、高效、抗空化,如美军采用 4 套喷泵的滨海战斗舰单体船设计航速 47 kn,三体船设计航速 44 kn 均远离空化区,采用 4 套喷泵的 TSV - 1X 支援舰设计航速 48 kn、HSV - 2 高速多用途舰设计航速 45 kn 也无空化,甚至采用 6 套喷泵的超高速海上补给三体船 VHSST 设计航速 60 kn,同样无空化产生,将

图 4.34 中所示的喷泵水动力效率显著高于螺旋桨体现得淋漓尽致。此时,喷泵由高效率、大功率密度来保证高速状态的快速性指标是第一位的,对辐射噪声大小的限制成为其次。另一方面,泵喷当前主要应用于鱼雷和核潜艇推进,尽管鱼雷设计航速通常大于 45 kn,但其有效功率较小,使得泵喷的功率密度并不大;并且,即使核潜艇设计航速一般为 20~25 kn,但其 80% 的巡弋航速位于 10~16 kn,辐射噪声考核航速甚至仅有 6~8 kn,使得泵喷在潜艇应用方面的焦点由高速、高效、满足快速性转变成了满足辐射噪声性能。因此,喷泵的第一设计原则是高效和抗空化,其次才是低噪声,而泵喷的设计原则主次排序则是低噪声、抗空化、高效,可以通过一定程度的牺牲效率来优化其声学性能。

(2) 喷泵的结构部件中通常包括进水流道和喷口,无论是内部嵌入的典型艉板式喷泵还是外挂集成的先进浸没式喷泵均是如此。其中,进水流道是经过流动可视化分析、具有一定位能提升的变截面管道,主要作用是改善泵本体的进流品质,提供进流。进水流道效率直接影响喷泵水动力效率,对其流动性能的认识不足以及设计效果不佳正是导致喷泵在很长一段时间内应用发展进展缓慢的原因之一。喷口是出口面积可调、能够实现喷泵功率系列化产品的收缩截面,通常与导叶体轮缘集成在一起,共同用于增加轴向推进力。而泵喷外挂于艇体尾部时通常取消进水流道和喷口,原因是艇体尾锥段能够实现自然进流,并且泵喷出流喷速比需要进行控制以抑制泵喷出口射流的噪声;若泵喷内嵌入艇体尾部时,需要为泵本体配置专门的进流和出流管道,如图 4.44 所示,此时,该概念图中的进流管道设计要求与喷泵中进水流道类似,但出流管道设计要比喷泵中喷口截面设计更加简单,可以近似为等截面喷口。因此,无法用是否包含进水流道和喷口来简单区分喷泵和泵喷,还应结合应用需求来看。

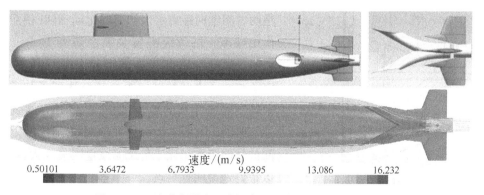

速度/(m/s)
0.50101　　3.6472　　6.7933　　9.9395　　13.086　　16.232

图 4.44　两流道内置式泵喷概念图及流经泵喷的速度流线

（3）两者转子叶型差异明显,泵喷转子叶片的径向与轴向长度之比明显大于喷泵叶轮叶片,或者说转子叶片的叶栅稠密度明显要小,转子叶片扭曲程度更小。原因是泵喷转子叶片数通常比喷泵多,通常大于 7 叶,一般取 9 叶。而喷泵叶轮叶片数通常不大于 6 叶,如 KaMeWa S 系列第二代和第三代喷泵的叶轮叶片数均为 6 叶,先进喷泵 AxWJ‑2 的叶轮叶片数也为 6 叶。为了充分发挥喷泵大功率密度时的抗空化性能,增加有效叶片面积,转子叶片在扭转程度适中的情况下可以尽情向轴向扩展,同时会适当压制叶片向径向方向伸展。所以喷泵叶轮叶片通常表现为"长"叶片,但泵喷转子叶片一般为"短"叶片,如图 4.45 所示。

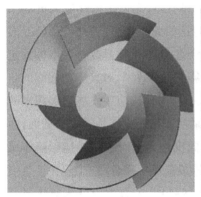
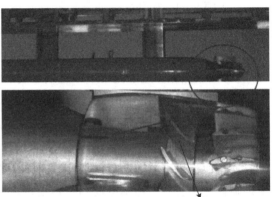

泵喷转子

(a) KAMEWA 71SII型喷水推进泵叶轮　　(b) 印度海军研究所设计的鱼雷泵喷转子

图 4.45　喷水推进泵叶轮和泵喷推进器转子

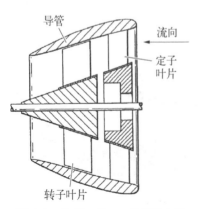

图 4.46　Rolls‑Royce 公司发布的潜艇泵喷专利结构图

（4）泵喷中转子与定子叶片之间的轴向距离明显大于喷泵叶轮和导叶间距离。原因是两者间轴向距离可以明显弱化动‑静叶相互作用噪声。机敏级潜艇泵喷制造商 Rolls‑Royce 公司 2012 年发布的潜艇泵喷专利中,定子与转子之间的轴向距离甚至达到了与定子轴向长度相当的地步,如图 4.46 所示。此外,图 4.36 中所示的先进喷泵叶轮与导叶之间的轴向距离相比于传统喷泵也明显加大,可以很好地说明这一点。

（5）泵喷在轴向长度尺寸上的约束更严,

而喷泵在径向安装尺寸上的约束更严。特别是对于艇尾外挂泵喷而言,应严格控制泵喷轴向长度以减小纵向弯曲力矩,减轻配重难度。因此,从设计经验来看,泵喷轴向长度通常取泵喷最大直径的 0.85～1.00 倍。而对于艉板式喷泵来说,其径向安装法兰直径将直接决定船体尾部线形以及能够安装喷泵的台数,影响喷水推进系统的总体设计参数。例如,CDI 船舶公司系统研发部通过统计得出的结论是在相同直径和相同推力单元下,喷水推进混流泵安装法兰直径约为泵进口直径的 1.7～1.8 倍,而轴流泵法兰直径仅为泵进口直径的 1.2～1.25 倍,比混流泵小约 30%,如图 4.47 所示。也就是说,在相同船体艉板安装条件和泵进口直径下,安装 3 台轴流泵比安装 2 台混流泵能够多提供约 50% 的推力,更加能够适应当前高速化和大型化瘦长型船体艉板面积有限时对喷泵的安装要求。在该设计理念下,美国海军水面战研究中心(NSWCCD)、海军研究计划署(ONR)和船舶推进器公司(MPC)联合资助 CDI 船舶公司系统研发部,于 2003 年为满载排水量 8 510 t、航速 50 kn、4 台燃气轮机驱动 4 套喷水推进器的高速单体船成功研发了一型功率为 42.5 MW、进口直径为 2.286 m 的先进轴流外形混流式喷水推进泵,为喷泵的紧凑型应用提供了范例。

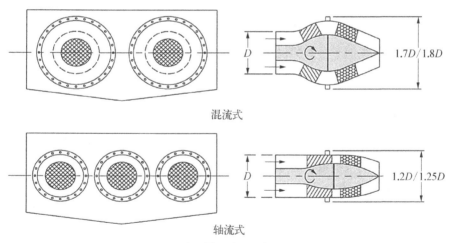

混流式

轴流式

图 4.47　混流式和轴流式喷水推进泵尺寸比较

(6)喷泵结构部件中包含操舵倒航机构,属于舵桨合一推进器,并且操舵倒航机构获得转向和倒车力大小、发挥操纵性能相对于泵本体来说比较独立,两者在结构设计时仅体现为泵本体的总体尺寸约束操舵倒航机构的空间尺寸,可以先完成泵本体设计,再考虑操舵倒航机构的设计。泵喷结构中无操舵倒航机构,无论是鱼雷用泵喷还是潜艇用泵喷,其操纵和机动性能保障都由舵翼结构完成,如雷尾常见的 X 舵、艇尾常见的十字翼、围壳舵等。因泵喷进流通常位于舵翼结构的尾流场中,舵翼线形以及结构位置布局均会直接影响泵喷水动力和噪声性能,因此两者设计时应该迭代考虑,不能完全割裂开来,例如,弗吉尼亚理工大学在设计新型弹道导弹核潜艇 SSBMD 的过程中,在评估完采用 7 叶导管螺旋桨能够获得的快速性指标后,即分析围壳舵/ ✕ 形尾翼组合结构能够获得的机动和操纵性能,并且针对舵翼尾流产生的桨叶非均匀进流对导管桨推进性能的影响进行了修正。泵喷推进系统设计时同样应该如此。总结来看,喷泵中泵本体与操舵倒航机构两者是解耦的,因此喷泵可以单独用作加速时的助推器,不含操舵倒航机构;泵喷中泵本体的水动力和噪声性能直接受舵翼结构、线形以及空间布局的影响,泵喷推进和噪声性能评估时需要综合考虑,或者要考虑修正量。

在上述总结喷泵与泵喷两者异同的基础上,介绍两者在命名称谓以及概念描述时易出现混淆的地方。

(1) 泵喷并非绝对采用减速型导管。导管的存在使得流经泵喷的流体流动分为叶栅通道内流体和导管外部流体。导管翼型截面内外表面存在一定的压差,会产生轴向分力。控制翼型截面形状和进流角,可以控制导管承受阻力、产生推力或受力为零。当导管产生正推力时,能够增加泵喷的做功能力,有利于提升推进效率,但其缺点是导管内壁面压力过低,使得泵喷抗空化性能减弱。当导管承受阻力时,类似于导管桨设计时采用减速型导管,能够在牺牲一定推进效率的条件下改善空化性能。基于此,有时也将泵喷导管分为推力型导管、阻力型导管和零推力导管三类。需要注意的是,导管受力会随着运行工况、转子叶片推力载荷分布、转子叶片轴向位置等要素的改变而改变,并非固定不变。合理的转子叶片设计可以抵消一部分推力型导管带来的空化性能下降的负面作用。从理论上讲,设计优良的泵喷通常会采用零推力导管或小推力导管,以同时兼顾快速性和抗空化性能的要求。

(2) 无法简单地用水面和水下推进应用来区分喷泵和泵喷。舷板式喷泵通常用于水面推进,浸没式喷泵可以用于水下推进。

(3) 不能简单地用内、外流场来区分喷泵和泵喷。舷板式喷泵仅有内流场,浸没式喷泵同时包含内、外流场。外挂式泵喷包含内、外流场,当泵喷完全内置于艇体尾部中时,仅有内流场。

(4) 不能直接用叶片数多少来区分喷泵和泵喷。当前国际主流的喷泵叶轮叶片数为 6 叶或者更少,现役泵喷转子叶片数至少为 7 叶,通常更多。但并不能由此说明喷泵转子叶片数就一定比泵喷的少。当喷泵用作扫雷舰艇推进器时,除了对机动和操纵性能要求严格外,对其低噪声性能同样要求突出。此时,就可以考虑增加叶片数这一技术途径,如将叶轮叶片数增加为 8 叶。

（5）尽管泵喷在"形"和"神"上都从属于泵,但桨叶设计过程中引入的大侧斜、尾纵倾、叶根和叶梢截面降载等设计要素同样可以采用,即便是更加复杂的可调螺距桨叶设计技术、复合材料桨叶设计技术、长短叶片设计技术等技术途径同样可以移植使用,不会使得泵喷渐变为螺旋桨。

4.3　直翼推进器

直翼推进器是根据德国福伊特-施耐德推进器（Voith‐Schneider propeller, VSP）的外形而给予的称谓。1927 年,奥地利人 Ernst Schneider 在德国福伊特公司（VOITH）发明了这种将船舶推进与船舶操纵集成于一体的新型推进器,也称为平旋推进器（the cycloidal propeller）。VSP 能够在水平面上产生任意方向、任意大小的推力,也是一种"桨-舵"合一的推进器,或者称为矢量推进器,可增强船舶操纵性和机动性,提高靠泊作业与海上航行的灵活性与安全性,特别适用于高性能的扫雷艇和猎雷舰。

4.3.1　VSP 基本结构和工作原理

VSP 由水平转轮和竖立桨叶两部分组成,如图 4.48 所示。其中,转轮也称为旋转箱体（rotor casing）,带动桨叶绕垂直轴周向旋转（公转）;桨叶竖直安装在转轮上,桨叶数通常为 4～6 叶,桨叶在随转轮周向旋转的同时绕自身竖直轴小幅摆动（自转）,如图 4.49 所示。简言之,VSP 是由有限个垂直于船底的水翼组

图 4.48　典型 VSP 结构

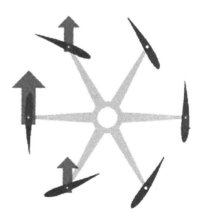

图 4.49　VSP 桨叶周向转动和角摆动

成的螺旋桨,桨叶在做圆周运动的过程中绕自身垂直轴摆动从而产生推力。

为了产生推力,安装在转轮上的单个桨叶在随转轮周向旋转的过程中,前半圈向外偏转(导边朝外)、后半圈向内偏转(导边朝内),完成整体的角摆动过程,

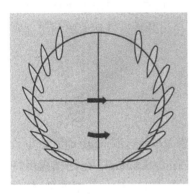

图 4.50　VSP 桨叶角摆动运动

如图 4.50 所示。与之对应,桨叶在不同周向位置的摆动角度必须遵循特殊的控制规律,才能连续可调地控制桨叶总推力的大小和方向。正是由于其运动合成的复杂性,VSP 也称为严格控制的数学推进器。

从运动和力的角度来看,桨叶绕着自身轴心线做角摆动,同时也随着转轮绕其垂直轴匀速周向旋转,而转轮又随船体直航平动,三种运动叠加后使得桨叶轴心的运动轨迹是摆线,如图 4.51 所示,因此,要想充分认识

VSP 的推力产生及控制,必须简化运动合成分析才较为可行,如当转轮周向转动的角度与桨叶摆动角度一一对应时,相当于周向转动和角摆动两者相对静止,则原有的三种运动合成转化为了周向转动和直航平动两种运动合成,就变成了理论力学中常见的相对运动和牵连运动的合成问题,再来理解摆动轨迹则较为简单了。

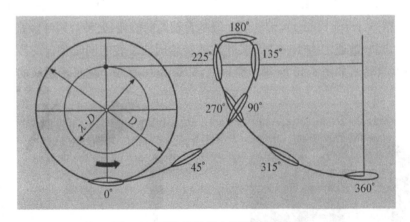

图 4.51　VSP 桨叶轴心摆线运动轨迹

4.3.2　VSP 推力产生与推力控制

单个桨叶随转轮周向转动过程中,不同位置处的速度三角形合成如图 4.52

所示,其中,u 为牵连速度,v_e 为相对速度,w 为绝对速度。由图可知,任意周向位置处的桨叶合成速度的法线均相交于一点 N,经严格数学证明后,Ernst Schneider 将该现象称为法线相交定律。除此之外,Ernst Schneider 还发现桨叶位于任意周向位置处的速度三角形与转轮中心 O、法线交点 N 和桨叶中心所构成的特殊三角形之间存在着相似关系,如图 4.53 所示,从而建立起了桨叶摆角 ε 和转轮转动角 φ 之间严格的数学对应关系:

$$\sin \varepsilon = \sin \varphi \sqrt{1/(1 + 1/\lambda^2 + 2\cos \varphi/\lambda)}$$

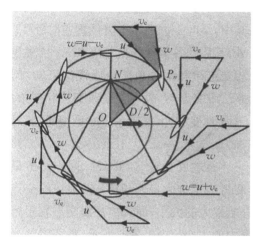

图 4.52 桨叶在周向不同位置
时的速度三角形

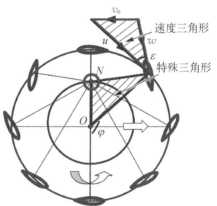

图 4.53 桨叶在周向不同位置
时速度三角形

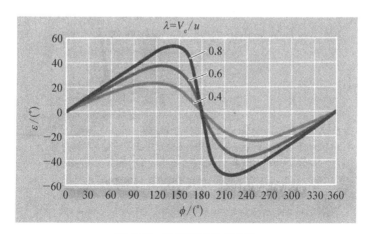

图 4.54 典型桨叶角度曲线

并且将其称为桨叶角度曲线规律。其中，$\lambda = V_e/u$ 为进速系数，从而实现了转轮转动和桨叶摆动两种运动"相对静止"的效果。上述控制规律的具体、详细数学推导过程可查阅发明专利。典型桨叶角度曲线如图 4.54 所示，可以说，VSP 完全是一种依赖于精确控制的推进器。

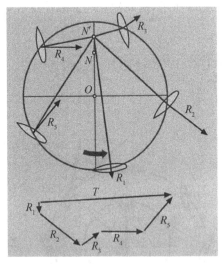

图 4.55　VSP 桨叶推力合成

理解 VSP 的运动合成规律后，再来看 VSP 总推力的产生与控制。当桨叶随转轮周向旋转时，单个桨叶受到合力 R_i（i 为桨叶序列号），所有桨叶受力的矢量合成即为 VSP 总推力，如图 4.55 所示，其中，桨叶 1 位于零推力位置逆时针 12°处，其后的各桨叶依次相隔 72°。从法线相交定律和桨叶角度曲线规律可知，调整法线交点 N，就等于是改变桨叶摆角，进而改变桨叶攻角和力，最终改变总推力。

通过反复论证，Ernst Schneider 最终得出了推力控制规律：调节法线交点在垂直于航向直线上的位置可以改变直航推力的大小，而调节法线交点在平行于航向直线上的位置则可以改变横向推力的大小，如图 4.56 所示，将两者结合后，可实现任意方向和大小的推力控制。

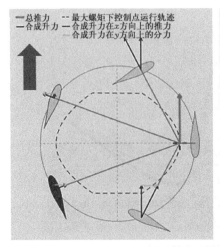
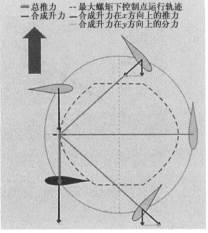

(a) 改变直航推力大小

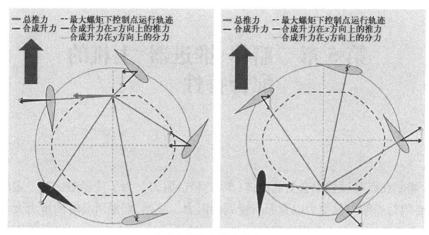

(b)改变横向推力大小

图 4.56　VSP 桨叶总推力大小和方向控制

习题

1. 绘制螺旋桨典型正车状态下叶截面的速度三角形和受力分析图,阐述螺旋桨周向旋转且轴向前进的同时会产生轴向推力、消耗功率的原因。

2. 螺旋桨典型空化形态及空化初生的判断标准是什么？试验时临界航速如何确定？

3. 大侧斜桨与泵喷各自初生空化的典型特征是什么？

4. 阐述舰艇喷水推进和泵喷推进系统的异同点。

5. 阐述直翼推进器的结构组成和工作原理,分析其推力控制过程。

第5章 船体-推进器-主机的配合特性

船舶在航行过程中会受到流体(水和空气)阻力。为了使船舶保持一定的航速,必须对船舶提供推力以克服所受到的阻力。显然,船舶所具有的推力大小取决于主机功率的大小和推进器将主机功率转换成推力的效率,即推进效率的高低。因此,舰船能达到航速的高低同时取决于船体阻力、主机功率和推进效率这三个因素。

舰船推进系统中,主机、传动装置和推进器都具有各自的运动规律和工作特性,当这些部件集成到动力系统中后,构成一个有机的整体。从系统的角度来看,要使推进系统在最佳的状态下运转,并实现动力装置的最佳能量转换,仅仅依靠各部件技术性能优良是不够的,还必须做到船体、推进器、主机三者之间优良配合才行。而且,由于舰船实际航行状态十分复杂,外界条件经常发生变化,导致船体阻力特性和螺旋桨的工作状态会随之变化,使得螺旋桨和主机的运行参数,如螺旋桨的推力、力矩、转速、效率,主机的供油量、转速、输出转矩、功率、效率等也会发生变化。为此,研究舰船在各种航行状态下,船体、推进器、主机之间的合理配合(简称船桨机配合),对获得最佳推进性能而言至关重要。

5.1 推进系统功率传递与能量链

为了定量分析总推进效率和消耗功率,服务于船桨机配合管理,需要对整个推进系统的功率传递和能量链关系了然于胸,知其然并且知其所以然,具体变量分析如下。

5.1.1 有效功率和总推进效率

1. 有效功率

推进器的作用是产生推力以克服船体阻力。若船以航速 v_s 航行时受到的

裸船光体阻力为 R，则阻力 R 在单位时间内所消耗的功率为有效功率，定义为

$$P_{\mathrm{E}} \stackrel{\mathrm{def}}{=} R \cdot v_{\mathrm{s}} \tag{5.1}$$

对于单螺旋桨推进船舶而言，航速为 v_{s} 时，螺旋桨的平均进流速度为 v_{A}，此时螺旋桨产生的推力为 T，则螺旋桨推力功率定义为

$$P_{\mathrm{T}} \stackrel{\mathrm{def}}{=} T \cdot v_{\mathrm{A}} \tag{5.2}$$

通常，船后螺旋桨的推力要大于裸船光体阻力。裸船光体阻力与螺旋桨推力之间的差异可用推力减额系数 t 表示：

$$t \stackrel{\mathrm{def}}{=} \frac{T - R}{T} \tag{5.3}$$

可转化为

$$R = (1 - t)T \quad 或 \quad T = \frac{R}{1 - t}$$

因船体周围存在边界层流，使螺旋桨平均进流速度通常不等于航速，可用伴流系数来表征这两者之间的差异：

$$w \stackrel{\mathrm{def}}{=} \frac{v_{\mathrm{s}} - v_{\mathrm{A}}}{v_{\mathrm{s}}} \tag{5.4}$$

可转化为

$$v_{\mathrm{A}} = (1 - w)v_{\mathrm{s}}$$

由于推力减额系数和伴流系数的存在，推力功率不等于有效功率。将有效功率与推力功率的比值称为船身效率，表示为

$$\eta_{\mathrm{H}} \stackrel{\mathrm{def}}{=} \frac{P_{\mathrm{E}}}{P_{\mathrm{T}}} = \frac{R \cdot v_{\mathrm{s}}}{T \cdot v_{\mathrm{A}}} \tag{5.5}$$

船身效率清楚地体现了拖曳船与自航船的差别，是描述船-桨相互作用的参数之一。船身效率可进一步表示为

$$\eta_{\mathrm{H}} = \frac{1 - t}{1 - w} \tag{5.6}$$

可知，当伴流系数大于推力减额系数时，船身效率会大于 1。

螺旋桨产生推力的同时要消耗一定的功率。均匀进流条件(亦称为敞水条件)下，螺旋桨消耗功率用收到功率表示，是力矩与角速度的乘积，即

$$P_{\mathrm{o}} \overset{\mathrm{def}}{=} Q\omega_{\mathrm{p}} = 2\pi Q n_{\mathrm{p}} \qquad (5.7)$$

螺旋桨输出的推力功率与输入的收到功率之比,即为螺旋桨敞水效率:

$$\eta_{\mathrm{o}} \overset{\mathrm{def}}{=} \frac{P_{\mathrm{T}}}{P_{\mathrm{o}}} = \frac{1}{2\pi} \cdot \frac{T v_{\mathrm{A}}}{Q n_{\mathrm{p}}} \qquad (5.8)$$

事实上,在伴流影响下,船后螺旋桨的实际消耗力矩和功率与敞水条件下的力矩和功率是有所差异的。船后螺旋桨的实际收到功率表示为

$$P_{\mathrm{p}} \overset{\mathrm{def}}{=} M_{\mathrm{p}}\omega_{\mathrm{p}} = 2\pi M_{\mathrm{p}} n_{\mathrm{p}} \qquad (5.9)$$

敞水条件下的收到功率与船后桨收到功率之比,称为相对旋转效率:

$$\eta_{\mathrm{r}} \overset{\mathrm{def}}{=} \frac{P_{\mathrm{o}}}{P_{\mathrm{p}}} = \frac{Q}{M_{\mathrm{p}}} \qquad (5.10)$$

通常,相对旋转效率一般接近于 1,实测取值为 0.98~1.02,机电使用分析时可近似取为 1。

2. 总推进效率

螺旋桨的收到功率(推力轴段所测功率)作为输入,船体有效功率作为输出时,两者之比为单螺旋桨系统总的推进效率,表征了从桨到船这个子系统对能量的利用效果,可表示为

$$\eta_{\mathrm{D}} \overset{\mathrm{def}}{=} \frac{P_{\mathrm{E}}}{P_{\mathrm{D}}} \qquad (5.11)$$

显然,总推进效率囊括了船桨相互作用的影响。将有效功率、推力功率、敞水收到功率、船后收到功率的定义式代入式(5.11)后,可以得到

$$\eta_{\mathrm{D}} \overset{\mathrm{def}}{=} \frac{P_{\mathrm{E}}}{P_{\mathrm{D}}} = \frac{P_{\mathrm{E}}}{P_{\mathrm{p}}} = \frac{P_{\mathrm{E}}}{P_{\mathrm{T}}} \cdot \frac{P_{\mathrm{T}}}{P_{\mathrm{o}}} \cdot \frac{P_{\mathrm{o}}}{P_{\mathrm{p}}} = \frac{R v_{\mathrm{s}}}{T v_{\mathrm{A}}} \cdot \frac{1}{2\pi} \cdot \frac{T v_{\mathrm{A}}}{Q n_{\mathrm{p}}} \cdot \frac{Q}{M_{\mathrm{p}}}$$

由船身效率、敞水效率、相对旋转效率的定义式,总推进效率进一步可写为

$$\eta_{\mathrm{D}} = \eta_{\mathrm{H}} \cdot \eta_{\mathrm{o}} \cdot \eta_{\mathrm{r}}, \quad \eta_{\mathrm{D}} = \frac{1-t}{1-w} \cdot \eta_{\mathrm{o}} \cdot \eta_{\mathrm{r}} \qquad (5.12)$$

式(5.12)表明,当推力减额系数、伴流系数和相对旋转效率均取常系数时,单桨系统的总推进效率唯一由桨敞水效率决定。当期望最大限度提高总推进效率时,应最大限度减小船桨之间的相互干扰,同时尽可能提高桨叶自身的做功效能。

5.1.2　主机功率和传动效率

推进器所需功率由主机提供,主机法兰端输出功率通常称为主机功率,以 P_B 表示。主机功率经传动装置传送至推进器时,因有摩擦损耗,推进器的收到功率总是小于主机功率,两者之间的比值称为传动效率,表示为

$$\eta_{TRM} \overset{\text{def}}{=} \frac{P_p}{P_B} = \frac{M_p}{M_B} \tag{5.13}$$

式中,主机功率由法兰端制动力矩和曲轴转速决定,表示为

$$P_B \overset{\text{def}}{=} M_B \cdot \omega_e = 2\pi M_B n_e \tag{5.14}$$

主机法兰端通常连接有减速齿轮箱,减速比为 i,齿轮箱输出功率与输入功率的比值称为减速齿轮箱效率:

$$\eta_{GB} \overset{\text{def}}{=} \frac{P_s}{P_B} = \frac{M_s n_p}{M_B n_e} = \frac{M_s}{M_B} \cdot \frac{1}{i} \tag{5.15}$$

式中,M_s、M_B 分别为轴系力矩和主机输出端制动力矩;n_p、n_e 分别为螺旋桨转速(与轴转速相同)和主机转速。

轴系功率定义为

$$P_s \overset{\text{def}}{=} M_s \omega_p = 2\pi M_s n_p \tag{5.16}$$

当主机与螺旋桨直接相连时,主机功率等于轴功率,即 $P_B = P_s$。从减速齿轮箱输出端至推进器输入功率之间的功率损失可用轴系效率来表征:

$$\eta_s \overset{\text{def}}{=} \frac{P_p}{P_s} = \frac{M_p}{M_s} \tag{5.17}$$

则总的轴系传动效率可表示为齿轮箱效率与轴系效率两者的乘积,表征了从机到桨这个子系统对能量的利用效果,即

$$\eta_{TRM} \overset{\text{def}}{=} \frac{P_p}{P_B} = \frac{M_p}{M_B} \cdot \frac{1}{i} = \frac{M_p}{M_s} \cdot \frac{M_s}{M_B} \cdot \frac{1}{i} = \eta_s \cdot \eta_{GB} \tag{5.18}$$

5.1.3　推进系统能量链

为了更清晰地表述从主机发出功率到螺旋桨收到功率,再到最终转化为船

体有效功率的能量传递过程,将整个推进系统各个环节的功率传递以一条链的形式来展现,称之为推进系统能量链,可将机、桨、船三者完全统一起来,甚至可将主机热效率也囊括进来,如图 5.1 所示。图中,Q_f 为燃油燃烧发热量,P_o 为螺旋桨敞水条件下功率,P_p 为船后桨收到功率,P_D 为动力装置的总推进功率,R 为舰艇阻力,T 为螺旋桨轴向推力,v_s 为舰艇航速,v_A 为螺旋桨平均进流速度,k_p 为推进螺旋桨数量,t 为推力减额系数,w 为伴流系数,η_H 为船身效率,Q 为敞水条件下螺旋桨力矩,η_o 为螺旋桨敞水效率,η_r 为相对旋转效率,η_e 为原动机热效率。在能量链中,总推进效率是舰艇动力装置设计与配置的第一要素,与舰艇快速性和作战半径指标直接相关,需要机电人员明确掌握。在传动装置环节中,单轴船后桨收到功率与该轴全部主机输出制动功率之比,反映了整个轴系的传递效率。该值对于舰艇的全寿命周期费用评估以及在航期间作战任务统计图制作来说都比较重要,在快速性校核分析时也需要引起注意。

在整个推进链中,从原动机(驱动)到船体(负载),功率和效率可以作为能量传递分析的代表参数。以某型护卫舰四机双桨动力装置配置为例,如图 5.2 所示,GB 为减速齿轮箱,P_I 为相应位置的输入、输出功率。在传递能量的过程中,轴系存在能量损失,轴效率一般取值为 0.95~1。当没有齿轮箱存在时,制动功率与轴功率相等;存在齿轮箱时,齿轮箱能量损失以齿轮箱效率来描述:

$$\eta_{GB} = \frac{P_s}{k_e P_B} = \frac{M_s n_p}{k_e M_B n_e} = \frac{M_s}{k_e M_B i}$$

式中,P_B 为原动机输出端制动功率,P_s 为轴功率,n_p 和 n_e 分别为轴系转速和原动机转速,M_B 为原动机输出端力矩。k_e 为单轴原动机台数,$i = n_e/n_p$ 为减速比。单级减速齿轮箱的能量损失一般为 1%~2%,两级或多级减速齿轮箱的能量损失略大。轴系总的传递效率为

$$\eta_{TRM} = \frac{P_p}{k_e \cdot P_B} = \frac{M_p}{k_e M_B i} = \frac{M_p}{M_s} \cdot \frac{M_s}{k_e M_B i} = \eta_s \eta_{GB}$$

式中,P_p 为船后桨收到功率。

当动力装置配置简化为单轴、单机、单桨推进时(见图 5.3 图中 P_T 为推力功率,P_E 为有效功率),$k_e = k_p = 1$,$P_p = P_D$,螺旋桨敞水效率与相对旋转效率的乘积即为船后桨效率,船后桨效率与船身效率的乘积对应为动力装置总的推进效率,即

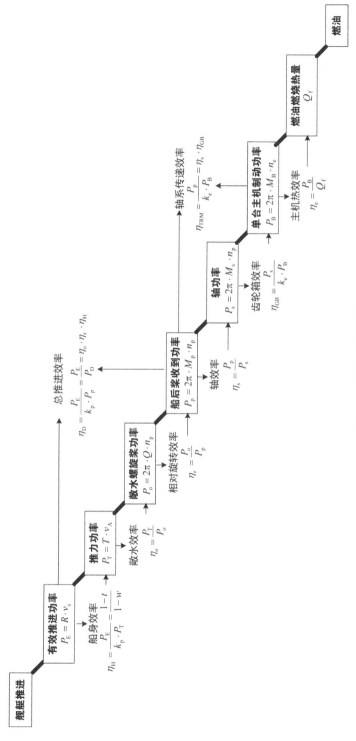

图 5.1　推进系统能量链

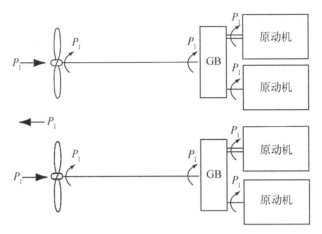

图 5.2　某型护卫舰四机双桨动力装置配置

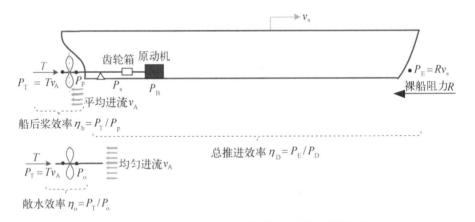

图 5.3　典型单轴单机单桨动力装置配置与能量传递

$$\eta_D = \eta_o \eta_r \eta_H = \eta_b \eta_H = \eta_b \cdot \frac{1-t}{1-w} \tag{5.19}$$

其中,推力减额系数反映了船后桨工作时抽吸作用对船体压差阻力的影响,进而改变船体总阻力,体现了桨对船的影响作用,相当于使船体阻力增加,出现了阻力"增额"现象,如图 5.4 所示。典型单体船护卫舰的 t 通常取值 0.03~0.06。伴流系数描述了船体边界层流对流动的阻滞作用,使得桨盘面平均进流速度小于航速(见图 5.5),典型单体船护卫舰 w 通常取值 0.02~0.04。船尾伴流存在,使得船后桨工作于相同转速、产生相同推力时所消耗的力矩与敞水条件的不同,进而消耗功率也不同,体现了船对桨的影响作用。相对旋转效率定量描述了这一差异,典型单体船护卫舰 η_r 通常取值为 $0.94\sim0.99$,船身效率 η_H 通常取值为 $1\sim1.1$。

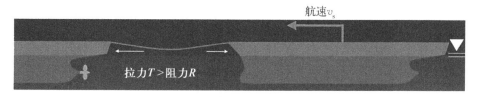

图 5.4　船后桨使得船体阻力出现"增额"现象

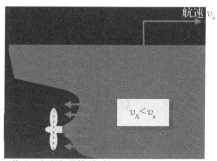

图 5.5　船体存在使得桨盘面平均进流速度小于航速

5.2　船体-螺旋桨-主机配合的基本概念

5.2.1　船桨机配合的概念与动力传递模型

舰船推进装置的配合特性(或称工作特性)代表主机、传动装置、推进器之间的组合工作特性。总体来看,不论运转工况如何,系统配合都可以分为稳定工况时的配合特性和过渡工况时的瞬态配合特性两大类。其中,瞬态配合一般指加减速工况、倒车工况、转弯工况和在大风浪航行时的配合特性,分析过程较为复杂,通常在配合分析时较少阐述。在无特别说明的情况下,配合均指稳定配合,两大子系统均处于平衡状态,包括运动平衡和动力平衡。

为便于分析整个推进系统中"船-桨子系统"和"机-桨子系统"的配合效果,将总的能量链简化为如图 5.6 所示的动力传递模型。其中,H/D 为桨叶螺距比。

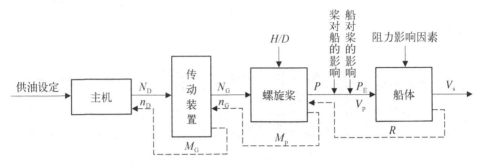

图 5.6 船-桨-机系统的动力传递模型

对机-桨子系统而言,主机和螺旋桨是根据力矩特性曲线或功率特性曲线来运转的。考虑减速齿轮箱及轴系的能量损失,按能量守恒原理及运动平衡,可得机-桨之间的平衡条件:

$$M_D i - M_f - M_p = J \cdot \frac{\mathrm{d}\omega_p}{\mathrm{d}t} \tag{5.20}$$

$$n_D = n_p i \tag{5.21}$$

对船-桨子系统而言,它是根据推力特性曲线或阻力特性曲线来工作的。考虑到螺旋桨伴流的影响,可得桨-船之间的平衡条件:

$$k_p T(1 - t) - R = m \frac{\mathrm{d}v_s}{\mathrm{d}t} \tag{5.22}$$

$$v_p = (1 - w)v_s \tag{5.23}$$

式中,M_D 为主机的输出转矩(N·m);M_f 为轴系的摩擦力矩(N·m);M_p 为螺旋桨消耗的阻力矩(N·m);i 为减速比;ω_p 为螺旋桨角速度(s^{-1});J 为轴系系统的总转动惯量,含螺旋桨附连水及经折算后的主机、后传动装置等所有旋转机件的转动惯量(kg·m^2);n_D 为主机转速(r/min);n_p 为螺旋桨转速(r/min);k_p 为螺旋桨数量;T 为单个螺旋桨推力(N);R 为船体阻力(N);m 为舰船质量(含附连水)(kg);v_s 为舰船航速(m/s);v_p 为螺旋桨平均进速(m/s);w 为螺旋桨进流的轴向伴流系数;t 为螺旋桨推力减额系数。

对船-桨-机系统的稳定配合而言,若螺旋桨由单台主机直接带动,忽略轴系的能量损失,不考虑螺旋桨伴流的影响,因系统中没有加速度,则船-桨-机系统的稳定平衡条件可简化为

$$M_D = M_p, \qquad n_D = n_p \tag{5.24}$$

$$T = R, \qquad v_p = v_s \tag{5.25}$$

实际舰船航行时,若主机的状态改变,或因风浪、装载、船体污底及拖带引起船体阻力改变,船-桨-机三者之间的平衡将被打破。例如,主机转速增高后,螺旋桨转速必然随之增加,导致阻力矩按其特性规律增加,因而主机必须发出相应的力矩才能保持已经增高的转速值,从而使得主机输出功率增加;而螺旋桨转速提高后,所产生的推力也增加,使舰船加速航行,而航速增加又使船体阻力加大,从而三者相互影响直至平衡于一个新的工作状态,即平衡于另一个转速和航速上,达到新工况下的船-桨-机稳定配合。

5.2.2　船-桨-机配合的基本分析方法

船-桨-机配合的分析方法主要有公式法和图解法两种,其理论依据相同,均为船-桨-机系统的动力传递模型,从本质上讲两种方法是一致的。其中,公式法主要在于建立推进系统的数学模型,并且完成仿真计算,其基础就是船-桨-机三者的运动平衡与动力平衡。通过揭示船-桨-机系统在各种工况下(特别是变工况过程)运行参数的变化规律,提高船-桨-机系统工况配合的分析精度。图解法的核心是将船-桨-机三者的特性曲线"移植"到同一个坐标系里,找出三者平衡的配合点。因图解法能够形象直观地展现船-桨-机三者运行参数的变化规律,尤其能展示各工况下相关参数的变化规律和趋势,因而在工程应用中使用较为广泛。

对于船-桨子系统和机-桨子系统,通常采用两种坐标系来描述配合关系,即船体阻力和桨提供推力随航速的变化规律曲线,或需求推力系数和提供推力系数随进速系数的变化规律曲线,以及主机发出功率或力矩和桨消耗功率或力矩随转速的变化规律曲线。因主机采用柴油机或燃气轮机时特性曲线略有差异,以及是否采用减速齿轮箱时轴系输入端的功率和力矩也因减速比是否存在而不同,下文配合分析时以高速增压柴油机为主,且转速坐标均指螺旋桨轴转速,功率和力矩均指轴系输入端功率和力矩,具体所指为直接传动时的主机法兰端输出功率和力矩以及间接传动时的齿轮箱端输出功率和力矩。

总的来看,主动力装置的配合特性与主机外特性曲线、螺旋桨推进特性曲线和船体阻力曲线密切相关,是工况变化时三者综合联动的效果。因此,研究推进系统工况配合的基础是主机、螺旋桨、船体三者的特性。第 2 章中已阐述典型柴油机和燃气轮机的外特性曲线,第 4 章已阐述螺旋桨和喷水推进器的特性曲线,下文阐述典型船体阻力特性曲线。

5.3 船体-螺旋桨-主机的正常配合

5.3.1 船体阻力特性曲线

船体航行时受到水的阻力,经过长期的理论研究和实验验证,舰船拖曳阻力可近似表示为

$$R = C_1 v_s^m \tag{5.26}$$

式中,v_s 为舰船航速(m/s);m 为指数,排水型船舶通常取 $m=2$;C_1 为阻力系数,取决于船体排水量、线型、航速、污底程度、海况和水深等因素,配合分析时通常简化为常数。

典型船舶阻力曲线如图 5.7 所示,图中曲线①为二次方规律阻力曲线,傅氏数通常介于 0.1~0.2 之间,曲线②为指数大于 2 的阻力曲线,曲线③为存在驼峰阻力的阻力曲线,如高速滑行艇。

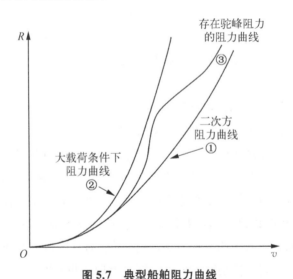

图 5.7　典型船舶阻力曲线

依据推进系统能量链所述,与拖曳阻力对应的有效功率可表示为

$$P_E = C_E \rho^{1/3} \Delta^{2/3} v_s^3 \tag{5.27}$$

由式(5.27)可知,需求有效功率通常与航速的三次方成正比。其中,C_E 为与海军部系数对应的阻力系数,同样与航速、船型、污底、海况和水深有关,ρ 为密度,Δ 为船体质量排水量。

5.3.2　船-桨配合与机-桨配合曲线图解描述

船-桨子系统中,船体是负载,螺旋桨是驱动。当两者满足运动平衡和受力平衡时,以力作为联系可以建立起负载和驱动之间的稳定配合关系。

根据第 4 章中所述的船、桨相互作用系数可知,船体拖曳阻力与螺旋桨产生总推力之间的关系为

$$R = k_p T (1 - t) \tag{5.28}$$

式中,t 为推力减额系数,k_p 为工作螺旋桨数量,T 为单桨产生推力。螺旋桨平均进流速度与船体航速之间的相关性由伴流系数来描述:

$$v_s (1 - w) = v_A \tag{5.29}$$

因船体伴流影响,船后桨与均匀进流条件下的敞水桨之间存在着相对旋转效率的差异。将式(5.29)代入式(5.26),可得船体阻力为

$$R = C_1 \left(\frac{v_A}{1 - w} \right)^2 \tag{5.30}$$

进而得到螺旋桨产生的推力为

$$T = \frac{R}{k_p (1 - t)} = \frac{C_1 v_A^2}{k_p (1 - t)(1 - w)^2} = C_2 v_A^2 \tag{5.31}$$

由式(5.31)可知,螺旋桨推力同样与航速的二次方成正比。因此,为克服船体阻力所需求的推力系数可表示为

$$K_{T,\text{ship}} = \frac{C_2 v_A^2}{\rho n_p^2 D^4} = \frac{C_2}{\rho D^2} J^2 = C_3 J^2 \tag{5.32}$$

即船体需求推力系数与螺旋桨进速系数的平方也成正比。至此,可将船体需求推力系数曲线移植到螺旋桨敞水性能曲线图中,两者对应同一个横坐标进速系数参量,如图 5.8 所示。可知,螺旋桨产生推力系数曲线与船体需求推力系数曲线的交点即为船-桨子系统的平衡配合点,据此,可直接由图 5.8 读取得到螺旋桨所消耗的力矩系数以及此时对应的敞水效率值。

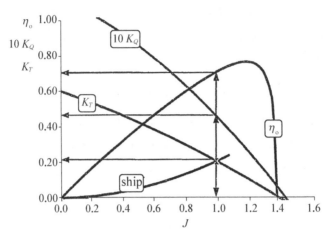

图 5.8　船体需求推力系数曲线(ship)与螺旋桨敞水性能曲线交点图

同理,机-桨子系统中,螺旋桨是负载,主机是驱动。若仍以典型的四机双桨柴油机动力装置为例,工作螺旋桨数量为 2,每轴工作主机数量为 2,齿轮箱减速比为 i。主机输出制动功率为 P_B、轴系输入端的轴功率为 P_s、轴系输出端的螺旋桨收到功率 P_p 之间的关系为

$$\eta_{GB} = P_s/(k_e P_B), \quad \eta_s = P_p/P_s, \quad \eta_{TRM} = \eta_{GB}\eta_s = P_p/(k_e P_B)$$

式中,k_e 为每轴工作主机数量,η_{GB}、η_s 和 η_{TRM} 分别为齿轮箱效率、轴系效率和总的传递效率。同理,力矩也存在关系:

$$\eta_{GB} = M_s/(ik_e M_B), \quad \eta_s = M_p/M_s, \quad \eta_{TRM} = M_p/(ik_e M_B)$$

当以螺旋桨轴转速为横坐标参量时,可将螺旋桨消耗功率或力矩随转速的变化曲线直接移植到主机外特性曲线图中,如图 5.9 所示。该图中,在柴油机工作范围内加了三条螺旋桨功率特性曲线,与工作范围限制线存在不同的交点,此即为机-桨子系统在不同工况下的平衡配合点。具体而言,工作点一定时,螺旋桨消耗功率表示为

$$P_p = 2\pi Q n_p = 2\pi \rho n_p^2 D^5 n_p = C_4 n_p^3 \tag{5.33}$$

即螺旋桨功率与转速的三次方成正比,当螺旋桨载荷增加时,螺旋桨特性曲线变陡,由曲线①改变为曲线②;反之载荷减小时曲线变平缓,由曲线①改变为曲线③。

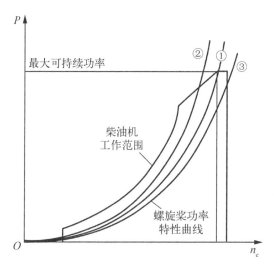

图 5.9　螺旋桨功率特性曲线与柴油机工作范围交点

在上述船-桨子系统和机-桨子系统找到平衡配合点的基础上,以螺旋桨轴转速作为联系,可将船体阻力与主机功率联系起来,从而解决船-桨-机系统三者整体平衡配合的问题。配合过程如下。

首先由螺旋桨进速系数和伴流系数公式得出转速和航速的线性关系:

$$n_p = \frac{v_A}{JD} = \frac{(1-w)}{JD} v_s = C_5 v_s \tag{5.34}$$

其次,由螺旋桨敞水力矩系数和相对旋转效率得出船后桨消耗力矩随转速的变化关系:

$$K_Q = \frac{Q}{\rho n_p^2 D^5} = \frac{\eta_r \cdot M_p}{\rho n_p^2 D^5}, \quad M_p = \frac{\rho \cdot D^5}{\eta_r} K_Q n_p^2 = C_6 n_p^2 \tag{5.35}$$

可知工作点一定时,船后桨消耗力矩同样与转速的平方成正比,与敞水力矩变化规律相同。考虑总的传递效率与减速比后,即可得到螺旋桨需求的收到功率随桨轴转速的变化关系,进而可将其与主机制动功率和转速关联起来,完成总的配合分析。

5.3.3　船-桨-机正常配合及最佳配合点

因上述螺旋桨推进时得出了转速与航速线性相关的规律,船-桨配合较容易实现,船-桨-机推进系统中主机因易超载成了薄弱环节,因此,实际使用过程中,较多的配合分析就位于机-桨子系统中,并且将配合的状态与主机工况直接关联起来,如图 5.10 所示。图中,MCR 和 CSR 分别为主机最大可持续功率和持续运行功率,CSR 一般为 MCR 的 0.85~0.9 倍。引入功率储备(service margin, SM)和主机功率裕度(engine margin,EM):

$$SM = \frac{P_{E,\text{service}}}{P_{E,\text{trial}}} > 1, \quad SM \cong \frac{P_{B,\text{service}}}{P_{B,\text{trial}}}, \quad EM = \frac{CSR}{MCR} = \frac{P_{B,\text{service}}}{P_{B,\text{max}}} < 1$$

其中,SM 的物理意义为实际航行时有效功率与海试时有效功率之比,通常取值为 1.1~1.25,几乎等于实际航行时主机制动功率与海试时主机功率之比,就是说航行时预留 10%~25% 的功率储备;EM 的物理意义为持续运行功率与最大可持续功率的比值,也相当于实际航行时主机制动功率与主机最大功率之比,通常取值为 0.8~0.9。由图 5.10 可知,设计工况下螺旋桨功率特性曲线通过主机的 MCR 点,桨轴工作于额定转速、主机发出额定功率;海试工况下螺旋桨功率特性曲线变平缓,与主机工作范围界限中的额定转速线相交,桨轴工作于额定转速时主机功率较 MCR 留有一定的余量,进一步增加转速时可使主机发出额定功率。

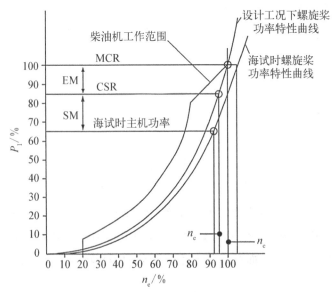

图 5.10 典型螺旋桨功率特性曲线在柴油机工作范围内的位置

由上述分析可知,只要螺旋桨功率特性曲线位于主机工作范围内,实际航行工况下就一定存在机桨稳定配合点,如图 5.11 中的众多交点所示。可知,3 条螺旋桨功率特性曲线与 5 条主机功率外特性曲线之间存在 12 个交点,均为机桨稳定配合点。较为特殊的配合点共有 3 个点：MCR 点、A 点和 B 点。显然，交点位于 MCR 点时，主机发出功率最大且比油耗最小，对于主机来说是最合适的工作点。交点位于 A 点时，主机工作于额定转速，但发出功率远低于额定功率，相当于 EM 较大，可将之称为轻载配合点。交点位于 B 点时，主机转速不仅小于额定转速，功率也因额定力矩限制线的限制小于额定功率，可将其称为重载配合点。很明显，轻载配合点工况下的主机安全性是高于重载配合点工况的，其转速还可短时加速至发出额定功率为止，相当于短时发出主机额定做功能力，以达到预期航速，这也正是图 5.10 中海试工况下螺旋桨功率特性曲线较为平缓的原因所在。

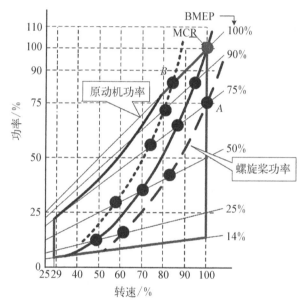

图 5.11　柴油机和螺旋桨的正常配合关系示意图

综上所述，主机-定距桨的配合就是寻找恰当的驱动特性曲线与负载特性曲线交点的过程。交点位于主机工作范围内时，主机是安全的，桨也是合适的，稳定配合就是可行的。而通常研究配合的目的是保证舰船能够达到设计航速、满足快速性指标要求，所以最佳配合点对于典型柴油机来说就应该是 MCR 点。换句话说，柴油机-定距桨的最佳配合点位于柴油机工作范围的最右上角点，即 MCR 点，此时，螺旋桨功率特性曲线正好通过该点。当螺旋桨负载特性曲线变平缓时，机-桨配合点使主机呈现轻载状态，转速达到额定转速，但功率小于额定功率；反之，当螺旋桨负载特性曲线变陡时，机-桨配合点使主机呈现重载状态，不仅转速小于额定转速,而且也发不出额定功率,主机面临超载的风险,使用时应重点关注。

5.4　船体-螺旋桨-主机的非正常配合应用

广义地说,螺旋桨负载特性曲线通过主机 MCR 点的船-桨-机配合称为正常配合;反之,不能通过 MCR 点时称为非正常配合。显然,图 5.11 中的轻载配合 A 点、重载配合 B 点以及除 MCR 点之外的其余 9 个转速低于额定转速的配合点均为非正常配合。当然,位于通过 MCR 点的功率特性曲线之上的 4 个低转速点,是因实际航速低于设计航速的使用需求而选择的平稳配合点,螺旋桨力矩系数 K_Q、力矩常系数 C_6 以及功率常系数 C_4 与配合点位于 MCR 点时相同,桨仍然工作于相对较佳状态。只有当螺旋桨负载特性曲线被动改变,包括变陡或变平缓,如船体阻力系数 C_1 改变(污底严重、装载改变、海况变化、浅水区航行、狭水道航行、大风浪等)、工作螺旋桨数量改变、每轴工作主机数量改变、齿轮箱减速比改变、调距桨螺距改变等,使船-桨子系统中的驱动载荷以及机-桨子系统中的驱动载荷均随之改变,从而达到新的平衡稳定状态,对于桨和机来说才是不希望出现的长期运行点,需要视情调整其配合点。下面具体来看上述典型非正常配合条件下的配合分析过程。

5.4.1　船体阻力变化时的非正常配合应用

在船底污底严重、超重装载、水深明显变浅、航道明显变窄、逆风航行等常见条件下,船体阻力会明显增加,即达到相同航速时为克服船体阻力所需的推力驱动明显增加。这使得船-桨子系统匹配图中船体阻力特性曲线变陡,同时,螺旋桨为发出更大的推力所要消耗的力矩和功率也增加,进而使主机发出功率增加,相当于在同一转速条件下所消耗的功率更大;机-桨子系统匹配图中螺旋桨负载特性曲线也变陡,进而使配合点发生改变。

由式(5.31)可知,相同航速时螺旋桨需要更大的推力,即常系数 C_2 以及对应的需求推力系数 C_3 均增加,反映在船-桨子系统匹配图中(见图 5.12)为负载特性曲线变陡,图中 3 条船体阻力负载曲线分别对应为重载工况、设计工况和轻载工况,轻载工况意为船体阻力较设计状态更小,如顺风航行、装载偏少等。阻力大于设计工况后,作为负载的船体需要推力系数特性曲线变陡,螺旋桨新配合点的进速系数减小、消耗的力矩系数增加、对应的消耗功率也增加。

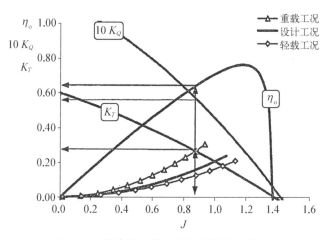

图 5.12　船体阻力增加时船-桨配合示意图

进一步由式(5.35)可知,螺旋桨力矩系数 K_Q 增加后,机-桨子系统中同样作为负载的螺旋桨力矩特性曲线常系数 C_6 增加,式(5.33)中对应的螺旋桨功率特性曲线常系数 C_4 也增加,即螺旋桨负载特性曲线也变陡,如图 5.13 所示;同时因螺旋桨工作点左移,由式(5.34)发现螺旋桨转速随航速线性变化的常系数 C_5 还是增加,即转速随航速线性变化的特性曲线同样变陡,如图 5.14所示。在此基础上,将变陡后的螺旋桨负载特性曲线置于典型的柴油机工作范围内(见图 5.15),因力矩限制线的限定,主机出现重载配合,原有的设计航速 28 kn 无法再达到,需要通过调整螺距,才有可能使机-桨配合点重新回归到 MCR 点处。

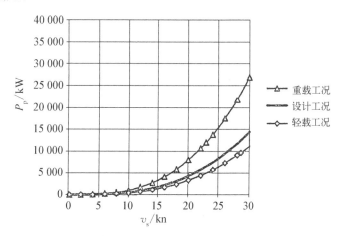

图 5.13　船体阻力增加后螺旋桨功率特性曲线变化

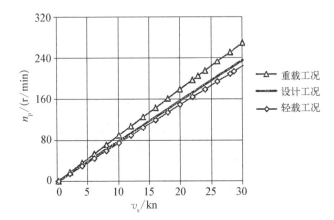

图 5.14 船体阻力增加后螺旋桨转速随航速变化的曲线变化

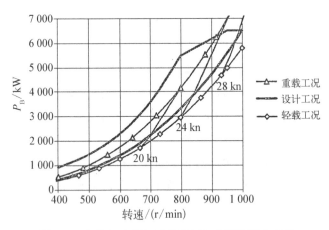

图 5.15 船体阻力增加后柴油机与定距桨配合变化

实际使用中,从船体下水到动力海试,通常间隔 4～6 个月的时间,船体阻力增加是较为常见的现象,严重者甚至会使阻力增加约 20%,致使机-桨配合曲线图中的主机新配合点处于明显重载状态,如图 5.16 所示。若进一步强行增加转速至额定转速、消耗掉功率储备 10%,则力矩超载有可能达到约 18%,致使主机的机械负荷和热负荷均存在相当大的风险。若动力海试时从维护动力装置安全性的角度将配合点维持在重载配合点不变,则因主机功率发不出额定功率,可能使船体航速达不到设计航速的要求,快速性考核不达标,无法交船,这对于船东来说是难以接受的事,需要做出改变。

为此,既要使船体阻力增加后的螺旋桨负载特性曲线重新通过 MCR 点,又

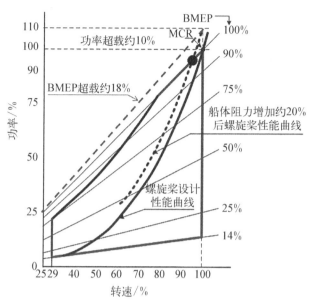

图 5.16　船体阻力增加后柴油机与定距桨配合变化

要考虑船体需求推力增加对螺旋桨驱动特性曲线的影响,还要兼顾考虑主机安全性,则提前使海试时柴油机-定距桨的配合点位于轻载配合状态,留出 10％～15％的功率余量(见图 5.17),再通过短时加速至超速 3％以使主机功率达到额定功率,若此时航速能够达到设计航速,则快速性指标达到要求,否则应调整主动力配置方案。因此,将对应 10％～15％功率余量的螺旋桨负载特性曲线所围成的区域,专门称之为定距桨海试区间,该区间的船-桨-机配合状态同时为船东、主机设备厂以及接船方所认可,具有重要的应用价值。

　　同时,从机-桨配合的角度看,留出功率余量也有助于船-机-桨系统的平衡。例如,当船体阻力增加、螺旋桨负载增大后,船-机-桨原有平衡配合点被破坏。此时,外载荷增加使柴油机转速下降,在调速器的作用下,柴油机齿杆会向加油方向移动,使转速回升,由于具有功率余量,柴油机不会因为螺旋桨负荷的波动而超负荷,并且能在调速器的作用下始终保持转速,以使发出的功率与外载荷一致,从而达到船-机-桨新的稳定配合点。

5.4.2　柴油机与调距桨配合方法及螺距改变时的配合应用

　　清楚柴油机与定距桨的配合方法以及定距桨试航时螺旋桨负载特性曲线要留出一定的主机功率余量的缘由后,若螺旋桨进一步演变为调距桨,则有两个基

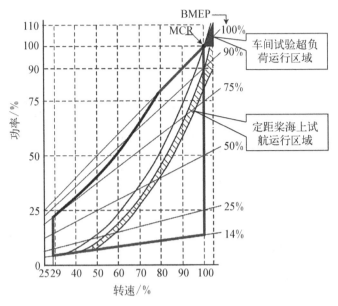

图 5.17　船体阻力增加后柴油机与定距桨配合变化

本问题需要明确：一是螺旋桨驱动特性曲线随船体阻力改变后是否还能再次通过主机的最佳工作点 MCR，二是机-桨配合时是否还需要留出一定的主机功率余量？在此基础上，可以进一步讨论典型联合动力装置中的柴燃交替动力（CODOG）和柴燃联合动力（CODAG）在配合应用时的差异，以及指导分析全燃联合动力装置（COGAG）在提高系统经济性方面的可行措施。

　　桨叶螺距可调，意味着机-桨子系统配合图解中的螺旋桨负载特性曲线可以有多条，如图 5.18 所示。由图 4.12 所示的调距桨敞水性能曲线可知，螺距越大，同一进速系数下螺旋桨推力系数和力矩系数也越大，桨叶做功能力越强，即作为主机负载的螺旋桨力矩特性曲线常系数 C_6 和功率特性曲线常系数 C_4 均增加，也即螺距越大，图 5.18 所示的螺旋桨负载特性曲线越陡。若期望将机-桨重载配合状态调整回重新通过主机 MCR 点或者是变成轻载配合状态，减小调距桨螺距就可以实现。因此，对调距桨而言，因螺距调整时直接改变了桨叶的做功能力，则船-桨子系统中作为驱动的螺旋桨发出功率的量值，可以通过转速和螺距两者的联动来实现改变。具体而言，高转速、小螺距时功率与低转速、大螺距时功率可以相同，不过最终选择哪种工况运转参数以及最佳的机-桨联控曲线设定，还需充分考虑主机耗油率、螺旋桨效率以及动力装置总的推进效率，使整个机-桨配合变得更为灵活多变。

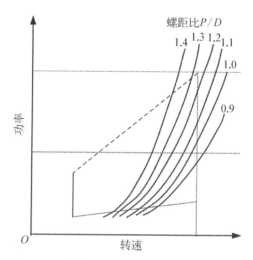

图 5.18　桨叶螺距可调时机-桨配合曲线示意图

由图 5.18 所示的机-桨配合曲线可知,因低转速、大螺距负载特性曲线上的工作点可以通过减小螺距、增加转速回到所期望的通过主机 MCR 点的负载特性曲线上,同时高转速、小螺距负载特性曲线上的工作点也可以通过增加螺距、减小转速回到期望位置,那么,对于柴油机与调距桨的配合应用,就不再需要预留主机功率余量、提前使机-桨子系统处于轻载配合状态了。

从调距桨的敞水性能曲线可知,桨叶位于每一个螺距时对应一个高效点,即每一条螺旋桨负载特性曲线上的工作点仅有一个是高效点,那么,在整个主机工作范围内,随着桨叶螺距的调整,一定是存在效率等值线的。从提高经济性的角度来看,随着航速增加,机-桨联控曲线上的配合点位于效率等值线上,对于调距桨而言无疑是最佳选择,如图 5.19 所示。据此,可以将主动力装置监控面板上显示的运行点轨迹称为最佳螺旋桨效率工况点路径,这对调距桨动力装置的长航使用以及全寿命周期费用评估与管理而言尤为重要,需要机电人员着重关注。

综合前述船体阻力改变以及上述螺距改变时的配合应用,结合式(5.33)和式(5.35),当期望将主机从重载配合拉回到额定状态甚至是轻载时,可以采取的措施包括降低转速、减小直径(割桨)、增加螺旋桨进速系数(定距桨)以及减小桨叶螺距(调距桨),显然,改变螺距是军用船舶中较为常用的方法,这也正是当初引进调距桨、力争在大的航速范围区间内改善机-桨配合状态(提高主机经济性、减小故障率、提高巡航航速)的主要原因之一。当然,其中并没有考虑桨叶调距过程对螺旋桨振动和辐射噪声的影响。有美军国防研究报告表明,设计螺距是

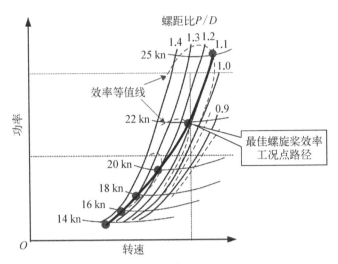

图 5.19 柴油机-调距桨配合时最佳螺旋桨效率工况点路径

桨叶辐射噪声最小的工作位置,当螺距增加或减小,尤其是从正螺距减小至零螺距甚至是负螺距时,桨叶辐射噪声会显著增加。这一结论有待国内驱护船舶将来在噪声专项测试时给予证明。不过,从螺旋桨水下直接辐射噪声的机理来看,这一定性结论是符合物理规律的,只是需要定量明确噪声增量会有多少,从而能更好地指导整个船-桨-机系统的配合应用。

5.4.3 工作主机数量改变时的配合应用

对图 5.2 所示的典型四机双调距桨主动力装置而言,双轴变为单轴工作(另一轴工作主机数量减小为 0)、每轴双机变为单机驱动(每轴工作主机数量减小为 1),如图 5.20 所示,在实际使用中一定是存在的,需要提前掌握配合分析状态。其中,每轴单机正好对应 CODAD 联合动力装置中的巡航工况设定,与每轴双机一起构成常用正常工作制。

因每轴两台主机的工作参数设定和外特性曲线都相同,双机并车后,桨轴输入端的驱动功率特性曲线就是单机功率曲线取值的 2 倍,如图 5.21 所示。因机-桨额定配合点是针对每轴双机的设计工况来决定的,此时螺旋桨负载功率特性曲线通过双机并车后的 MCR 点(额定转速、2 倍额定功率)。当一机退出工作后,若螺距不变、螺旋桨负载特性曲线不调整,则剩余单机与螺旋桨的配合将出现重载配合状态,因额定力矩线的限制,剩余单机将无法再发出额定功率,促使其转速进一步减小,没有发挥出该动力装置在巡航状态下的快速性潜力。

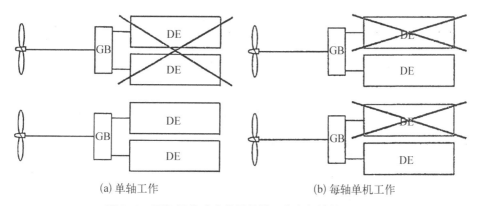

(a) 单轴工作　　　　　　　　　　　(b) 每轴单机工作

图 5.20　四机双桨动力装置单轴工作和每轴单机工作

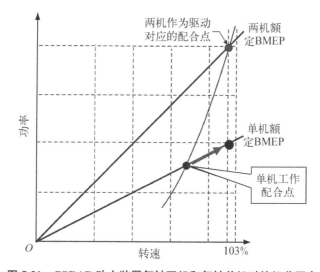

图 5.21　CODAD 动力装置每轴双机和每轴单机时的机桨配合

依据机-桨配合原理,当期望将剩余单机的配合点移至其 MCR 点、提高巡航航速时,减小螺距、使螺旋桨负载特性曲线变平缓,是较为可行、便利的操作方案。至于具体应减小多少,还需从整个动力装置的稳、动态配合特性仿真建模以及试航测量来看,该内容已超出本教材的研究深度,具体内容可查阅相关资料。

5.4.4　锁轴或拖轴工况下的机-桨配合应用

理解每轴单机工作条件下的柴油机-调距桨配合应用后,再来看单轴工作制的分析制订,会更容易理解。显然,因总的工作主机数量减半,航速一定会明显减小。此时,不工作桨可以有两种机械状态,随水流自由旋转或完全把桨轴锁住不转,分别称为拖轴和锁轴状态。无论是拖轴还是锁轴状态,对原有的船体光体阻力而言都将增加一份附加阻力。实测表明,拖轴时,单桨需求推力较该轴正常工作时增加 10%～15%,而锁轴时单桨需求推力增加约 20%,锁轴对船体阻力的影响更大,仅当轴系故障(如艉轴密封泄漏)无法运转时采用。不工作轴拖转时,因两舷推力明显不平衡,为了消除转艏力矩影响,较大的舵效同样会产生附加阻力,分析时可取该份额为 5%。当取拖桨阻力为边界量 15% 时,船后工作桨需提供的总推力(克服的总阻力)为

$$R = \frac{R_0}{2} + \frac{R_0}{2} + \frac{0.15R_0}{2} + 0.05R_0 = 1.125R_0$$

式中,R_0 为双轴正常工作时单桨承受的阻力。可见,工作轴数量减小时,对于工作桨来说就是典型的船体阻力增加时的配合应用问题,分析思路与前述相同。

由式(5.30)可知,船体阻力系数常系数 $C_1 = 1.125C_{1,0}$,由式(5.31)可知螺旋桨需求推力常系数 $C_2 = 2.25C_{2,0}$,则由式(5.32)可知螺旋桨需求推力系数的常系数为 $C_3 = 2.25C_{3,0}$,再次将船体负载特性曲线绘于螺旋桨敞水性能曲线图中,即可得到船体-工作调距桨子系统新的稳定配合点,如图 5.22 所示。

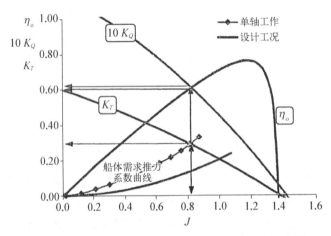

图 5.22 双桨变为单桨工作时船-桨子系统配合示意图

显然,上述单轴工作、不工作轴拖轴时船-桨子系统配合分析的过程,与桨叶是否能够调距无关。对于定距桨,一样会出现主机工作范围内螺旋桨负载特性曲线变陡、出现重载配合的状态,因此,要想尽可能提高工作桨所对应的航速,使工作主机均工作于其 MCR 点,则需要减小调距桨螺距,以改善机-桨配合效果。当然,因不工作轴锁轴时船体阻力增量比拖轴时更大,则锁轴状态下工作桨的螺

距减小程度也要更大才行。

工作桨的螺距减小了,那么不工作轴,无论是锁轴还是拖轴,其桨叶螺距是否需要调整呢? 为了尽可能减小不工作轴带来的附加阻力,其桨叶螺距同样需要调整。从桨叶叶截面受力和速度三角形分析可知,当攻角为一定负值时,会出现阻力矩为零、推力为负值的情形,如图 5.23 所示,此时桨叶并不消耗功率,而是被水流被动冲击向前运动,所以不仅不产生推力,而会产生阻力。该工况也称为水涡轮工况,正好对应于拖轴应用。当负攻角进一步增加时,其极值为几何螺距角的互余角,此时桨叶仅有轴向来流速度、无周向转动速度,如图 5.24 所示。显然,该工况也属于零推力工况,桨叶同样承受阻力,而且对应于锁轴实际应用。

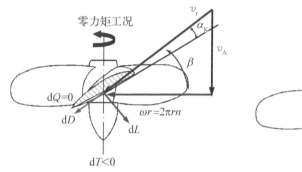

图 5.23　桨叶零力矩工况叶
截面速度三角形

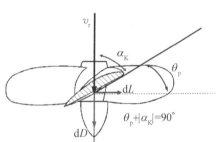

图 5.24　桨叶锁轴工况叶截
面速度三角形

结合典型翼型的升力系数和阻力系数随攻角变化的规律以及桨叶叶截面受力可知,无论是拖轴还是锁轴状态,当几何螺距角处于最大值时,其负攻角幅值相对最小,则叶截面所对应的推力系数和阻力矩系数的幅值也相对最小,对减小附加阻力有利。因此,不工作轴无论是处于拖轴还是锁轴状态,其桨叶调距机构均应处于最大机械止挡位置,使螺距最大、附加阻力最小。所以,对于四机双调距桨主动力装置,当一轴动力损失变为单轴工作时,不工作轴可以视情况处于拖轴或锁轴状态,且拖轴时附加阻力更小,不工作桨的螺距应调整至最大螺距角,以减小拖桨阻力;同时,工作桨应减小螺距,以改善机-桨配合状态,使工作主机仍然能处于额定转速,发出额定功率。

5.5　船体-喷泵-主机的配合应用

喷泵作为一种典型的水面舰船推进器,船体-喷泵-主机的配合简称船-泵-

机配合,与船-桨-机配合的分析思路相同。不同之处是,喷泵特性与螺旋桨特性有所区别,尤其是螺旋桨工作点一般用进速系数描述,决定了航速和转速的匹配关系,但是喷泵的工作点通常用流量来描述,其转速和船体航速之间是解耦合,不直接相关的。基于此差异,在描述喷泵推进特性曲线时,与桨存在较为明显的差异,进而扩展到船-泵-机配合分析时也有所不同。

5.5.1 喷水推进器的推进特性

喷水推进器是喷水推进系统的关键部件,喷水推进泵(简称喷泵)又是喷水推进器的核心子部件。喷泵匹配合适的进水流道和转向倒车机构后,具备了直航、转向和倒车的航行功能。喷泵作为一个推进泵,与水利泵有明显不同。喷泵除了追求快速性指标要求外,抗空化性能以及减小振动和辐射噪声同样是其直接要求。通常来说,喷泵出厂前,都会完成台架试验,获得喷泵的外特性曲线(也称为水力性能曲线),与主机类似。著名喷水推进器厂商 KaMeWa 给出的 S 系列喷泵功率特性曲线规律为

$$P_{\text{pump}} = CN^3 \tag{5.36}$$

式中,常系数 C 为转速为 1 000 r/min 时泵所吸收的功率(kW),N 为叶轮转速(r/min)。式(5.36)表明喷泵功率与转速的三次方成正比,这点与螺旋桨类同。

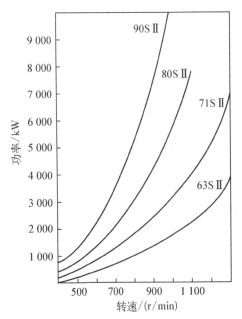

同一系列、不同几何尺寸的喷泵,其功率常系数 C 取值不同。通常来说,几何尺寸越大,喷泵功率特性曲线越陡,如图 5.25 所示为 KaMeWa S 系列喷泵特性曲线。

喷泵装船形成喷水推进器后,其推进特性不仅与转速有关,还受进水流道进流分布、船型、船体姿态以及航速等众多因素影响。实船使用经验表明,航速是影响喷水推进器推进性能的较为关键的因素。实际应用中,喷水推进器往往是部套化、批量化生产,同一型喷水推进器往往可以在若干不同船只上应用。为了便于喷泵选型,喷水推进器厂商往往会根据喷泵水力性能台架试

图 5.25　KaMeWa 喷泵特性曲线

验数据并运用喷水推进理论提供各型喷水推进器的通用航行特性曲线，以供船舶设计者和用户使用。航行特性曲线一般包括多条等功率条件下喷水推进器推力随航速的变化曲线以及喷水推进器转速随航速的变化曲线，如图 5.26 所示为某实船喷水推进器的转速特性曲线。可知，在等功率条件下，转速随航速增加而增加的幅度非常小，甚至可以以转速不随航速增加而改变来简化分析，这也直接证明了喷水推进器转速与航速是解耦的这一典型特征。该图可以直接变换为等功率条件下的喷水推进器力矩特性曲线，如图 5.27 所示。显然，功率一定时，随航速增加，喷泵所消耗的制动力矩几乎不变，这与转速变化幅度非常小完全对应。

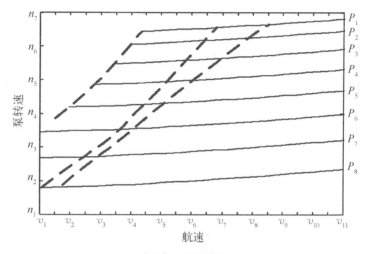

图 5.26　喷水推进器的转速特性曲线

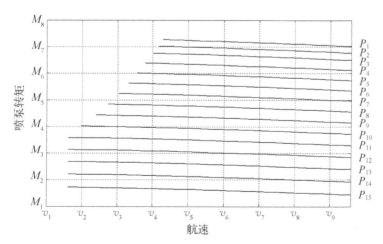

图 5.27　喷水推进器的力矩特性曲线

对比 5.3.2 节中所述的螺旋桨转速随航速线性变化的规律以及螺旋桨力矩随转速的二次方变化的规律可知,当螺旋桨外流转变为喷泵内流后,船体和推进器之间因为多了进水流道整流这一桥梁,使得喷泵受船尾自身伴流的影响大大减弱,即叶轮叶截面受力和速度三角形分析时其攻角变化的幅度非常小,或者说几乎不受航速改变的影响,因此其阻力矩主要受限于转速。这也是船后喷水推进器相比于螺旋桨具有的显著特征之一。

5.5.2 船体-喷泵-主机的配合特点

实船使用经验表明,喷水推进系统中,航速对喷水推进器的功率、力矩有影响,但影响不大;而螺旋桨推进船中航速对螺旋桨功率、力矩的影响直接表现为三次方和二次方的规律。由于喷水推进器"功率-转速""力矩-转速"动力特性受航速影响较小,故船-泵-机推进系统的匹配设计要易于船-桨-机系统的匹配设计,相当于只需着重考虑船-泵匹配即可,主机一般不会超载,即使是加速和超重装载条件下也是如此。因此,可以说船-桨-机系统中最薄弱的环节是机,而船-泵-机系统中最薄弱的环节变为了泵。当喷泵叶轮通常采用双相不锈钢材质后,其强度和硬度较螺旋桨铜合金显著增强,这一相对弱势也被很好地弥补。因此,可以预见,喷水推进系统的普及应用必将随着叶型设计、加工、维修与保障水平的提升而得到飞速发展。

与船-桨配合的分析思路相同,船-泵配合时也是将船体阻力特性曲线移植到喷水推进器的通用特性曲线图上来进行分析,如图 5.28 所示。与螺旋桨有所差异的是,因当前喷泵主要应用于航速高于 30 kn 的船舶推进,空化尤其要提前关注,喷水推进器厂商通常在出售其产品时就已经依据叶轮空化与否以及空化程度的差异将喷水推进器的工作区分成了三个区域,如图 5.28 所示。通常来说,Ⅰ区是喷水推进器正常工作区,工作时间不受限制。Ⅱ区是轻度空化区,叶轮表面会产生片空化,叶轮和导叶体等固体表面会受到空蚀影响,所以该区工作时间有所限制,一般要求年工作时长不超过工作总时数的 10% 或 500 h。Ⅲ区是中度空化区,随着空化程度的发展,喷水推进器推进性能会有所下降,如推力、效率降低,此区域的工作时间限制更为严格,一般要求年工作时长不超过工作总时数的 1% 或 50 h。Ⅲ区以外的区域(在图上没有标识)空化相当严重,通常严禁喷水推进器进入该区域工作。

图 5.28 给出了双机双喷水推进器动力装置的船-泵子系统匹配特性曲线,图中包含了单泵工作及双泵工作时的推进特性曲线。双泵工作属正常运

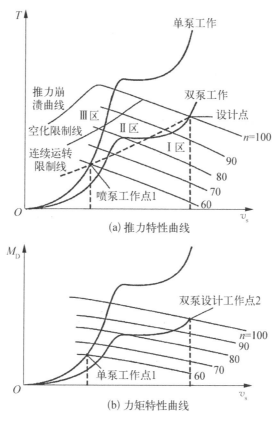

(a) 推力特性曲线

(b) 力矩特性曲线

图 5.28　船-泵子系统匹配特性曲线

行工况,设计点几乎位于Ⅰ区的临界线位置,说明该喷水推进系统预留的空化裕度较小。单泵工作属非正常工况,工作泵需求推力几乎为双泵工作时的

2倍,加上拖泵阻力的影响,使得工作Ⅰ区的临界航速较低,主机转速需下降至设计转速的 60%。与机桨配合类似,将图 5.28 所示的喷水推进器负载特性曲线(通常为功率随转速变化曲线)移植至主机工作范围内,如图 5.29 所示,尽管船体阻力存在驼峰特性,但整个推进特性曲线仍处于柴油机工作范围内,对机-泵配合无影响。

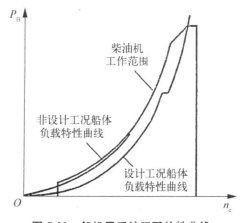

图 5.29　船机子系统匹配特性曲线

习题

1. 阐述船-桨-机系统中典型的能量链传递过程。

2. 阐述船-桨-机匹配的基本分析方法。

3. 船-桨-机配合的平衡条件是什么?

4. 阐述柴油机与定距桨的配合分析方法,论述定距桨海上试航特性曲线的设置原则。

5. 为什么在确定机-桨匹配点时要考虑功率余量?

6. 分析船体阻力变化、工作轴数量和工作主机数量改变时的船-桨-机配合变化。

7. 阐述双机双桨动力装置在一轴拖轴和锁轴状态下的配合变化。

8. 船-泵-机配合特性与船-桨-机配合特性比较有什么显著特点?

第 6 章　舰船动力装置的
管路系统

如果将原动机看作是一个人的心脏、推进器类比为四肢、传动装置等效为骨骼筋膜,则其正常运转还需有保证血液、神经元正常输运的管系。船舶管路系统就是专门为动力装置服务的管系,其核心任务是保证动力装置正常发挥功能、满足船舶航行的要求。按照其所属部位,管路系统既可以归属于相关主动力设备,也可以归属于辅助动力装置中,还可以将其进一步分类后统一归属于舱段部门人员执掌,如全船燃油系统、滑油系统、冷却系统、压缩空气系统等,同样需要机电人员予以掌握。

6.1　概述

6.1.1　动力装置管路系统的分类和组成

舰船动力装置必须有很多的管路系统设备与之相配合才能正常工作。舰船管路系统的任务是输送和处理气体、液体等工作介质,使这些介质在各关键点的流量、成分、压力和温度等物理化学状态满足相应的要求。

舰船管路系统可分为两大类。一类是全舰性的管路系统,称为舰船全舰性管系,按任务或功能可分成消防、洗消、平衡、疏排水、喷淋、灌注、供淡水、卫生、污油处理、污水(含生活污水)处理、燃油、润滑油、空调、通风、液压、压缩空气等十多种管路系统。另一类是为动力装置服务的管路系统,称为舰船动力管系,它是为保证动力装置正常工作而设置的管路系统,对于不同的主机有不同的组成。

柴油机动力装置的动力管路系统通常包括燃油系统、滑油系统、冷却系统、压缩空气系统和进排气系统,考虑到有的柴油机要在冬天寒冷季节能够正常起动,还附设有暖机系统。这些系统合称为柴油机动力装置辅助系统。燃气轮机动力装置的辅助系统主要由进气、排气、冷却(包括淡水和海水)、润滑、启动、燃油等系统组成。汽轮机动力装置的动力管系更为复杂,主要包括蒸汽管路、凝水-给水系统、冷却水系统、滑油系统、燃油系统、锅炉通风系统、动力舱室通风系统等。

6.1.2　动力装置对动力管系的一般要求

不同的舰船动力管系除了自身特殊要求外,一般应满足以下几点:

(1) 能保证完成所赋予的各项任务,可靠地输送规定压力、规定流量、规定洁净度的流体(包括液体和气体),必要时在适当部位设置相应的滤清装置。

(2) 管路连接紧密,无任何渗漏,必要时进行耐压性试验。

(3) 满足生命力要求,各个系统既能保持严格的独立性,又能相互支援、相互转换。对动力管系来说,当其遭受一般性的破损时,应不影响动力装置的使用,其主要元部件或主要管路破损时,动力装置不会丧失100%的功率。

(4) 系统布置应便于操纵、管理、维护、检修和实现自动化,不妨碍对舰体和其他机械设备的损害管制。

(5) 选择元部件应尽可能轻小,尽量减少管路中的液力损耗,且便于维修、布置以及平时的维护保养。

(6) 系统的种类和元部件十分多,管路的大小不一,走向各异,必然存在纵横交错。因此,在布置时必须从全局出发,正确区分主次,按照先主后次的原则统一规划,布置应简化、合理。

(7) 某些系统若存在不利于其正常工作的特殊环境条件,应该在适当位置配置能消除由特殊环境条件造成的不利影响的装置。如吃水较浅舰船的海底门在舰船高速航行、倒航或大风浪中很容易混入空气,这会严重影响海水冷却系统中离心式海水泵的正常工作,应当在海水进入海水泵之前设置专门排除混入空气的气水分离箱。

(8) 适应舰船的工作条件,对于一般水面舰船来说,其主要包括适应倾斜和摇摆、振动、冲击、腐蚀等。

(a) 适应一定范围内的倾斜和摇摆,通常为横摇±45°(周期3~45 s)、横倾±15°;纵摇±10°、纵倾±5°;

(b) 能承受舰船航行时引起的舰体振动及机械工作引起的局部振动;

(c) 能承受舰船自身发射武器、舰船被武器命中或非接触爆炸时引起的垂向、横向和纵向的冲击;

（d）能防止海水和海面湿空气的腐蚀；

（e）能有效地防止主机和辅助机械的结构噪声向舰体传播，管系本身不会因工质在其中流动而产生振动噪声。

以上各点是系统设计、布置、安装所必须遵循的主要原则，也是指导机电人员平时管理工作和进行管路改装的基本原则。

6.2　柴油机动力装置的主要管路系统

6.2.1　燃油系统

燃油系统由柴油机燃油系统和全舰燃油系统两部分组成。

1. 柴油机燃油系统

柴油机燃油系统用来向柴油机供应充足、清洁且具有一定压力的燃油，是一个开环的系统。柴油机燃油系统的主要部件是日用油箱（柜）、粗滤器、燃油泵、截止阀和管路等，如图 6.1 所示。

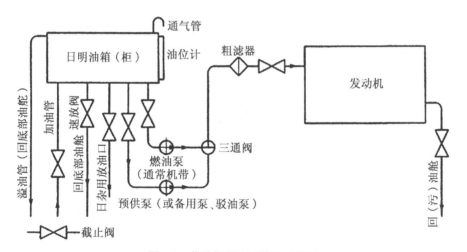

图 6.1　柴油机燃油系统组成简图

对于中速、中高速和高速柴油机，日用油柜及部分管路、阀门和粗滤器等元件通常设置在机舱内，其他元件如燃油泵和细滤器等大部分附设在机身上。图 6.2 为 12VE230ZC 型柴油机燃油系统简图。燃油从油柜中通过粗滤器进入输油泵，并通过细滤器到达高压泵，高压泵将燃油压力提高，经过高压油管到达喷油器，喷入缸内。

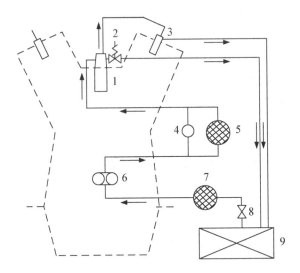

1—喷油泵;2—定压阀;3—喷油器;4—压差计;5—细滤器;
6—输油泵;7—粗滤器;8—单向阀;9—油柜。

图 6.2　12VE230ZC 型柴油机燃油系统

柴油机的燃油系统应具有以下性能:

(1) 每一台柴油机均应设置日用燃油舱(柜),辅柴油机一般也应设置日用燃油柜。目的是提高系统的独立性,并向柴油机提供经过燃油储存舱沉淀净化的燃油。油柜的容量通常应满足柴油机在持续功率下运转 4 h 的耗油量。发生事故时,为了能迅速关闭阀门、中断供油迫使柴油机停车,油柜的出口阀通常采用旋塞阀门,目前已广泛采用遥控的速关阀。

一般高位式日用燃油柜至少应设有靠近底部的进油管、出油管和供日常清洗用的放油口,位于底部的放污油管,可迅速将燃油排至燃油舱的速开阀和速放管,位于顶部的通气管,油位计,以及相应的各种阀件等。

(2) 低压燃油泵是维持柴油机不间断运转的主要设备,一般直接装在柴油机上。主柴油机的低压燃油泵应至少能分别从两个日用燃油舱(柜)吸油,以提高系统转换的可能性。为了实现起动前燃油系统的预供油和放出系统内的空气,系统内还设有燃油预供油泵,可以是电机带动,也可以是手动。在某些高速主机中,考虑到预供油泵仅仅在起动时短时使用,因而采用短时工作制电机,以减小其质量和体积。

(3) 根据系统独立性的要求,每台主机的燃油系统各自组成单独的系统。但是,由于燃油输运泵可以从两个油柜吸油以及预供油泵可以向任何一台主机供油,因而在主机燃油系统的进出口管路上往往设有和其他主机相通的连通管,其间装有截止阀。连通管的设置提高了系统转换的可能性,但增加了管路的复杂性。

（4）定期测定主机的燃油耗油率是判定推进系统工作质量和了解主机负荷的重要方法。柴油机燃油系统中,一般都设有测量燃油耗油量的设备,如量筒式测量计或精密的流量计等。

2. 全舰燃油系统

为满足舰船续航力的要求,舰船必须携带足够数量的燃油并储存在若干个燃油舱内,各燃油舱的使用顺序要按规定依次使用,其目的是防止舰船引起不必要的倾斜和倾差,并利用燃油舱的装载状况去调整舰船的漂浮状态。全舰性燃油系统由储存、驳运及装卸燃油的管路、设备组成,如图 6.3 所示为某四机四桨高速艇全舰燃油系统。

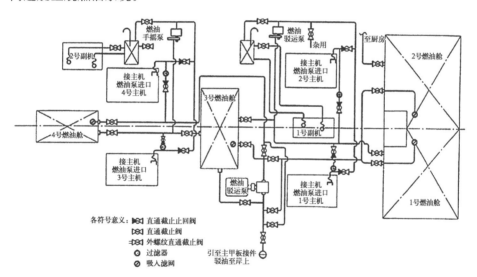

图 6.3　全舰燃油系统实例

某些舰船中,当燃油舱兼作海水压载舱时,为了净化燃油还设置了燃油分离净化装置。全舰燃油系统的主要元部件性能及布置应满足以下要求。

1) 燃油舱的容积、数量及其设备

燃油舱的总容积是根据舰船续航力要求确定的,燃油储量应能满足舰船战技术性能要求的续航力和自给力。实际的油舱布置,应该考虑舰体生命力的要求。为了减小自由液面以提高舰船的稳性,可用纵向隔壁将底舱分隔成 2～3 个油舱。因此在中、大型舰船上,燃油舱的数量可能多达十几个。计算燃油舱的容积时,要在其实际容积的基础上乘 0.85~0.9,因为要扣除舱底的污油和抽不到的死角区。

每个燃油舱都设置了和燃油总管连通的阀件,燃油的注入或吸出都要通过此阀件,其启闭由装在舱壁外的把手控制或可自动遥控。每个油舱还装设了通气管和测量管,通气管装在油舱的顶部且通至上甲板,使油舱空间和大气相通,以避免舱内燃油蒸气压力过高而使舰体变形或引起爆炸。测量管供测深尺测量油舱油量之用,燃油系统的各油舱内还设有油位计。为保证油舱清洁、舰体维修等方面的需要,燃油舱还开设有人孔盖。

2) 燃油驳运泵

燃油驳运泵又称导移泵,其作用是调驳各油舱的燃油或将燃油驳送至船外。驳运泵一般设置在主机舱或副机舱内。当有两台以上驳运泵时,为提高生命力应尽量分别布置在两个舱内。为了便于操纵和转换,驳运泵的管路阀门应尽可能集中布置。

驳运泵的排量通常应能满足在 1 h 内充满所有的主、副机日用油柜,其压力根据输送管路的流动阻力而定。当驳运泵兼作主机备用燃油泵时,压力应满足主机燃油系统工作压力的要求。

3) 燃油总管

燃油总管将各储油舱与驳油泵、日用油柜连接成一体,构成全舰性燃油系统。

燃油系统通常分成若干组油舱,中间设置隔离阀,各组油舱的燃油可以相互调驳,也可向日用油舱调驳,但组内各油舱间不能互驳,要通过另一组油舱倒驳。规划同一个机舱内的燃油管系时,要考虑系统间的相互支援,以提高生命力。

系统中还应设置多个甲板注入套筒,以向各油舱加油或将燃油驳运至舷外。每个燃油舱的抽出口应当配置隔栅,其位置应靠近舯部并高于底部相当距离,以防止舱内的积水和杂物被吸入管路。

6.2.2 滑油系统

1. 滑油系统的任务和组成

滑油系统的任务是向原动机、传动装置及推进系统中的其他设备(如主推力轴承等)供应充足的、合乎要求的润滑油。合乎要求是指滑油系统中润滑油的品质、油压、油温、油量都应达到规定的要求。

滑油系统的组成包括日用循环滑油舱、备用滑油泵、粗滤器、细滤器、滑油冷却器、管路和检测仪表等,考虑到主机更换清洁润滑油及储存脏油,有的还设有备用滑油舱和污油舱,如图 6.4 所示为某舰柴油主机的滑油系统,图中主机舱双层底内设有日用循环滑油舱。

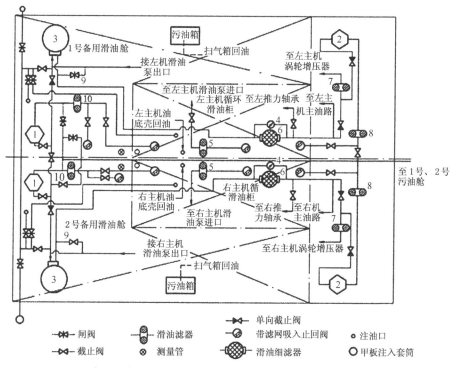

图 6.4　滑油系统

1—备用滑油泵;2—增压器备用滑油泵;3—滑油冷却器;4—压差表;
5,7,8,10—双联粗滤器;6—细滤器;9—闸阀/截止阀。

经主机各部位润滑后的润滑油掉入油底壳,靠重力由油底壳流回各自的日用循环滑油柜。主机的机带滑油泵从循环滑油柜吸油。为保护滑油泵,在进口管路上装有粗滤器 5,润滑油加压后流进滑油冷却器 3、细滤器 6 后分三路:一路去润滑主推力轴承;另一路进入主机润滑各运动机件;第三路经过滤器 7 进一步滤清后润滑废气涡轮增压器的转子部件。为了调节润滑油温度,在冷却器进出口管路上装有连通管,由闸阀 9 控制。

除了以上主循环油路外,系统还设置了备用滑油泵 1,一旦机带滑油泵发生故障,系统油压降低时,备用滑油泵可以继续向柴油机供应润滑油,以维持其正常运转。备用滑油泵在这个系统中还兼作起动时的预供油泵之用。由于柴油机起动或低速工作时,主油路油压较低,不能供应涡轮增压器足够量的润滑油,为此,系统单独设置了涡轮增压器备用滑油泵 2。为了避免操作上的失误,该油泵的起动、停车由控制箱自动控制。柴油机起动前,接通控制箱电源,并将操纵台上的控制开关拨向"自动"位置,增压器备用滑油泵即进入自动控制工作状态。

2. 滑油系统的类型

柴油机滑油系统按储存循环滑油的位置不同分为湿式循环系统和干式循环系统两大类。

1) 湿式循环系统

该系统的特点是循环滑油全部储存在柴油机的油底壳(下曲柄箱)内,机舱内不再设置循环滑油柜或滑油舱。湿式循环系统结构比较紧凑,所有系统设备几乎全部附设在机身上,特别适合于小型柴油机和车用柴油机。湿式系统在现代舰用柴油机中应用较少,其主要原因如下:

(1) 储存于曲柄箱中的润滑油长期处于从活塞和缸套间隙中漏下的燃气的包围之中,加上舰船摇摆时油面的晃动以及连杆、曲柄等运动机件与回油撞击,会产生很多泡沫,加速了润滑油氧化变质的速度。

(2) 为了使润滑油有一定的使用时间,油底壳中的润滑油每小时的循环次数不能过大,为此,油底壳要占有较大的容积。因此湿式循环系统的柴油机曲轴中心以下的尺寸较大,给柴油机在机舱中的布置造成了困难。

(3) 舰船机舱不像车辆那样狭小,权衡利弊,采用干式循环系统,将润滑油储存于外设润滑油循环滑油柜较有利。

2) 干式循环系统

干式循环系统中主机的油底壳只起汇集润滑油之用。由于循环滑油柜设置在主机之下,只要回油管的流通面积足够大,润滑油便能顺利通畅地流回滑油柜,不需设置抽油泵。干式系统减少了润滑油和空气接触的机会和时间,因此避免过早地被氧化变质,延长了润滑油的使用寿命,适合于大中型柴油机。

如图 6.5 所示为干式滑油系统的布置。抽油泵将曲轴箱内的润滑油抽出,并经粗滤器 7 和滑油冷却器进入滑油柜储存。压油泵从滑油柜中抽出润滑油,其中的大部分经粗滤器 4 过滤后进入主油路,小部分在进入粗滤器前旁通至离心式滤清器净化后流回滑油柜储存。润滑油抽出曲轴箱及进入主油路的温度有温度表指示。两组粗滤器前后有压力表或压差表指示粗滤器清洁程度。主油路进口处有压力表指示供油压力。调温阀根据润滑油温度调节进入冷却器的润滑油量。供油泵用于停车后启动前经单向阀向系统充油或从曲轴箱抽出润滑油打入滑油柜,并可用于系统内外的润滑油转运。

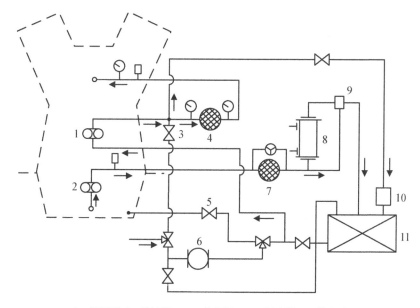

1—压油泵;2—抽油泵;3,5—单向阀;4,7—粗滤器;6—供油泵;
8—滑油冷却器;9—调温阀;10—离心式滤清器;11—滑油柜。

图 6.5　干式滑油系统

在柴油机使用管理中,必须重点检查滑油系统的工作情况,使润滑油的油压、油温、油量保证在正常范围内。如果润滑油压力达不到最低限值或发生压力急剧下降时,应立即停车,未排除故障不能重新运行。为了保证润滑油的油质,应按使用保养的要求使用规定牌号的润滑油,定期化验或更换润滑油。

在某些小型舰船中,受机舱高度的限制,循环油舱难以安排在主机的下面。而某些高速机由于循环油量不大,设置的循环滑油柜的体积也不必太大,布置在机舱内较为有利。因此在这些舰船上的循环滑油柜往往设置在柴油机的一侧,为了使油底壳中的润滑油能及时流回滑油柜,另设抽出泵,以抽取油底壳中的润滑油,使其流回循环滑油柜。

干式系统克服了湿式系统存在的缺点,但系统较复杂,还增加了循环油舱(柜)和抽油泵。但总的来说,在舰船动力装置中柴油机选用干式循环系统比较有利。

6.2.3　冷却系统

柴油机工作时,有 $25\%\sim35\%$ 的燃烧热量由燃烧室组件散出。为了保证这些零件正常工作,必须及时散发这部分热量。冷却系统的任务就是供应充足的、温度适当的冷却水,以冷却柴油机的受热零件及其润滑油、进排气和轴系等部位。

按冷却方法通常可分为三类:开式冷却系统、闭式冷却系统及加压冷却系统。

1. 开式冷却系统

开式冷却系统是把舷外海水直接引入柴油机,冷却受热机件后又排至舷外的系统。

如图 6.6 所示为某开式冷却系统的布置。舷外海水经通海阀、进水阀、海水过滤器和单向阀进入海水泵。加压后的海水先进入滑油冷却器,冷却润滑油后进入气缸、气缸盖和排气管,最后由阀 12 排出舷外。海水泵出口有一分支水管 9 引海水至涡轮增压器进行冷却,然后排至舷外。冷却主管进口处有压力表和温度表,出口处也有温度表以显示系统的工作情况。阀 10 用来调节进口水温。阀 6 用来调节润滑油温度。各缸气缸盖出口阀 14 用来调节流经各缸的冷却水流量。

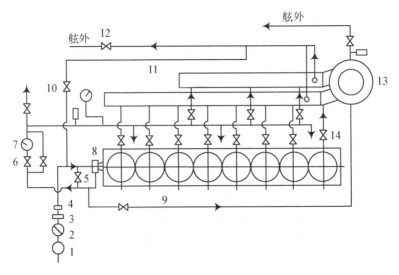

1—通海阀;2—进水阀;3—海水过滤器;4—单向阀;5,6,10,12,14—阀;
7—滑油冷却器;8—海水泵;9,11—水管;13—涡轮增压器。

图 6.6 开式冷却系统

开式系统具有以下特点:

(1) 系统简单、元件少,便于布置和管理。

（2）海水直接进入冷却水腔,海水中的细小杂质及盐类容易在水腔中沉积形成水垢,从而影响散热。

（3）海水的腐蚀性强,为了防腐,系统中要有效地设置防腐锌块。

（4）为了减少盐分的析出,海水温度要控制在 55℃ 以下,这就导致柴油机燃烧室的零件内外温差加大,使机件热应力增加;另外较低的水温必将使散热量增加,降低了柴油机的热效率。

由于以上原因,这类冷却系统不适用于现代高强载荷的舰船柴油机,在舰船上的应用日趋减少,但目前在部分扫雷舰上仍有这种系统。

2. 闭式冷却系统

闭式冷却系统由海水系统及淡水系统两部分组成。用淡水冷却柴油机,构成一个封闭的淡水循环系统,淡水从柴油机中吸热后,再由海水经淡水冷却器将淡水的热量带走,构成一个开环的海水循环系统。简单地说,闭式冷却系统就是海水冷却淡水,淡水冷却机器。

如图 6.7 所示为闭式冷却系统布置。淡水泵将淡水压入气缸、气缸盖进行冷却。排出的冷却水经调温阀进入淡水冷却器降温后回至淡水泵进口。系统中设有膨胀水箱使冷却剂与大气相通,用来补充系统中淡水的消耗并排除系统中

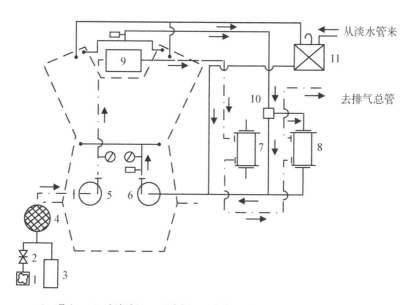

1—吸入口;2—闸门阀;3—通海阀;4—海水过滤器;5—海水泵;6—淡水泵;
7—滑油冷却器;8—淡水冷却器;9—空气冷却器;10—调温阀;11—膨胀水箱。

图 6.7　闭式冷却系统

的空气。海水泵压出的海水先至空气冷却器冷却增压空气,依次流至滑油冷却器和淡水冷却器,最后冷却排气总管后排出舷外。

闭式冷却系统中淡水泵的位置必须合理布置,正确的布置应该是使淡水泵的出口直接通向柴油机,可以对柴油机进行强制冷却,冷却效果好。不正确的布置是将淡水泵进水口直接连着柴油机的出水管,一方面由于柴油机的出水口处水温高,在泵进口处易于汽化,对水泵叶轮造成汽蚀,另一方面可能造成供水不均,且水中有气泡影响机件的冷却。

闭式冷却系统的主要特点如下:

(1) 冷却柴油机的介质是淡水,含盐少,工作水温较高。通常可以将进口水温提高到 60~75℃,出口水温保持在 70~85℃,最高不超过 90℃ 以防止淡水沸腾,这对减小燃烧室组件的热应力和提高热效率都是有利的。

(2) 由于采用淡水,腐蚀性大为降低。若在淡水中加入适量的防蚀剂(如NL 型乳化油),会使系统的防蚀性能大大增强。

(3) 由于冷却系统分成淡水系统和海水系统两部分,使系统变得复杂。又由于增加了淡水泵、淡水冷却器及膨胀水箱等元件,使管理的工作量增加。尽管如此,闭式冷却系统的优点十分突出,能提高动力装置工作的经济性和寿命,因而在舰船柴油机中得到了广泛应用。

3. 加压冷却系统

该系统是在闭式冷却系统的基础上,将淡水膨胀水箱密封,并引入一定压力的空气,使淡水系统在较高的压力下工作,淡水的沸点高于 100℃,进而可以提高淡水的出口温度,更有利于高强载荷柴油机的工作。

6.2.4　压缩空气系统

1. 压缩空气系统的功用和组成

压缩空气系统的任务是供给动力装置各用气设备一定压力和流量的压缩空气。压缩空气是舰船上一个重要的动力源,动力装置需要压缩空气的地方很多,包括如下内容:

(1) 柴油机起动。中、大功率柴油机由于起动转矩大,多采用压缩空气起动。

(2) 柴油机换向。直接回行柴油机换向时,通过压缩空气实现轴系制动(刹轴)和更换凸轮轴正倒车凸轮的目的。

(3) 离合器操纵。间接回行柴油机动力装置中,常用压缩空气实现离合器的正、倒车或空车的操纵。轴系中有气胎离合器时用压缩空气实现离合器的接合或分离。

（4）灭火站的驱动气源。舰船上广泛采用 1211 灭火剂，由于它在常温下的饱和压力不大，需要用压缩空气驱动才能保证快速释放。

（5）其他用途。如向淡、海水压力柜充气，冲洗海底门，供机舱动力设备检修时吹洗零件等。此外压缩空气系统还要供应全舰其他部位用气，如火炮、导弹发射、汽笛、炉灶等。

压缩空气系统的组成主要包括空气压缩机、空气瓶、空气过滤器、气水分离器、减压阀、安全阀、监测仪表、管路等。

大功率柴油机一般用压缩空气作为启动动力源，这种启动系统的组成除上述设备外，还包括启动速开阀、稳压气瓶等。压缩空气启动系统从动力装置机动性的角度考虑，主机具有各自独立的起动空气系统，当每个机舱有两台以上主机时，系统管路必须保证至少有两台主机能同时起动；从动力装置生命力的角度考虑，空压机能向任何一组气瓶充气，起动空气瓶能向任意一台主机供应压力空气，空气瓶之间有连通管，并装有隔离阀。

2. 压缩空气系统的主要元件

1）空气瓶

空气瓶分为高压气瓶和中压气瓶。高压气瓶为整体锻制，成瘦长状，全部附属设备集中布置在气瓶头部，通常直立地放置在机舱内。中压气瓶用钢板焊成，其附件可分散在瓶身各处。所有气瓶上除装充气阀外，还应安装压力表、测压阀、安全阀及放水阀等设备。

柴油机启动空气瓶的总容量取决于启动空气瓶的工作压力、每启动一次所需的自由状态的空气容积以及启动空气瓶在一次充气情况下的启动次数。空气瓶的数量视用途而定。除主机起动空气瓶外，还应设置一定数量的杂用气瓶和其他专用气瓶，以满足用气设备的需要。

2）空压机

空压机是提供气源的设备。在舰船上应不少于两台（小艇除外），且应尽量分置在两个舱室内。空压机的总排量应保证在 1 h 内从主机最低起动压力开始将空气充到最高压力。

压缩空气系统使用管理中应注意保证压缩空气瓶有足够的压力。气瓶压力不足，应及时充气，充气后各阀门位置应正确。对漏气过快、过多的气瓶，应及时检查并排除故障。

6.2.5　进排气系统

1. 进气系统

柴油机进气系统的任务是向柴油机提供充足的合乎要求的新鲜空气。柴油机的进气方式分为两种。一种是由机舱直接进气的机舱进气方式,这种方式几乎没有进气管路,进气消声器常设置在空气压气机的进气口处,和增压器构成一体。第二种是直接由舷外通过进气管吸气的舷外进气方式,这种方式机舱进气噪声小,可以完全避免污染,但进气管路过长,使进气阻力增加,结构布置复杂。全封闭机舱便采用舷外进气方式。

机舱进气口的位置应能防止雨水和海浪进入,并应避开发动机与通风机的排气口和锅炉的排烟口。

2. 排气系统

柴油机排气系统的任务是将柴油机燃烧完的废气排到柴油机外的大气中。

每台舰用柴油机应有独立的排气系统。排气系统常见的类型有以下几种,如图 6.8 所示。

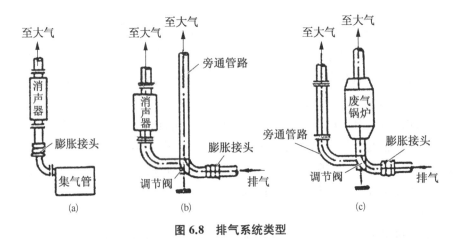

图 6.8　排气系统类型

(1) 废气经膨胀接头和消声器排至大气[见图 6.8(a)]。排气系统中都安装有膨胀接头,膨胀接头通常采用波纹形结构又称波形补偿器,其功用如下:

(a) 允许排气管膨胀。柴油机工作与不工作时,排气管温度变化很大,会产生相当大的热胀冷缩。如果将排气管两端都刚性固定,则由于没有变形的余地而使接头处损坏。

（b）实现排气管弹性连接。当柴油机安装在隔振座上以后，柴油机的振动将会增大，此时所有连接管系（包括排气管）都必须是弹性连接，否则将影响柴油机的隔振效果和管系连接的可靠性。膨胀接头可满足弹性连接的要求。

（c）起隔振隔声的作用。若排气管刚性连接，振动和噪声会通过管系传给舰体再向水中辐射，采用弹性连接，可以衰减振动和噪声的能量，抑制其传播。

（2）在消声器处增设旁通管路，由调节阀（又称二路门）控制，废气可通过消声器或直接排至大气［见图6.8（b）］。由于设置排气消声器增加了排气背压，会影响柴油机的功率和经济性。这种类型是在一些高速快艇中采用的排气系统，低速巡航时使用消声器，高速航行时废气则不经消声器而直接排至大气。

（3）在排气管路上装设废气锅炉以回收废气能量［见图6.8（c）］。由于废气锅炉能降低排气能量，当设计得当时，具有消声器的同等效果，因而在这类排气系统中不再装设消声器。这类系统多应用于辅助舰船及民用船舶中。

在一些小型舰船中，由于布置上的原因，常采用舷侧水下排气系统。排气口要求埋入水下的深度为0.5～1 m。为了防止海水倒灌，要求在排气出口处安装排气挡板，且舰体内排气管最高位置距水面应不小于0.5～0.75 m。这种排气系统可大大降低空气噪声和消除排烟火花，但向水中传播的噪声会增大。

6.3　燃气轮机动力装置主要管路系统

舰用燃气轮机动力装置中有一些系统是随燃气轮机本体设置的，有一些系统是由造船厂配套的，如进排气装置、箱装体、燃油系统、滑油系统、起动系统及点火系统等。这里只介绍为了保证机组起动和正常稳定运行而设置的箱装体外的系统。

6.3.1　进排气装置

进排气装置由三大部分组成，分别为主进气系统、冷却空气系统和排气系统。

1. 主进气系统

主进气系统包括进气除湿器、进气室、进气消声器和进气管路。对进气系统的要求是保证进气清洁，降低进气噪声，尽可能低的进气阻力。

进气除湿器由金属丝网除湿器和迷宫型水气分离器组合而成,它能除去空气中的水分和盐分。在进气除湿器下面有清洁总管,设有均匀分布的喷口。当除湿器污染时,可在清洗总管内引入消防水系统的压力水清洗。

进气室由舰体结构构成,形成一个稳定的均匀流场腔室。

进气管道的内壁有吸声材料以减少进气噪声,还可安装更换燃气发生器的轨道,并设有人孔以便操作。消声器内装有消声板,也是燃气发生器更换的通道,一般用抗冲击支座安装在甲板上。

2. 冷却空气系统

冷却空气系统包括冷却空气除湿器、冷却空气进气室、冷却空气管路及冷却空气进气挡板。冷却空气经由该系统进入箱装体,然后从排气管排出。冷却空气的除湿器结构与进气的除湿器相似。

冷却空气管分为两路:主管上装有空气挡板,当燃气轮机工作时,空气挡板打开,冷却空气经它进入箱装体,利用燃气排气引射器的抽吸作用,将冷却空气吸入排气管,随燃气一并排入大气,借以降低排气温度。冷却空气挡板在停机时关闭,可保持箱装体内的温度。

支管中装有轴流风机,主要用于燃气轮机停机后冷却箱装体内部。轴流风机工作时,冷却空气挡板是关闭的。

3. 排气系统

排气系统中燃气的流向是排气引射器、排气管、烟囱,而后排向大气。排气管与甲板间有密封装置,保证机舱密封。进排气管都用橡胶和金属支撑固定,使管路具有抗冲击性、允许有热膨胀、还具有一定的隔声作用。在整个装置中,有一套监控系统对各组成部分的状态进行监控。

如图 6.9 所示为某燃气轮机的进排气装置。由于燃气轮机在生成燃气的燃烧过程中所需要的新鲜空气要比柴油机多得多,因此进气口占用的甲板面积相当大,给上甲板的布局带来很大的困难;其排气温度也较高,容易形成较明显的热红外场特征,因此需要采取有效的技术措施,降低排气温度。

6.3.2 防冰系统

为防止进气管和进气室中结冰,专门设置防冰系统。由结冰探测器、信号处理器、空气加热管系组成。

当大气温度低时,可由多级轴流压气机的某一级处分流出一部分高温空气,经加热空气管系喷入进气舱和燃气轮机进气管中,使进气加热。

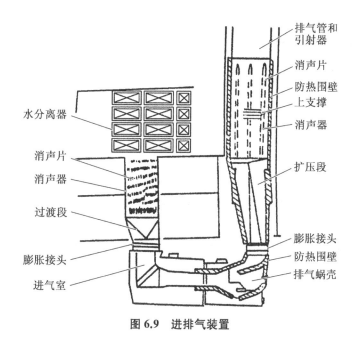

图 6.9　进排气装置

6.3.3　燃气轮机的空气起动系统

燃气轮机采用空气起动机起动,其简图如图 6.10 所示。

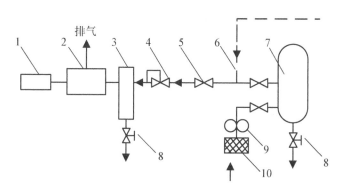

1—附件齿轮箱;2—空气起动机;3—空气过滤器;4—压力调节阀;5—关闭阀;
6—备用空气管;7—储气罐;8—排污阀;9—空气压缩机;10—进气滤网。

图 6.10　空气起动系统简图

空气压缩机把由进气滤网吸入的空气压缩后存入储气罐,达到一定压力后自动停机。空气罐中的积水和积油可经底部排污阀排出。当要起动燃气轮机时,打开阀 5,压缩空气经压力调节阀以恒定的压力经空气过滤器进入空气起动机,压缩空气产生的输出功率经附件齿轮箱传到燃气发生器转子。当达到一定转速后关闭阀 5,起动机停机。当空气压缩机和空气罐不能供气时,可利用邻近机组的气源或其他气源,经备用空气管供气。

6.3.4 燃油系统

燃油系统的功用是接收岸补或海补输入的燃油;完成各燃油舱之间的传输和调驳;向其他舰船输油。其主要设备有电动燃油输送泵、手摇泵、输油管系等。

电动燃油输送泵布置在前、后机舱中,以便进行各燃油舱燃油的驳运。燃油手摇泵在各机舱中都有,供日用取油使用。各油舱液位在控制台上有显示。在集控室可实施燃油舱和日用燃油箱间的遥控输油。在岸补或海补时,燃油可经甲板注入套筒进入受油舱。

燃油由燃油舱抽出后,经离心式分油机,去除了其中的水分和杂质后,进入日用油箱,经双联式燃油粗滤器由燃油电动泵吸出,经过加热器、聚水型过滤器、流量表和各阀门,进入重力油箱,供燃气轮机的燃油增压泵吸用。

高置的重力油箱起稳定供油压力的作用,其容积可保证机组全工况运行 10 min 的用油。在聚水型滤器出口还用桥管与另外燃气轮机的相同位置连接,以保证各机组供油用。

另外还设有应急电动泵作为备用。油位、油温、油压的监控都可在集控室进行。

6.3.5 滑油系统和滑油冷却系统

1. 燃气轮机滑油系统

燃气轮机组的润滑油由滑油储存和处理装置供给。

滑油储存和处理装置由滑油箱、滑油冷却器、回油过滤器、温度传感器等组成,独立成一单元体,布置在燃气轮机箱装体旁边。滑油箱中的润滑油由船上滑油系统供给。机组中的滑油供油泵将滑油箱中的润滑油吸入,加压后,供机内各润滑部位使用。机上回油泵再将各处回油抽出,返回滑油储存和处理装置过滤和冷却,处理后再由机组循环使用。

2. 传动齿轮箱滑油系统

齿轮箱外部的滑油系统由下列设备组成:电动滑油备用泵、海水泵液压泵、海水泵液压电动机、滑油冷却器、滑油加热器、滑油过滤器、燃气轮机滑油储存和处理装置的冷却器、滑油输送泵和滑油污油泵等。

3. 滑油冷却系统

当推进装置工作时,海水泵从海底阀吸入海水分别冷却齿轮箱润滑油、轴系中间轴承、艉管和燃油回油。当该海水泵损坏时,则用消防泵做应急泵,以应急供应冷却海水。

6.3.6　燃气轮机水清洗系统

水清洗系统的作用是清洗压气机通流面积中的盐分和污垢,以保持压气机的效率不下降,燃气轮机水清洗系统如图 6.11 所示。

水清洗在燃气发生器盘车状态下进行。清洗液箱或清水箱中的液体由电动泵抽出后,输进装在压气机进气道上的水清洗管并由喷嘴喷出,以冲洗压气机的叶片和机匣内壁。冲洗完毕后由泄放系统排出。

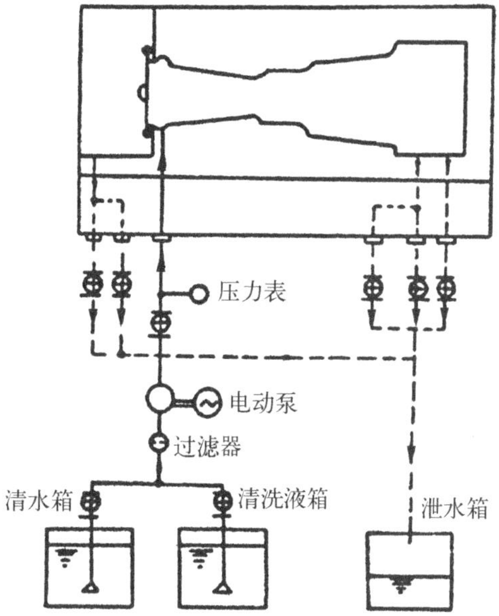

6.3.7　灭火系统

图 6.11　燃气轮机水清洗系统

燃气轮机组的灭火系统由火警探测系统和灭火剂释放系统组成。

火警探测系统由 3 个火焰探测器、1 个火焰探测信号处理器和 2 个温度开关组成。紫外线火焰探测器自动探测箱装体里出现的火焰,并产生一个电信号送到信号处理器,再将信号提供给集控室。温度开关安装在箱装体的内板上,温度超过规定值时,温度开关闭合,并给舰上灭火系统发出报警信号。

灭火剂释放系统由二氧化碳储气罐、二氧化碳喷嘴、灭火释放封闭开关和二氧化碳释放开关等组成。二氧化碳释放开关安装在箱装体出入门外面,当手动打开开关时,二氧化碳立即喷入箱装体内。灭火封闭开关装在火警报警按钮上方,当它处于不起作用的位置时,可阻止二氧化碳喷出。

灭火系统起作用的同时,机组自动完成下列各项动作:机组停车,切断燃油供给,关闭箱装体的冷却风扇和空气通风挡板,火警警报器发出声响信号,箱装体照明灯出现闪光等。

习题

1. 动力装置管路系统是如何分类的？其组成是什么？对动力管系的一般要求有哪些？

2. 燃油系统的一般组成是什么？走向如何？

3. 滑油系统的一般组成是什么？走向如何？

4. 冷却系统的功用是什么？有哪几种类型？各有何特点？

5. 比较柴油机动力装置与燃气轮机动力装置管路系统的异同点。

第7章 动力装置总体设计与机舱规划布置

从系统顶层设计的角度来看,舰船动力装置设计就是根据舰船使命任务及其适配战技术性能对动力装置提出的要求,制订一套能够满足这些要求、切实可行的、工程可实现的设计方案。因此,动力装置总体设计是建立在对原动机、传动装置、推进器三大环节充分掌握以及深入理解船体-推进器-主机相互作用基础上的系统级任务,是一个不断迭代、调整各项性能指标权重的动态过程。机舱规划就是动力装置主体设备依托船体载体具象化的落地过程,既反向约束动力装置的性能发挥,也在一定程度上影响设备的选型、安装、布置和维修。机电人员在执掌使用动力装置的逆向过程中,为了最大限度地挖掘动力装置性能,需充分理解总设计师的设计意图和设计导向,不断地对所属设备进行优化改进。

7.1 动力装置总体设计

舰船动力装置的总体设计必须依据舰船的主要战技术性能,按照舰船动力装置设计的具体内容、方法和步骤,根据舰船动力装置的类型及其特点,确定较佳或最佳的动力装置方案,完成具体设计任务。

7.1.1 动力装置设计的内容

动力装置总体设计的任务是根据舰船战技术性能对动力装置提出的要求,制订一个能够满足这些要求的、切实可行的,能够直接依据它进行生产的工程设计。而舰船动力装置又是由数量众多、用途不同的机械和系统构成的综合系统。在这个大系统中,又可分成若干个相互独立的装置和系统,每一部分侧重于实现动力装置的某些战技术性能或它们的局部。因此,动力装置设计应包括如下内容:

(1)确定应当配置哪些装置和系统,各自应具备的性能、数量和主要的结构形式。

（2）各装置、系统的最佳配置与安装方案。

（3）所有设备与系统的全部安装施工图纸。

（4）提供动力装置的总体方案、各装置、系统及设备选型、设计的论证书与计算书。

（5）各装置和系统的使用方案。

（6）所有设备的明细表等。

应当注意的是，设计方案所确定的装置和系统中属于系列化的元件，应注明规格、型号，同时提出订货清单。对非系列化和非标件，则应同时完成这些元件的施工设计图。

7.1.2　动力装置设计的依据

原则上说，动力装置设计的依据是舰船的有关战技术性能。具体地说，设计一艘新型舰船的动力装置的依据是舰船设计任务书。舰船设计任务书中对舰船的战技术性能提出了明确且具体的指标、要求和有关的规定，同时还指出了进行设计时必须遵循的各种约束条件。

7.1.3　动力装置设计的步骤和方法

上面介绍了设计一艘新型舰船动力装置的情况。有时还会遇到下述两种情况：一是对一些现有的舰船做现代化改装；二是一艘新建造的舰船经过实践考核后，尚需对其中的一些设备和系统进行修改设计或定型设计。在这三种情况中，设计一艘新型舰船的工程最大。但无论是哪一种情况，动力装置的设计步骤一般均分为三个阶段来完成。

1. 方案设计

方案设计也称为初步设计或方案论证。概括地说，它的任务是根据舰船设计任务书的要求，经过详尽的分析比较，提出一个最合理的、原则性的动力装置方案，并原则上确定其主要的技术措施或途径，提供必要的论证材料、计算资料和附图。因此，方案设计是动力装置总体设计中首要的环节，它为以后的所有工作提供了主要依据。

方案设计完成后应提供的文件大体上有下列几项：主动力装置选型论证；主动力装置传动方式选型论证（含必要的原理简图分析）；轴数的确定及依据；推进器主要参数的确定及依据；主机选型论证；传动装置选型论证；轴系初步设计

（含平面及纵剖面图）；机舱规划；主机在机舱内的布置与安装（包括隔振座、消声器、进排气道的配置）；主机附属系统中主要元件的选型论证；动力装置自动化方案；机舱平面布置图、横断面和纵断面图；动力装置质量、质心估算；续航力、自持力计算，主动力装置的使用方案；电站选型论证及工作制；其他有关辅助装置的选型论证等。

　　要使方案论证具有高的质量，必须充分理解舰船设计任务书中的每一项要求，区分主次。在此基础上，广泛收集和分析同类型舰船的设计方案，了解国内可能提供的有关产品的规格、性能（包括已经生产和经过短期研制就能提供的新产品），加工动力装置中某些特殊零部件的能力（如新材质、新工艺等），以及合理地吸取国内外的设计经验和实际使用经验，提出一个切实可行的设计方案，兼有先进性、现实性和合理性。总之，在同样的物质条件上，设计者的水平对方案的质量起着决定性的作用。

　　需要说明的是，舰船的总体设计思想对确定动力装置方案论证起着决定性的作用。例如，在第二次世界大战期间舰船设计的优先顺序为武器、动力、电子、续航力、居住性。这是因为当时对舰船的航速要求很高，动力装置的功率十分大，必须占有较多的容积和排水量，其地位仅次于武器。随着科学技术和武器的发展，导致了现代海上作战方式的变化，舰船逐渐成为一个装载导弹、飞机和控制操纵它们的电子设备的海洋活动武器平台，因此舰船航速的战术价值相对降低，大量轻型电子设备的装舰使用，使现代舰船从过去的质量饱和状态变成空间饱和状态，迫使动力装置再也不能占有过去那样大的舱室容积。另外，动力装置本身性能的提高，使它在同样功率下占据的体积明显地缩小。因此，20 世纪 70 年代后，舰船设计的优先顺序为电子、居住性、续航力、武器、动力装置。此外，由于电子设备的迅速增加、采用全封闭方式和对居住性的要求大大提高等因素，特别是今后高能武器的使用，极大地提高了对电站功率的需求。这些变化趋向在动力装置设计中应给予充分的重视。

　　2. 技术设计

　　技术设计是方案设计的具体化。技术设计是根据方案设计所确定的主要技术措施、选型及布置方案，提出动力装置详尽的计算书、说明书、明细表及安装布置图。总之，除个别的枝节问题外，主要技术问题都要在这个阶段内全部解决。因此，这个阶段的工作量是最大的。

　　技术设计又是从方案设计到施工设计的不可缺少的中间环节，它的所有文件和图纸应当符合有关规范的规定（如我国的《钢质海船建造规范》《舰船建造规范》等),同时又有利于施工设计和造船厂进行生产准备。

技术设计的主要内容:确定推进装置中各部件的结构、性能、数量、布置、安装方式等;轴系、动力系统的各种计算书;各种辅助装置的设计、选型及计算书;各种非标专用设备(如消声器等)的设计;电站的计算、布置及安装方式;编制有关技术文件如轮机说明书、电站负荷计算书、各种备品明细表、各种图纸及文件的清单和目录、试车试航规程、各种工具清单、订货明细表等。

3. 施工设计

技术设计经审批后进行施工设计。它是把技术设计所确定的全部装备和系统按规定安装在机舱和相关舱室内,并用已确定的管道、电缆等把有关设备连接起来的工艺措施,以施工图纸表达,同时还应完成施工中有关的工艺文件及试车试航大纲。总之,依据施工设计完成后的施工图纸和文件,能顺利地建造出一艘符合设计任务书要求的新舰船。

方案设计与技术设计有密切的联系。技术设计中往往会出现一些在方案设计时未能预先考虑的问题,如产品供应的约束、所选用的某些设备的性能和技术参数指标与方案设计要求不符等。如果这类问题对整体性能有较大影响,则要修改方案设计。

技术设计与施工设计也有密切的联系。例如技术设计确定的某项设备的位置和安装要求,由于施工设计中有不可克服的困难或者难以实现,这时就必须对技术设计做一些修改。为了使这种情况减少到最低限度,一方面要求技术设计必须具有合理性和现实性;另一方面常常把技术设计中的有关部分与施工设计同时进行。

动力装置总体设计的过程是一个不断出现矛盾和不断解决矛盾的过程,设计一艘新型舰船时尤其如此。设计过程中各种因素各种性能相互影响,常常牵一发而动全身,要随时做大量的局部调整和修改,才能使设计趋于完善。

7.2 机舱规划与布置

机舱规划与布置包括两部分:一是确定机舱在舰船上的数量、位置和大小等内容的机舱外部总体规划,即机舱规划;二是确定机舱内部各种机械、设备和管系的合理安排,即机舱布置。

对舰船动力装置的战技术性能的要求是进行机舱规划与布置以及对既定的机舱规划与布置进行评价的主要依据。进行机舱规划与布置的全过程,就是舰船动力装置战技术性能要求在机舱规划与布置中落实和体现的全过程。由于机舱规划牵涉全舰的总体布置,因此通常由舰船的总体设计师与负责动力部分的设计人员共同协调来合理地确定。

7.2.1 机舱规划

1. 机舱规划的任务

机舱规划的任务就是确定机舱的数量及其在舰体中的位置和大小,也就是在舰船上选择某一个或几个最恰当的水密舱段用以安装动力装置的主要设备,同时确定被选定的这一个或几个舱段的几何尺寸。这一个或几个舱段就称为机舱。

机舱的命名习惯上以机舱内安装的主要设备的名称来命名。如单纯安放主机的机舱称为主机舱;单纯安放发电机组(指副机)的机舱称为副机舱;主、副机混合安装的机舱称为混合机舱。汽轮机动力装置中的锅炉占有很重要的地位,必须用专门的机舱来安放若干个锅炉,该机舱称为锅炉舱。

2. 机舱的数量

舰船动力装置机械设备在舰船上所占用的面积和空间约为 15%～40%。如果动力装置机械设备的布局不合理或占用过多,势必会严重地影响其他重要装备和必要的生活设施的安排。反之,如果将动力装置机械设备排得太挤,就不能充分发挥其作用,甚至连日常管理都无法进行,实际上也影响了舰船的总体性能。

对大、中型舰船来说,由于动力装置的设备众多,一般不可能全部安装在一个或几个机舱内,因而还需要将一些承担专门使命、单独成套且总的体积尺寸较小的辅助动力装置安装在另外的舱室中,或者与非动力装置设备共用一个舱室。按照对舱室命名的习惯,有发电机舱、艉轴舱、舵机舱、锚机舱、冷藏舱、空调舱和备品备件舱等。

大、中型以上的舰船一般以单纯型机舱为主,因为它们的主机(有时还包括一部分后传动装置)或锅炉的体积很大,还要设置为其服务的配套辅助机械,很难再安排其他机械。通常还需要单独设置安放发电机组的副机舱。大、中型舰船的机舱都有 3 个以上。

对中型以下的舰船则大都采用混合型机舱。也就是在一个机舱内既安装主机也安装发电机组和其他辅助机械,例如空压机、减摇鳍、消防泵、淡海水泵、油料驳运泵等,以达到充分利用有限空间的目的。中、小型舰船的机舱一般在 3 个以下。

在确定机舱的数量时,还必须尽可能满足动力装置生命力的要求,当遭受武器的袭击而使某一机舱破损进水后,不应该100%地丧失推进动力或电源的供应。从这个角度考虑,对于中型以下的战斗舰船来说,采用2个或更多的混合型机舱,其生命力的综合指标比采用单纯型机舱要好。

水面舰船推进轴系的数量一般都是两套以上,也就是由主机及其后传动装置组成的推进模块的数量大于2个。在这种情况下,将它们分别安装在前后两个混合型机舱中显然是比较合理的方案。

总之,机舱的数量必然与推进模块的数量、推进模块的构成方式(主要是所选用的主机类型)有密切的联系,同时要满足生命力的要求。

3. 机舱的位置

动力装置机械设备的质量较大,约占舰船总排水量的12%~35%。因此机舱的位置对于舰船的质心位置有较大的影响。加之机舱的容积比其他舱室要大得多,因此它进水后对舰船的漂浮状态和稳性也有较大的影响。此外,机舱位置与轴系的倾斜角、轴系的总长度有直接的关系。考虑到这些因素,机舱的位置一般都在满足轴系倾斜角的前提下,安排在舰体中部的偏后位置。

机舱在舰船中所处的部位有三种,如图7.1所示。

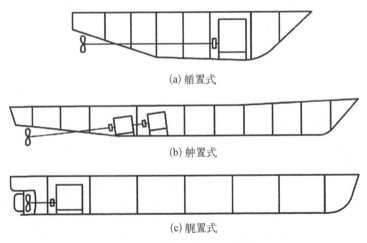

(a) 艏置式

(b) 舯置式

(c) 艉置式

图7.1 三种机舱部位的示意图

艏置式,安装动力装置主要设备的机舱靠近舰船的前部。用水螺旋桨推进的宽而短的小型高速滑行艇、气垫船等常采用艏置式。

舯置式,安装动力装置主要设备的机舱位于舰船的中部,一般是指机舱的前端靠近艉舯分面。绝大部分中型以下的舰船都采用这种布置方式。主要出于以下考虑：① 在满足艉轴倾斜角要求的同时，轴系的长度不至于太长；② 机舱内机械设备的质量很大，一般要占整个舰船的 15%～30% 甚至更多，将它们安排在舯部附近对保持舰船在漂浮状态下的正常倾差十分有利；③ 舰船中部的宽度最大，便于安排主机、后传动装置等外形尺寸比较大的设备；④ 从舰船生命力的观点和要求考虑，当相邻两个水密舱段同时因破损而进水时，在仍能正常地漂浮在水面上的同时，还必须满足三个基本要求，即尚具有一定的浮力储备，尚具有一定正值的稳定中心高，保持正确的漂浮状态。而相对于中型以下舰船来说，机舱的长度和水下容积在整艘舰船中所占的比例都相当大，因此，将机舱安排在舯部对满足上述 4 项要求十分有利。

艉置式，机舱的位置安排在舰船的尾部。这种布置方式在中大型及以上的舰船上采用较多。因为这类舰船尾部舱室的空间尺寸都比较大，可以将驱动螺旋桨的原动机及其后传动装置安置在内并能预留必需的维修空间。这种布置方式对以执行运输任务为主的需要大容量货舱（或液体舱）的军辅船只尤为适用。许多民用运输船舶往往也采用这种布置方式。这种布置方式带来的不可忽视的好处是轴系的总长度比较短，从而为轴系服务的有关部件如支点轴承等的数量也可减少。

决定机舱位置的最主要的因素是要满足艉轴倾斜角不能过大的需要。考虑到这一因素，机舱的位置一般都在满足轴系倾斜角的前提下，安排在舰体中部的偏后部位。对负有特殊使命的舰船的机舱位置，则处于舰船的后部。例如，登陆舰在登陆作战中需要退滩，为使艏部脱离搁浅状态，除了利用卸去装载物，同时排空艏部压载水减少艏部吃水外，还利用位于后部的机舱引起较大的艉部质量以造成便于退滩的纵倾状态。在小型登陆艇上，要求有一个大容量舱室，当艏部大门打开时，无论是坦克等装备或人员均能迅速地直接登陆。此型艇的排水量很小，吃水浅，干舷高度又受稳性的限制，只能将机舱放在最后部，装载通舱包括了整个中部和前部。

在较多的小型舰船上，还应考虑到主机整机吊装的方便。因为这些舰船的机舱容积很小，难以完成主机的翻修任务。而整机互换的方法能大大缩短厂修时间，提高修理质量，这是提高在航率的重要途径之一。这些舰船的机舱位置应能直接经上甲板通大气而不受上层建筑的遮盖。如一些导弹快艇及鱼雷艇的机舱上的主甲板可打开，便于整机吊装。在选择机舱位置时，应根据不同的舰船和机型考虑上述要求。

4. 机舱的尺寸

机舱尺寸的确定主要涉及长、宽、高三个方面。在论证的初步阶段,动力装置设计师在选择主机类型时,要考虑到所给的机舱的基本尺寸;舰船总体设计师要考虑到动力装置所必须占用的空间大小。在初步设计阶段,机舱的尺寸主要取决于能否合理地安置下主机机械设备。例如,主机舱在长、宽、高三个方向至少能够顺利地布置下主机及其减速、回行机构等必需的大型后传动装置和附属设备。在主机周围应留有平时供管理人员巡视、日常保养,修理时能进行小修以下维修工作所必需的空间和高度。在这里之所以要强调"高度",是因为在小修内容中包括更换个别缸套,要完成这一工程,通常需要在柴油机上部留有相当的高度。它应当是缸体上平面的高度、活塞连杆组总长度和必需的起重高度储备三者之和。当然对于某些活塞连杆组件可以在机器内分解的特殊结构的柴油机则不在此列,其高度可以适当减小些。采用整机互换方式的机舱就不需要考虑上述的高度。

对于担负特殊使命的舰船如登陆舰,在技术上要保证有一完整而平坦的主甲板,而且要能从艉至艏直通大门,以满足登陆作战和滚装的要求。这就必然给机舱的高度带来较大的约束,机舱的高度要服从这一约束。

由此可见,机舱规划这项工作与具体落实舰船的总体战技术性能、动力装置的方案论证优化、主机及其后传动装置的选型等工作是不可分割的,必须通盘考虑。

7.2.2 机舱布置

1. 机舱布置的任务

机舱布置的任务可概括为把属于这个机舱的所有设备(包括管系)科学地定位,使之成为一个能够充分发挥所有设备并包括人员能动性在内的整体战斗力的系统。

由于在一个即使是很小的机舱内的设备也是如此之多,所有设备相互之间的联系和制约又是如此错综复杂,还要充分地考虑到在各种情况下舰员都能发挥他们的主导作用,因此要科学、合理地完成机舱布置任务是很不容易的。作为一个机舱布置的设计师,首先要有全局观念:也就是要对该机舱内每个机械设备的总体性能、外形尺寸、所需的操作和维修条件(如所需的空间、工具的配置等)、舰员与它们的联系、各设备之间的制约关系等了如指掌,做到全局在胸;其次,能够按照各设备之间以及舰员与它们之间的内在联系,正确地区分主从关系;最后,应具有坚实的数理功底(例如人机工程、线性规划、多目标综合寻优理论等)和美学基础,并能在进行机舱布置的全过程中应用自如。唯有如此,才能在被严格限定的空间内,出色地完成机舱布置的任务。

2. 机舱布置中必须遵循的原则

尽管机舱布置的任务看似千头万绪、杂乱无章,但是只要时时处处遵循并充分体现下列 8 条原则,就能以清醒的头脑有条不紊地处理好各种关系。

1) 先主后次

对单一型主机舱或混合型机舱来说,主机(包括应该安放在本舱室内的后传动装置)的位置是在方案设计阶段早就确定了的,因此要首先将其定位。在此基础上再按照主从次序逐一安排其他设备。

对单一型副机舱来说,发电机组是其中最主要的设备,应当首先将其定位。定位时要满足它所需要的操作维修空间。然后再按照主从次序逐一安排其他设备。

2) 先大后小

一般外形尺寸大的设备不易安排,而小的设备则布置灵活,有利于提高机舱面积的利用率和布置的合理性。

3) 从下而上,充分利用空间

一般机舱的净高[从底部供舰员平时行走的通行甲板(俗称花铁板)到上部构件的最下沿之间的高度],即使是 200 t 左右的小艇,至少也在 1.8 m 以上,大一些的舰船,可达数米。而很多小型设备包括维修在内的高度只需零点几米,因此,可以在不影响主要设备运行、操作和维修的两舷进行分层布置。这里所指的"分层布置"包含两层意思:对于净高在 1.8~2.5 m 范围内的机舱,通常按一层考虑,在这一层内,两舷进行分层布置;对于净高大于 2.5 m 的机舱,其两舷可以先用通行甲板分成上下两大层(人员经常行走的那一层的高度控制在 1.8 m 左右,余下的则可略低些,也就是不平均分配),再对每一大层进行分层布置。

对于单一的副机舱,因为发电机组的高度并不大,因此在有条件时可以将整个副机舱分成两层。

一些平时不需要更多保养的尤其是带有转动机件的设备,如独立的喷射泵、冷却器、过滤器、循环油箱、管路、阀门等,尽可能安排在机舱的最底部通行甲板的下面。在不影响充分发挥设备性能和生命力的前提下,一方面可保证人员的畅通无阻,另一方面也可形成整齐洁净的环境,为人-机合一创造优越的条件。

这样,可以充分提高机舱的空间利用率。

4）先重后轻

质量大的设备一般应安排在机舱的下部且尽可能位于中间,较轻的则布置在两舷,这样对整艘舰船在平时尤其是在遭受破损后仍保持正确的漂浮状态以及必需的稳定中心高度很有益处。

5）满足生命力的要求

生命力的要求体现在各个方面,可以归纳成以下几点。

（1）舱内的主要设备和只有一台没有备份的设备应该尽可能布置在艏艉向的舯分面附近,靠近两舷的部位则布置次要的和有备份的设备。

（2）必须留有安放损管器材的空间,该空间的位置必须便于舰员使用、展开。

（3）受损后需要立即抢修的机械、管路,应当预留便于抢修的空间,而且抢修所需的器材和工具应该配置在附近。

（4）在配电柜、排烟管道等易有火花和高温场的上方,不允许有燃油管路经过。

（5）舱底容易积油、积水,在战斗中,积油是引发火灾的隐患,积水则是加速舰体底部壳板腐蚀的重要原因。因此,机舱布置应该预留便于舰员清除这些积油积水的空间,如果不能满足此要求,则应配置吸干设备。

（6）绝对禁用在较低温度下即丧失原来性能甚至引起自燃的材料。

如某型 1 800 马力（hp①）的拖轮,主机的日用燃油箱设在主机的上方,连接日用燃油箱和主机的燃油管是塑料管,平时就有很少量的渗漏,渗漏下来的柴油聚集在从柴油机通往废气涡轮的排气管外部的隔热包裹层内,没有引起重视。在一次执行拖带任务中,由于被拖物阻力大,加之有大风浪的影响,主机较严重地超负荷,引起拉缸并引发曲轴箱爆炸,废气涡轮下面的曲轴箱安全阀被冲开,火焰上蹿,烧着了原来积聚在隔热包裹层内的柴油,进而烧断了塑料燃油管,燃油大量流出,造成整个机舱火灾。人员被迫撤离后,采用封舱并灌注 1211 灭火剂后才彻底消灭了火灾。这是值得注意的教训。

6）按线性规划理论统筹安排

根据设备之间的依存关系按照线性规划理论进行统筹安排,避免不必要的重复回路和相互交叉,达到最佳的匹配状态。在管系和电路布置中,这一点尤为突出,因而显得格外重要。

---

① 1 hp=745.699 9 W。

仅就为柴油主机服务的动力管系而言，一个机舱内至少有六种之多；再加上全舰性管系，可多达十几种；还有供电系统的电缆、监控系统的电缆等。各自的走向也不同，唯有在事先做好整体规划，才能使它们的位置井然有序、有条不紊，既便于舰员掌握，又便于在破损时进行抢修，还可将管路和电缆的长度减至最短，所占用的空间、质量、受损的概率也小，这是一举多得的最好例证。如果稍有不慎，就会使这些管路和电缆形成一个密密麻麻、纵横交错、杂乱无章的网络，以三维空间的形式将机舱包围得难以插手。

在布置相互间有关联的设备时，要尽可能使它们之间的距离近些，对那些需要大直径管路连接的设备更应首先满足。

7）有利于人员就位和撤离

在设计机舱内通道时，必须规划好舰员从舱门快速到达各个战位的就位路线和从各个战位快速撤离机舱的路线。

从满足生命力的要求出发，机舱出入口的位置均应在舰船最深的吃水线以上，因此在水密隔墙上一般不能安排机舱出入口；其数量一般要在两个不同方向上各安排一个，也就是或者左右各一个，或者前后各一个；机舱出入口的具体位置和形状还要服从舰体结构强度的要求。所有这些都必须与总设计师协调，不能自作主张。

对于小型舰船，可以做如下安排的：其中一个出入口是常用的，设置一个便于舰员上下通行的楼梯，占用的面积和空间可能较多。为了充分利用面积，可以在楼梯下面安排一些不需要经常操纵或维护的设备，如辅助性的小型泵-电机组、阀门等。另一个出入口则为紧急出口，是为了在常用出入口因受损而无法打开或该处起火等情况下，保证舰员仍能撤离。为了节省所占用的面积和空间，紧急出口的尺寸相对要小一些，该处的梯子也不如常用出入口处那样方便。

对于中型以上舰船，两个出入口的大小及其楼梯结构基本相同。

8）通道宽度、维修空间选择和对舰员的安全保护

（1）通道宽度选择：对于主要通道，一般应该尽可能保证有 0.5 m 宽。对于只有少数人员间断通行的次要通道，则应至少在 0.3 m 以上，保证能够侧身通过。

（2）维修空间选择：在轴系穿过机舱水密隔墙处均设有隔墙密封装置。对于径向密封型填料箱结构，需要定期调整填料的压紧度或更换填料；对于轴向密封型机械密封结构，则需要定期调整其弹簧的预紧力或修理、更换密封部件（动

环和静环)。轴系的推力轴承、支点轴承需要定期检查其间隙或修理、更换等。辅助推力轴承除了上述维修保养工作之外,在主推力轴承受损时,要通过舰员的操纵使其承受推力。轴系各轴段之间的刚性联轴器有时需要拆开、装复。所有这一切都要求在机舱布置时预留维修空间。各方面的经验表明,进行这些工作需要在轴向预留 0.5 m 的空间。

(3) 对舰员的安全保护:机舱中不乏诸如柴油机排烟管、排气消声器等输送高温流体的管道和设备,这些管道和设备外表面的温度很高,在设计时,必须对它们采取有效的隔热措施。在经常有舰员活动或通行的部位,要确保外表温度在 50℃ 以下,以防止人员烫伤。即使在舰员不会触及的地方,也应尽可能包覆隔热材料,以减少传向机舱内的热量,这对于保持机舱内温度不致过高是必须做的,对于在亚热带和热带海区航行的舰船来说更为重要。

综上所述,科学、合理地进行机舱布置的过程,就是具体落实设计指导思想的过程,看似烦琐平常,却是体现设计师综合水平的主要标志之一。

3. 机舱布置实例

如图 7.2 所示为采用全柴动力、四机四桨的某高速艇的机舱布置。

4. 机舱质量、质心估算

在舰船设计中,排水量是一个很重要的指标。各部分质量的分配及舰船质心位置是影响舰船漂浮状态、舰体总体受力及稳性大小的重要因素。占舰船总排水量 15% 以上的动力装置的质量分配及机舱质心位置是舰船总设计师必须掌握的重要数据,这些数据应由动力装置设计师负责提供。这就是机舱的质量、质心估算。

在初步设计阶段,一些主要机件、部件的确定还不是很具体或尚未进一步设计定型。在这种情况下,有时需要对动力装置的质量作初步估算,以提供给总设计师做参考。估算的方法有三种:

(1) 母型估算法。在有各方面性能相近的母型舰船时,这种方法是比较准确可靠的。具体方法是根据母型舰船动力装置各机件、部件的质量列成相关的表格,仅在准备采用新机件、部件取代母型舰船上原有的项目以及有新增加的项目时予以更换和补充,并根据其布置情况填上各自的坐标位置,即可估算出比较准确的质量及质心位置。

(2) 统计法。在设计经验十分丰富、资料十分齐全的情况下,事先根据舰船的主要作战任务、排水量、航速等战技指标,统计出各种舰船中动力装置的质量及质心位置,作为已知材料备查。然后根据所设计的舰船的作战任务、排水

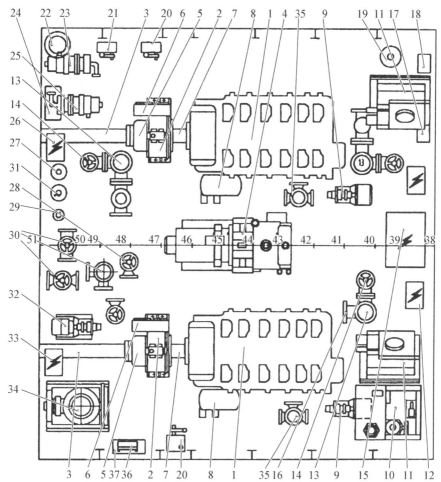

1—柴油主机；2—齿轮箱；3—中间轴；4—柴油发电机组；5—制动及测速装置；6—机旁监控仪；
7—弹性联轴器；8—淡水冷却器；9—预供滑油泵；10—减摇油源机组；11—减摇装置；
12—减摇分电箱；13—粗滤器；14—通海阀；15—主配电板；16—止回阀；17—操纵阀箱；
18—气源装置；19—高压气瓶；20—手摇泵；21—燃油手摇泵；22—海水压力柜；23—海水泵；
24—副机燃油箱；25—减摇冷却海水泵；26—组合起动柜；27—泡沫灭火器；28—止回阀及过滤器；
29—1211灭火器；30—吸入粗滤器；31—二氧化碳灭火器；32—燃油驳运泵；33—动力分电箱；
34—空气压缩机；35—淡水调温阀；36—测速装置；37—消防水龙带；38～51—横向位置的肋位号。

图 7.2　某高速艇的机舱布置简图

量、航速与已知材料对比，找出这三方面相近的已知舰船的有关数据。这些数据也就是所设计舰船动力装置的大体的质量和质心位置，误差不会太大。使用这种方法时，要求做大量的统计工作，而且在使用已知材料比对时，应该正确掌握比对的条件。

（3）经验公式估算法。有时主机型号已选定，质量、质心位置已确定，但还有很多其他机件、部件尚未选定,因此总质量很难确定。经验公式估算法就是确定或估算这些机件、部件的质量的一种方法,这种方法的指导思想主要是从可靠性出发,其计算结果一般偏质,因而对轻型舰船不太适用。

确定机舱的质量、质心这项工作并不难,但只能在动力装置中占质量比例较大的机件、部件已选定,或设计定型和已经布置好的前提下,才能有根据地进行,且需要大量的统计工作。要求逐项考虑,不能遗漏。

求质心时,通常选取舰船的中断面、基准水线面、对称面的交线为 X、Y、Z 轴,分别以向前、向上、向右为正向。这样,动力装置所有机件、部件在布置完毕后,各自质心的坐标位置为已知数,且已知各机件和部件的质量。

这实际上就是质点系的质量求和以及求取质点系的质量中心的问题。

轮机设备总质量 M 为

$$M = \sum M_i$$

轮机设备总质量中心 (X, Y, Z) 为

$$X = \frac{\sum M_i X_i}{\sum M_i}$$

$$Y = \frac{\sum M_i Y_i}{\sum M_i}$$

$$Z = \frac{\sum M_i Z_i}{\sum M_i}$$

式中,M_i 为各设备的质量;X_i、Y_i、Z_i 为各设备质量中心的坐标。

习题

1. 动力装置方案设计的任务是什么? 如何完成它?
2. 动力装置设计的步骤是什么?
3. 机舱规划的任务是什么?
4. 机舱布置有哪些原则?

第 8 章　舰船动力装置水下辐射噪声控制

在前述总体介绍舰船动力装置的结构组成、工作特性以及配合应用后,本章从水下辐射噪声控制及其抑制设计的角度来阐述典型舰船动力装置的主要噪声源、辐射噪声谱、直接辐射噪声特征及其设计控制以及主动力设备和轴系的结构噪声控制问题,以加深对动力装置声隐身性能的理解和掌握,有利于舰船在攻防实战对抗中更加优秀地发挥动力装置性能。

8.1　舰船水下辐射噪声源与辐射噪声谱

8.1.1　舰船水下辐射噪声源简介

按照水声原理所述,舰船水下辐射噪声源分为三大类:机械噪声、螺旋桨噪声和水动力噪声。机械噪声通常指舱内机械设备振动经船体结构传递向船外辐射的噪声。螺旋桨噪声通常指叶片直接辐射噪声(包括无空化噪声和空化噪声)与流固耦合振动噪声,因金属材料桨叶(镍铝青铜合金或锰铜合金)的强度和刚度较大,桨叶在工作点的形变量较小,测量表明考核低航速下桨叶无空化直接辐射噪声分量要明显大于其流固耦合振动噪声分量,因此通常所述的考核航速下螺旋桨噪声就是指桨叶无空化直接辐射噪声。水动力噪声通常指船体湍流、边界层流、兴波以及附体(减摇鳍、轴包套、舵等)尾涡脱落所产生的辐射噪声。

从上述所指内涵可以看出,三大类噪声源分类时有几项子声源的归属还比较模糊,如桨叶非定常轴向力和脉动侧向力经轴系激励船尾振动进而辐射噪声、船外湍流和兴波在船体壁面产生脉动压力进而激励船体结构向外辐射噪声、螺旋桨诱导的船底脉动压力激励船体结构振动噪声等。这几项子声源的声学传递途径均包含船体结构,但激励源又不属于通常所述的机械噪声。

为了更加清晰地阐述舰船水下辐射噪声概念范畴,借用水下专项振动噪声测试分析的概念,可将舰船水下辐射噪声梳理为结构噪声和直接辐射噪声两大类。其中,凡是最终经船体结构向外传递辐射的噪声分量均从属于结构噪声,如舱内机械设备振动激励噪声(简称机械噪声)、推进器脉动力经轴系激励船体振动噪声、诱导的船底脉动压力激励船体振动噪声、外部湍流和兴波激励船体流固耦合振动噪声等,而能够直接经海水介质通道向外传递辐射的噪声分量都属于直接辐射噪声,包括推进器直接辐射噪声、叶片流固耦合振动噪声、船外流噪声等,这样稳态航行辐射噪声的特征识别以及振动噪声控制就变得条理清晰了。

需要注意的是,结构噪声包含内容较多,尤其是其中的机械噪声部分。如图 8.1 所示,机械噪声的典型声学传递途径有以下三种:一是主、辅助动力装置机械设备的基脚振动通过减振器、基座传递到船体、激励船体振动进而向水中辐射噪声,通常称之为一次结构噪声;二是机械设备的振动通过各种管路传递到船体进而诱导产生水下声辐射,甚至有些通海管路在传递振动的过程中直接向水中辐射噪声;三是机械设备振动产生的舱室空气噪声激励船体结构振动进而向水中辐射噪声,通常称之为二次结构噪声,与一次结构噪声相比往往为小量。通常所述的机械噪声就是指主要工作设备自身振动激励船体所产生的一次结构噪声。那么,结构噪声分析与控制时只有与舰船航行工况以及工作设备的运行状态对应起来,才有可能收到"花最小的代价,却能最大限度地降低噪声"的效果。

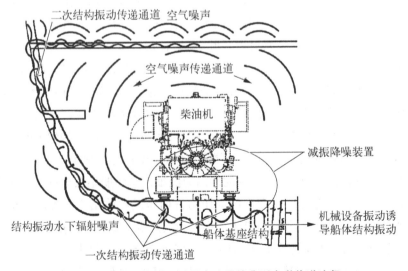

图 8.1 结构噪声中机械噪声分量的典型声学传递途径

8.1.2　舰船水下辐射噪声谱及声呐探测距离

　　舰船水下辐射噪声谱通常包括离散线谱和宽带谱（或者称为连续谱）两部分,如图 8.2 所示。离散线谱通常位于几百赫兹以下的低、中频段,具有调谐特征;宽带谱通常以每倍频程 5～10 dB 的速率衰减。现有测试结果表明,在低航速考核工况下,结构噪声是舰船的最主要噪声源,中高航速下辐射噪声以直接辐射噪声为主,特别是航速高于 12 kn 后流噪声能够达到与螺旋桨直接辐射噪声相当的程度。

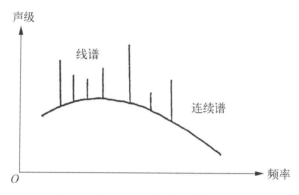

图 8.2　潜艇水下辐射噪声谱通用特征

　　实际工程应用时,为了控制舰船水下辐射噪声量级,在论证和设计阶段通常规定一条噪声限值曲线,如图 8.3 所示。临界频率 f_0 以下的平直线段主要用于限制离散线幅值,f_0 通常取值 200～500 Hz;临界频率 f_0 以 6 分贝/每倍频程的速率下降,通常用于直观约束推进器出现空化辐射噪声。

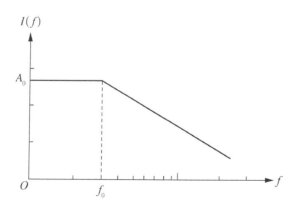

图 8.3　舰船水下辐射噪声谱典型限值线

辐射噪声谱通常用于定量评估辐射噪声的大小,而辐射噪声又是敌方被动声呐的主要探测信号。控制或抑制本船的辐射噪声大小,等同于缩减敌方舰艇的声呐探测距离。若本船辐射噪声大小下降 ΔL(单位为 dB)时,被探测距离由 r_0 减小为 r_1(单位为 m),则可由经验公式评估探测距离减小量随噪声下降量的变化关系:

$$\Delta L = 20\lg\frac{1}{\beta} + 0.011f^2r_0(1-\beta)\times10^{-3} \tag{8.1}$$

式中,距离比 $\beta = r_1/r_0 \leqslant 1$; f 为声呐探测特征频率,单位为 kHz。

由式(8.1)得到水下辐射噪声降低导致敌方被动声呐作用距离下降的结果如图 8.4 所示。图中特征频率分别取 1 kHz 和 5 kHz。可知,当辐射噪声下降 10 dB 后,距离比 β 变为 0.3~0.5,即敌方被动声呐的探测距离下降为原来的 30%~50%,已经发生了质的变化。若辐射噪声下降 20 dB,则敌方声呐的探测距离仅为原来的 10%~20%。

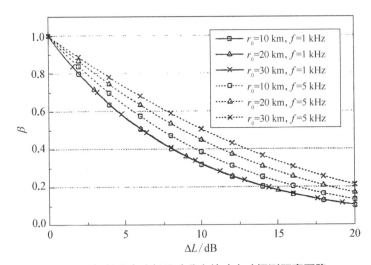

图 8.4 辐射噪声降低导致敌方被动声呐探测距离下降

8.2 舰船直接辐射噪声特征及其控制

8.2.1 螺旋桨无空化和有空化辐射噪声特征

从螺旋桨叶片工作过程来看,桨叶水下辐射噪声的主要机理如下:① 桨叶旋转时排开一定体积的水,辐射声通常称为厚度噪声;② 叶背和叶面之间存在压差,辐射声通常称为负载噪声,既包括均匀来流条件下几乎恒定的推力,也包括周向非均匀进流条件下显著的脉动推力和力矩;③ 非均匀进流条件下空化体积的周期性脉动辐射发声;④ 进流湍流与桨叶导边相互作用、桨叶随边涡脱落以及空化气泡发展和溃灭时的随机辐射发声;⑤ 桨叶边界层湍流以及桨叶旋转尾流湍动辐射宽带谱噪声。其中,厚度噪声和空化体积脉动辐射发声从声源特征上可等价于单极子声源,负载噪声可等价于偶极子声源,而具有宽带谱特征的湍流噪声可等价为四极子声源。

经典声学理论中给出的理想声源的声场特征如图 8.5 所示。可知,单极子声源无指向性特征;偶极子声源存在明显的偶极轴,偶极轴方向的声压显著大于其垂向方向;四极子声源在正交方向都具有声压峰值,接收点位于声远场时声指向性影响可以弱化考虑。三种理想声源的声辐射效率依次为单极子声源最高,偶极子声源次之,四极子声源最低。当同时存在偶极子声源和四极子声源时,四极子声源的辐射声贡献可以忽略不计。结合螺旋桨叶片辐射噪声机理可知:低转速无空化状态下,船尾螺旋桨噪声以负载噪声为主,包含厚度噪声分量和湍流四极子声源贡献量,且负载噪声表现出明显的偶极声源特征,轴向声压要明显大于桨盘面所在径向声压;高转速空化状态下,船尾螺旋桨噪声以空化体积脉动单极源噪声为主,包含负载噪声和厚度噪声分量以及湍流四极子声源贡献量。

从运行工况上来讲,螺旋桨噪声可分为无空化噪声和空化噪声两大类,频谱曲线均同时含有离散线谱和宽带谱。结合文献论述和试验测量结果,从发声机理、影响因素以及噪声谱特征的角度出发,归纳总结螺旋桨无空化辐射噪声特征如图 8.6 所示。敞水(均匀进流)条件下,螺旋桨无空化噪声表现出明显的线谱噪声,且理论分析表明:此时螺旋桨噪声以厚度噪声分量为主,定常力负载噪声为辅。船尾非均匀进流条件下,螺旋桨无空化噪声在低频段存在显著线谱噪声,在中高频段表现为宽带谱噪声,且测试结果表明,此时螺旋桨噪声以非定常力负载噪声为主,以厚度噪声为辅。测量得到的典型假尾后方螺旋桨在非均匀进流条件下的辐射噪声谱如图 8.7 所示。可知,低频段存在显著叶频(叶片数×转速,BPF)及其谐频线谱,且随着转速增加,线谱噪声幅值增加。200 Hz 以内低频段,宽带谱噪声衰减较快,在背景噪声较高、测量信噪比不佳的情况下,宽带谱噪声未表现出明显特征。

当螺旋桨产生空化,特别是片空化出现后,空化体积脉动产生显著辐射噪声,频带很宽,甚至高达 100 kHz,且叶频及其谐频处的线谱噪声增量表现尤为

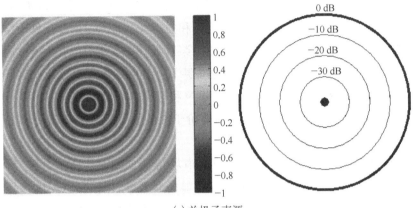

(a) 单极子声源

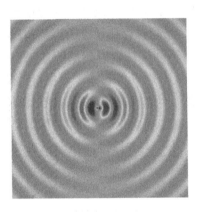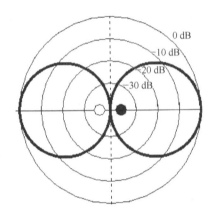

(b) 偶极子声源

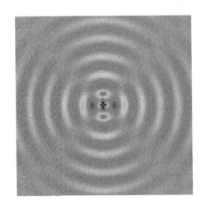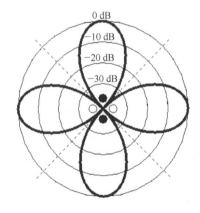

(c) 横向四极子声源

图 8.5　理想声源声场特征

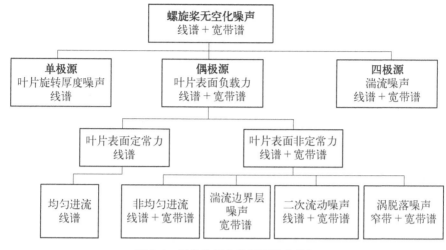

图 8.6　螺旋桨无空化辐射噪声特征

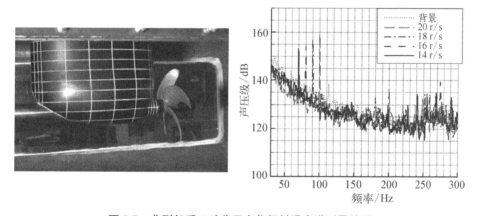

图 8.7　典型船后 5 叶桨无空化辐射噪声谱测量结果

突出。典型 5 叶桨在假尾非均匀伴流条件下的空化噪声谱测量结果如图 8.8 所示。由图可知,空化产生后,无论是叶频及其谐频处线谱噪声,还是宽带谱噪声都显著增加,且宽带谱噪声整体跃升的趋势非常明显。换算成频带总声级后,空化噪声增量也表现出一定的 S 形曲线规律,与潜艇螺旋桨一致。

需要注意的是,尽管空泡筒试验测量得到螺旋桨空化噪声谱具有明显的周期性调制特征,叶频及其谐频可以作为螺旋桨声源辨识的指纹特征。但是,在实际海试噪声测量时,由于低频信号受水深以及边界反射的影响较为明显,使得实际螺旋桨空化噪声信号中的叶频线谱可能发生频率偏移,尤其是当试验水深较浅时通常如此,无须直接否定测量结果。

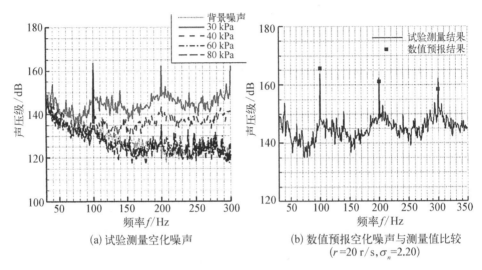

(a) 试验测量空化噪声　　　　　　　(b) 数值预报空化噪声与测量值比较
　　　　　　　　　　　　　　　　　　　　$(r=20\ \mathrm{r/s}, \sigma_n = 2.20)$

图 8.8　典型船后 5 叶桨空化辐射噪声谱测量结果

更进一步细分,当螺旋桨处于梢涡空化初生的初始状态,以及发展为梢涡空化和片空化同时存在的状态时,两者所对应的空化噪声谱特征又有所不同。其典型空化试验测量结果如图 8.9 所示。可知,梢涡空化初生时,叶频及 2 倍叶频处线谱噪声突出;随着空化程度发展出现片空化后,叶频线谱噪声峰值增加,且 2 倍和 3 倍叶频处线谱噪声同样突出;此外,伴随空化涡的演变发展,叶频至 4 倍叶频线谱之间的宽带谱噪声也显著增加,再次证明了前述"螺旋桨空化同时对线谱噪声和宽带谱噪声贡献显著"的结论。

此外,从已有舰艇螺旋桨的实际海试声学测量可知,部分螺旋桨在低转速无空化状态下,有时会出现具有明显周期性特征的啸叫声,甚至有时出现同一张图纸加工的螺旋桨,装在同型船尾时,仅有个别桨存在啸叫声的现象,给螺旋桨辐射噪声控制带来了"意外"因素。例如,日本亲潮号潜艇螺旋桨是按老标准设计的,加工也不精确。试验时,右桨在 135~205 r/min 和左桨在 165~250 r/min 范围内出现了啸叫声。于是,对螺旋桨进行再加工,试验发现发出啸叫声的转速范围减小,甚至是在第三次高精度加工后,右桨啸叫声才得以消失。经过深入研究,该声音已经统一认识为桨叶"颤音"。其产生机理:桨叶随边尾涡脱落频率与桨叶固有振动频率耦合发生共振,表现出颤动现象,进而发出"颤音"。试验表明,产生"颤音"需要具备两个条件:一是桨叶随边尾涡脱落具有周期性,对叶片产生单频激振力;二是随边尾涡脱落频率与叶片的某阶共振频率一致且两者耦合足够强。工程应用中,桨叶"颤音"与叶片加

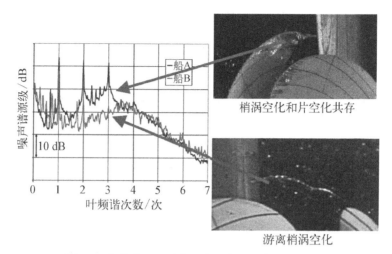

图 8.9 螺旋桨不同空化形态时空化噪声谱测量结果

工、安装以及船尾伴流的局部偏差均相关,影响因素较多,因而通常为"个别现象"。尽管学术界对其流动和振动机理的微观认识还有所争议,但鉴于已经找到行之有效的解决方法,因而当前对螺旋桨颤音的关注已不再是焦点问题。

通用解决方法:桨叶随边处采用"抗鸣边"方案,即通过将桨叶随边部分半径截面之间的部位削薄,以改变随边尾涡脱落频率,进而消除共振。国际推进器厂商 KaMeWa 公司给出的军用螺旋桨典型"抗鸣边"结构如图 8.10 所示,包括"单边削"和"两边削"两种方式。现有潜艇 7 叶桨也多采用了上述抗鸣边方案,较好地克服了颤音问题,使螺旋桨无空化辐射噪声变得比较"干净"了,降低了推进器辐射噪声控制的难度。

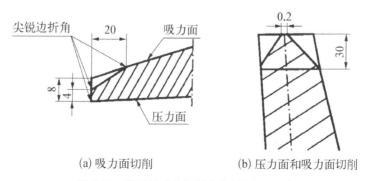

图 8.10 桨叶抗鸣边切削方案(单位:mm)

8.2.2 舰船辐射噪声识别与声指纹特征提取

推进器噪声是舰艇三大类噪声源之一,且是中高航速下的最主要噪声源,特别是推进器产生空化噪声后。在舰船水声对抗中,若能通过辐射噪声数据来定性判别船舶类型,如商船、渔船、军船等,或者是定性判断船舶吨位大小,如小艇和大舰,甚至是定量判断是己方或敌方的水面舰艇或潜艇,对于掌握攻防主动以及把握战争态势来说至关重要,也是动力装置作战运用的一处体现。该目标实现的难度巨大,一直是动力装置设计者和使用者努力的方向。

在这一前沿科学和技术问题方面,美国海军已经开展了卓有成效的探索工作。针对舰船辐射噪声指纹特征研究的军事需求,美国海军水面战研究中心(NAVSEA)于 1999—2007 年间以 8 条大型现代商船为对象进行了专项声学测量研究,目标是挖掘船舶辐射噪声特性与排水量、航速、动力装置配置之间的内在关联,丰富和提炼能够用于分类识别舰艇辐射噪声的声指纹特征。测量船只中包含的动力装置类型有柴油机动力装置、汽轮机动力装置、柴油机电力推进装置、柴-燃联合蒸汽涡轮电力推进装置四类,体积排水量为 2.3 万~9.2 万吨,航速范围为 5~20 kn。测试研究非常具有代表性,测量分析结果可以直接借鉴应用。如图 8.11 所示为测量得到的辐射噪声与排水量、航速和动力装置配置之间的声学关联性。可以看出,① 对于吨位差异显著的船舶,在各自典型的航行工况下,其辐射噪声谱曲线差异明显,这也正是当前声呐设备听音判型的依据之一。② 对于同一种动力装置配置的船舶,当航速变化为 5~10 kn 时,总声级增加 5~10 dB。③ 在航速相当的情况下,不同动力装置配置的船舶,其辐射噪声谱曲线限定于一给定范围内,类似于存在包络特征一样。谱级变化阈值依赖于实际样本测量,该阈值范围具有推广应用性。从上述专项研究结果可知,舰船辐射声指纹特征识别研究类似于某个个人样本的鉴别定位一样,是一个多重属性含义,声指纹特征并不唯一。从大型商船的声指纹特征识别,过渡到舰船的辐射声指纹特征识别,还将包含其他的指纹特征要素在内,如推进器类型(螺旋桨、喷泵或泵喷)、数量、叶片数、旋向、声指向性等。

此外,为了更深层次地挖掘舰船辐射声指纹特征,美国军方海事署(Military Sealift Command)在大西洋水下声学测量场(Atlantic undersea test and evaluation center,AUTEC)又进行了专项测试研究。测量条件包括浪高小于 0.3 m,风速小于 3 m/s;对于声远场测量,应用 $20\lg r$ 球面衰减规律;水听器深度为 60~400 m,最低有效频率为 3 Hz;辐射噪声测量的同时测量舱室振动信

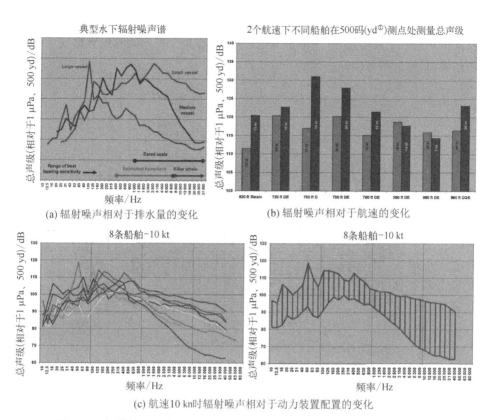

图 8.11　船舶辐射噪声与排水量、航速和动力装置配置之间的声学关联性

号，噪声谱曲线信噪比大于 25 dB。其测得的目标水面舰船在不同航速下 1/3oct 谱曲线如图 8.12 所示。该测量结果在表现形式上类似于专项噪声测量时通常提交的噪声评估结果。但是，需要引起高度重视的是，在 20 世纪 70 年代，美国海军提出了船舶水下辐射噪声精确窄带测量的工程和理论方法，以此才拉开了辐射噪声指纹特征识别的序幕。通常来说，1/3oct 谱信息是无法提供舰船辐射噪声指纹特征主要信息的，必须将测量频率分辨力限定于不大于 1 Hz 才行。在该测量方法的指导下，与图 8.12 对应的不同航速下 0.5 Hz 带宽噪声谱曲线以及最高航速下 0.125 Hz 带宽噪声谱曲线如图 8.13 所示。可以看出，在螺旋桨未产生空泡的较低航速下，声指纹特征主要表现为主机活塞敲击频率和辅机转频特征，而在螺旋桨产生空泡的最高航速下，声指纹特征以螺旋桨叶频及其谐频线谱最为突出。上述研究结果表明，精确窄带测量技术是舰艇辐射声指纹特

① 1 yd＝0.914 4 m。

征识别的关键技术支撑,迫切需要及时展开跟踪研究。此外,舰船辐射噪声指纹特征识别是一个逐步递进、不断深入的过程,仅靠单个样本的测量数据或理论分析结果,是难以指导实际应用的。

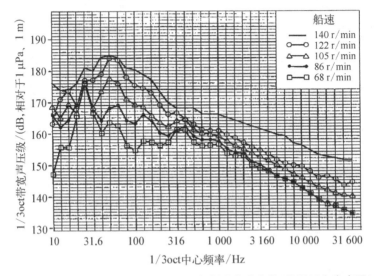

图8.12　不同航速下水面舰船1/3oct辐射噪声谱曲线(美国军方海事署)

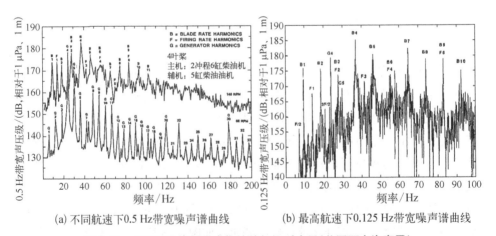

(a) 不同航速下0.5 Hz带宽噪声谱曲线　　(b) 最高航速下0.125 Hz带宽噪声谱曲线

图8.13　水面舰船辐射噪声指纹特征识别应用(美国军方海事署)

从上述部分研究结果可知:舰船推进器辐射噪声识别与声指纹特征提取是一项挑战巨大而又十分重要的工作。推进器类型、直径、转速、叶片数、安装与布置结构、叶截面形状、工作海域水深、主动力装置类型、辅助动力装置主要机械设备等要素,都有可能成为直接或间接透露辐射噪声特征信号的诱因,需要引起全体机电人员的重视。无论是技术细节或参数的防间保密，还是动力装置在声学角度的操纵使用与维护保养，都要将声学性能的发挥与维护放到重要的位置上来，力争挖掘动力设备的全部潜能。

8.2.3　舰船主动力设备的结构噪声控制

舰船主、辅助动力装置中机械设备产生的振动和空气噪声大部分由安装基座直接传递到船体结构，形成结构噪声。这类一次结构噪声是经机械的支撑连接件和非支撑连接件传递的动力激励的结构振动的度量，其大小与机械振动状况、基座特性、隔振装置等多种因素有关。船体为一弹性体，有无限多自由度，对应的振型有无限多个。与整体振动对应的振型为低阶振型，与局部振动对应的振型为高阶振型。局部振动由壳体振动、舱壁振动、加强筋振动、托板振动等组成。由于船体是弹性壳体，因此当激起壳体振动模态时，相当于各种类型的点声源在向外辐射噪声。理论上，结构噪声在船体结构中的传播路径主要有三条：一是主动力设备振动由基座向船体传递，二是主动力设备振动由基座向舱壁沿船体轴向传递至艏、艉两端，三是推进器轴向力和侧向力以及船外湍流和兴波激起的结构流固耦合振动向邻近和远距离船体结构的传播。可以说，控制主动力设备的振动以及桨轴系统的结构耦合振动，就等于是控制了舰船的结构噪声。

1. 主动力设备的隔振技术应用

隔振是控制舰船主动力设备机械振动最常用的方法。通过在被隔振设备与基础之间插入弹性隔振元件，以起到减小两者之间的动态耦合和不良振动传递的效果。从隔振的力学模型来看，隔振通常又分为积极隔振和消极隔振两种。其中，积极隔振是指，对于本身是振源的设备，为了减小其对周围设备的影响，使用隔振装置将它与基础隔离开来，以减小设备传到基础的力；消积隔振是指，对于需要防振的设备，为了减小周围振源设备对它的影响，使用隔振装置将它与基础隔离开来，以减小基础传到设备的振动。两种具有相同的隔振原理，都是把需要隔振的设备安装在可以消耗和储存能量的弹性装置（隔振器）上，减轻振源对隔振对象的作用。结构噪声控制时，主要分析主动力机械设备的积极隔振。

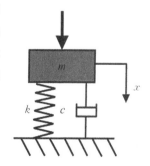

图 8.14　典型单自由度系统力学模型

典型单自由度隔振系统的力学模型如图 8.14 所示。机械设备简化为质量为 m 的刚体，外部激励力 $F(t) = |F| \sin \omega t$。若设备与地基刚性连接，则激励力

$F(t)$ 完全传给地基,并由地基向四周传播。若机械设备 m 与地基之间通过阻尼为 c、刚度为 k 的弹性支承(即隔振装置)相连,则激励仅有一部分传递给基础。

当给上述质量弹簧系统输入初位移或初速度时,弹簧系统会产生自由振动,且自由振动的频率与系统固有频率相关。在阻尼作用下,系统自由振动不断衰减,直至静止。当给系统施加外力时,系统发生强迫振动,且振动频率等于激励力频率;若激励力频率与系统固有频率相等,则系统发生共振现象,振动响应幅值明显。

根据系统的运动方程,可推导得出简谐力激励下单自由度系统强迫振动传递至地基的力的表达式为

$$
\begin{aligned}
F_T(t) &= kX\mathrm{e}^{\mathrm{i}\omega t} + \mathrm{i}\omega c X\mathrm{e}^{\mathrm{i}\omega t} = \frac{k + \mathrm{i}\omega c}{k - \omega^2 m + \mathrm{i}\omega c} \mid F \mid \mathrm{e}^{\mathrm{i}\omega t} \\
&= \frac{1 + \mathrm{i}2\xi(\omega/\omega_n)}{1 + \mathrm{i}2\xi(\omega/\omega_n) - (\omega/\omega_n)^2} \mid F \mid \mathrm{e}^{\mathrm{i}\omega t}
\end{aligned}
\tag{8.2}
$$

由式(8.2)可知,传递至地基力与原激励力的比值为

$$
T_F = \left| \frac{1 + \mathrm{i}2\zeta\dfrac{\omega}{\omega_n}}{1 - \left(\dfrac{\omega}{\omega_n}\right)^2 + \mathrm{i}2\zeta\dfrac{\omega}{\omega_n}} \right|, \quad \omega_n = \sqrt{\frac{k}{m}}, \quad \zeta = \frac{c}{2m\omega_n}
\tag{8.3}
$$

式中, T_F 为力传递率; ω_n 为该质量弹簧系统的固有频率,正比于系统刚度与质量之比的平方根; ω 为激励力频率; ζ 为阻尼系数。式(8.3)表明,力传递率与激励力频率、质量弹簧系统的固有频率以及阻尼系数相关。由式(8.3)得出力传递率随阻尼系数和频率比的变化关系如图 8.15 所示。可以看出,当频率比远小于 1 时,激励力完全通过隔振系统,无隔振效果。此时,阻尼系数越大,对抑制共振峰值越有利。当频率比大于 $\sqrt{2}$ 时,频率比越大,隔振效果越好,但与此同时,阻尼系数越大,隔振效果反而越差。因此,实际设计隔振系统时,通常取频率比 $\omega/\omega_n = 2.5\sim5.0$,阻尼系数 $\zeta = 0.05\sim0.20$。

由图 8.15 可知,在机械设备与基础之间添加单层隔振系统时,强迫振动响应幅值与频率相关。在低频区,系统响应主要由刚度决定,这一频段称为刚度控制区;在共振区,系统响应主要取决于阻尼大小,称为阻尼控制区;而在高频段,系统响应主要由质量来决定,称为质量控制区。仅当激励力频率与隔振系统固

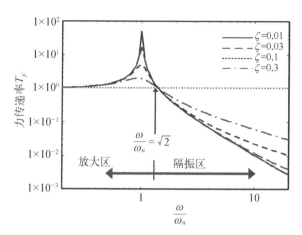

图 8.15　典型单自由度系统力传递率随阻尼系数和频率比的变化关系

有频率之比大于 $\sqrt{2}$ 时,隔振系统才能起到隔振效果,否则隔振系统无法起到隔振作用甚至会放大振动。一旦隔振系统设计完成,其隔振效果就已经确定,当激励力频率特性发生变化时,原有隔振系统无法继续保证隔振效果。

隔振即利用弹性支撑使系统降低对外加激励引起响应的能力,隔振效果则指采取隔振措施前后基础的振动速度之比。衡量隔振器隔振效果的主要参量有力传递率、插入损失和加速度振级落差。在实际应用中,由于传递力及激励力的测量都是难以实现的,加上力传递率的概念是建立在刚性基础假设之上的,无法反映基础的运动状态,且只适用于低频率,与艇体结构噪声控制的使用环境相差较远,因此通常较少使用。

插入损失定义为采取隔振措施前后基础响应有效值之比的 20 倍对数值(单位为 dB),如增加隔振系统后传递至基础的力与激励力比值的 20 倍对数值。根据所选基础响应参量的不同,相应有位移插入损失、速度插入损失等。

振级落差定义为隔振器上方与基础响应有效值之比的 20 倍对数值(单位为 dB),常用参量为速度振级落差和加速度振级落差。其中,加速度振级落差的测量比较容易实现,也是工程实际中应用最多的评估参数。当基础完全为刚性时,插入损失等于力传递率,振级落差为无穷大,但上述条件对艇用设备而言无法满足。因此,对于舰用辅机、泵、压气机以及主动力机械设备,通常采用加速度振级落差来衡量其隔振效果。需要注意的是,在共振区频率附近时,振级落差无法真实反映隔振效果,应区别对待。

主动力设备加速度振级落差测量时,通过在隔振器上下附近布置传感器,根据对角线布置原则确定传感器的数量,不对称处增加传感器。当隔振器上部的振级相互不大于 5 dB 时,可取多点测量的算术平均值;同样隔振器下部的振级也取算术平均值。则隔振系统的加速度振级落差为 $\bar{L}_\triangle = \bar{L}_{V\text{上}} - \bar{L}_{V\text{下}}$。若隔振器上部(或下部)相邻振级大于 5 dB 时,需用对数平均值,然后求取振级落差。

从单层隔振系统的力学模型可知,当激励力频率一定时,降低隔振器的固有频率,能够有效扩大隔振频率范围。在刚度需要尽量保持的情况下,只有通过增加质量才能实现降低固有频率的目的,这显然与设备安装以及舰船装载时严格控制体积、质量的原则不一致。因此,为了进一步加大隔振效果,通常需要采用更加先进的隔振技术,如双层隔振、浮筏隔振、气囊隔振以及磁悬浮隔振等。

典型双层隔振系统的简化模型及其力传递率随频率比的变化关系如图 8.16 所示。图中,浅色曲线为单层隔振系统的力传递率曲线。可知,双层隔振系统存在两个固有频率,仅当两个频率比均满足大于 $\sqrt{2}$ 的条件时,才能起到隔振效果,且对高频振动的隔振效果比单层隔振系统显著要好。为了尽量减少系统的多个自振频率对隔振效果的影响,通常采用具有一定阻尼的隔振器,使系统对共振区的传递率无显著增加,由此需要合理选择被隔振设备的质量与中间质量块的质量之比,以使系统自振频率的频段尽量缩小,且远离主要激励频率。

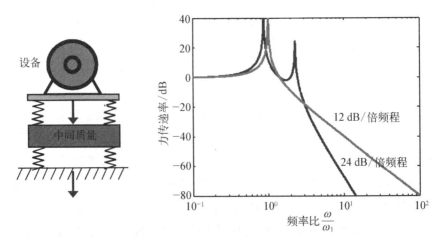

图 8.16 典型双层隔振系统模型及其力传递率随频率比的变化关系

可以说,双层隔振系统是在单层隔振系统的基础上增加了一个中间质量块,且中间质量越大隔振效果越好。为了最大限度地发挥多个机组设备的减振效果,可以采用共用大中间质量块的技术措施,并由此促进了浮筏隔振技术的工程实现。浮筏隔振系统实际上是多机组双层隔振系统,将多个振动机械安装于公共筏架上后,再将公共筏架弹性安装于基础结构上。典型潜艇舱室内浮筏隔振装置如图 8.17 所示,其主要优点是减少声短路、减小附加质量并节省安装空间。

图 8.17　典型潜艇舱室内浮筏隔振装置

与双层隔振装置相比,浮筏隔振装置的主要特征如下。

(1) 浮筏装置的中间筏架为弹性结构,是多个设备的安装平台,实现多个设备与船体基础的隔振。要求筏架刚度和质量能错开筏架固有频率和设备激励频率,同时保证设备的安装刚度要求以及隔振器与筏架的阻抗失配要求。而双层隔振的中间体对质量有严格要求,通常要求不低于设备质量的 60%,以确保隔振效果。

(2) 浮筏装置上有多个设备,双层隔振装置上是单个设备。多个不同特性的机械振源的组合布置,在质量和质心调整、隔振器选型和布置、变形限位方面技术难度更大。

(3) 浮筏装置上多个设备的激励力呈多方向性,激励频谱也呈多样化,隔振机制和影响隔振效果的因素更为复杂。

从单层隔振到双层隔振,再到浮筏隔振,设备、隔振器和基础之间均存在机械连接。因受有效隔振频率的限制,隔振器在低频尤其是极低频段纯粹是一附加质量,在抑制振动和冲击传递方面无任何效果。受舰船动力装置中液力耦合器在轴系接、脱排时柔性联结抑制振动和冲击效果显著的启发,特别是启动、紧急加速和紧急制动时应用效果突出,当前舰船动力装置中主动力设备已逐步开始考虑采用大型气囊隔振装置,力争将设备振源和艇体结构最大限度脱开。气囊隔振器具有极限位移量大、隔振效率高、固有频率低的特征,具有极大的应用潜力。

2. 主动力设备的消声技术

要对动力装置进行消声,最根本的是要找出噪声源,特别是主要的噪声源。然后采取各种措施削弱其产生的噪声能量,这就是所谓的声源控制。如果采取了各种控制手段后的噪声仍然超过规定,就要分析噪声的频率特性、传播途径及噪声场的压力等,进一步采取相应的隔振消声措施。

控制动力装置噪声源时,典型方法如下。

(1) 对于柴油机动力装置而言,应尽量选用平衡性能较好的柴油机做主、副机。对于存在不平衡的惯性力和惯性力矩者,要采取必要的措施,以减少振动和噪声。

(2) 对于高速转动机械,要做静、动平衡试验,以消除旋转体的不均衡。

(3) 自振频率和强迫振动频率之间要有一定的裕度。绝对避免激振力频率和机件、船体构件的自振频率相一致;各个部分的自振频率也要避免互相一致。

(4) 振动面和管道等尽量固定在大质量的物体上。固定点应选择在设备振幅较大的位置,并包扎吸声和隔声材料层。

(5) 波动源的噪声辐射面积尽量设计得小一些,以降低辐射声能。

(6) 对于动力机械,可采取保持正确的配合状态、几何外形,提高加工精度,正确选择润滑油和润滑方式,尽可能减少机件冲击和摩擦来降低噪声。

(7) 注意发现和防止喘振、气蚀等现象的发生。

(8) 合理选择管径和布置管道,尽量避免由于流体的湍流、涡流而引起的噪声。

(9) 避免高压气体的急速排放。

机械振动噪声的基频较低,如果传给舰体而向水中传播,则这种低频噪声在水中可传得很远,影响舰艇的隐蔽性。因此它是采取消声措施的主要对象之一,采用的主要技术手段就是隔振。此外,其他机械噪声(冲击、摩擦)也能达到较大的声强级,尤其是高频分量,也是采取消声措施的主要对象之一。而对于柴油机以及燃气轮机动力装置,还可以采用隔声罩消声措施。

隔声罩的基本原理是利用隔声罩的密度很大的壁,将由噪声源传播出来的声波能量几乎全部反射回去,使得透过壁的声波能量变得非常少,从而大大地改善了隔声罩外部空间的声环境。为了进一步提高消声效果,还可以在隔声罩的壁上加设吸声材料(或者将壁制成有吸声夹层的结构)。采用隔声罩技术时,应注意几个问题:一是隔声罩壁的自振频率不能与噪声源的基频重合,否则频率重合的噪声将全部透过隔声罩的壁,甚至还可能加剧;二是必须"切断"诸如进气管、排气管、冷却水管等一切可能将噪声传出隔声罩的"声通道";三是隔声罩壁的尺寸应当留有被隔离机械机旁操纵所需的空间和既定维修级别所需的空间;四是隔声罩的分解和装配应当简单易行,一般能在机舱内完成。

对于带增压器的柴油机以及燃气轮机动力装置而言,由于进气系统的空气动力噪声的基频很高且声强级一般很大,对人员工作环境的影响非常大,也是采取消声措施的主要对象之一。对于高频噪声,可利用其衰减系数较大的特点,采用阻尼式消声器,它通常在进气口处利用进气滤清器组成进气吸声层。吸声层采用多孔式吸声材料,以增加黏滞系数、提高消声的效果。此外,动力装置的排气噪声由排气管直接传向舰外,对舰艇的隐蔽性影响较大,特别是排气噪声基频较低、衰减小、传得远,也是采取消声措施的主要对象之一。

对于低频高声强级排气噪声,可采用的消声方法通常有以下 4 种。

(1) 使用抗性干涉式排气消声器。

(2) 采用废气涡轮。柴油机的废气涡轮增压器也能明显地吸收排气压力波的能量,使其变成提高进气压力的有用功。在民用船舶上采用的废气锅炉能降低废气温度,既降低了柴油机的排气噪声,又利用了废气中的热能。

(3) 降低排气温度。在排气管出口处设置喷淋装置,用冷却水直接喷淋冷却排出的废气,可大幅度降低废气温度,从而能明显地降低排气的能量。降低废气温度本身就能降低舰艇主要热红外场的场强,提高舰艇的热红外的隐蔽性。这种方法还能有效地消除废气中的火花并能将废气中的碳粒子吸附于水滴中,使其不能直接排向烟囱外,对提高视觉隐蔽性也有利。在中、小型舰艇上常被采用。

(4) 水下排气。

为了降低进、排气噪声,在其系统中装有进、排气消声器或消声元件。按其消声原理不同可分为阻性消声器和抗性消声器两类。

1) 阻性消声器

阻性消声器的消声原理是利用敷设在消声器(或气流流动的管道)内壁上的

吸声材料来消声。吸声材料表面含有无数小孔,声波通过时,空气质点在孔中振动,由于黏滞性而引起摩擦,将噪声能量转化为热能,从而达到消声的目的。

阻性消声器的吸声系数与吸声材料性质、材料厚度及声频高低有关。所有吸声材料中以玻璃棉效果最好,其他依次为矿渣棉、卡普隆纤维、海草、石棉、工业毛毡、木屑、甘蔗板等。吸声系数一般随频率增加而增大,达到一定频率时,数值趋于稳定。增加吸声材料的厚度可以提高低、中频的吸声效果,而对高频几乎没有什么影响,吸收高频声音用较薄的吸声材料即可。

阻性消声器的多孔性吸声材料的耐热性能较差,不适宜用于高温的场合。阻性消声器通常用于进气系统的消声,尤其是用于废气涡轮增压柴油机的进气系统中。

2) 抗性消声器

抗性消声器的消声原理是利用声波的反射和干涉现象,抑制噪声的输出。抗性消声器可分膨胀式、共振式和复合式三种。

(1) 膨胀式消声器。

典型膨胀式消声器的结构如图 8.8 所示。在排气管道上串联了一个或几个膨胀室,之间用管子连接起来。利用管道截面的突变引起声阻抗变化使声波发生反射,反射波和入射波干涉的结果使某些频域的噪声级获得不同程度的降低。

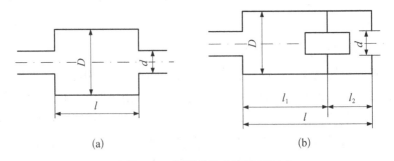

(a)   (b)

图 8.18 膨胀式消声器示意图

单膨胀式消声器的消声量可按下式计算:

$$\Delta L = 10\lg\left[1 + \frac{1}{4}\left(m - \frac{1}{m}\right)^2 \sin^2(kl)\right] \tag{8.4}$$

式中,m 为膨胀比,即膨胀室和管道截面积之比,$m = S_2/S_1 = D^2/d^2$;l 为膨胀室长度;k 为波数,$k = 2\pi/\lambda = 2\pi f/c$;$\lambda$ 为波长;f 为频率;c 为声速。

分析式(8.4)可知,膨胀式消声器的衰减分贝数与膨胀比 m（即膨胀室和管道截面积之比）、消声器的长度 l 有关。膨胀比 m 愈大,则衰减分贝数愈大,也就是消声效果愈好。但 m 增大时,受空间限制不可能将消声器做得非常大,例如 $m=64$ 时,大体上能衰减 30 dB,但膨胀室的直径已达排气管直径的 8 倍,这个尺寸是相当大的,受空间尺寸的限制而较难达到。所以,单膨胀室的消声量是有限的,一般在 15 dB 之内且只对某几个频率有较显著的效果。若要对多种频率获得更大的消声量,可采用不同长度的多个膨胀室串联结构,如图 8.19 所示。

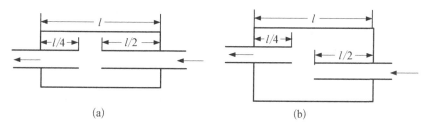

图 8.19　膨胀室中插入内接管

不同的消声器长度能对不同频率的声音起较明显的衰减作用,如果消声器长度恰好为 1/4 波长或其奇数倍时,在同样的膨胀比 m 下,消声效果最好。若为其偶数倍时,消声效果最差,甚至可能起不到消声作用。为弥补这一缺点,在结构上常采用内接管法,也就是在膨胀室的进出口处分别插入长度为 $l/2$ 和 $l/4$ 的管子（见图 8.19）,利用入射声波与不同管径界面处的反射声波相位差180°,可互相干涉抵消,从而达到理想的消声效果。若将内接管的上下位置错开能获得更好的消声效果。

膨胀式消声器对低频的消声效果较好,对高频的消声效果较差。因为频率越高,进入膨胀室的声波将从中部穿过,使膨胀室不能充分发挥作用,从而使消声效果急剧下降,故不适用于高频噪声。这种消声器对频域比较宽阔的噪声有较好的消声效果,而对某几个特定频率的噪声则没有效果。加之这种消声器能用钢板制成,能耐高温,因此通常用在排气系统中。

（2）共振式消声器。

典型共振式消声器的结构形式如图 8.20所示。在截面积为 S 的排气管的一侧连接一分支管,此分支管终端有一容积为 V 的共鸣室,连接管半径为 r,传导系数为 C_0,这种消

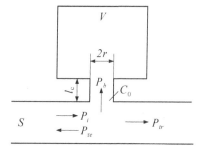

图 8.20　共振式消声器

声器衰减分贝数为

$$\Delta L = 10\lg\left[1 + \left(\frac{\dfrac{\sqrt{C_0 V}}{2S}}{\dfrac{f}{f_r} - \dfrac{f_r}{f}}\right)^2\right] \tag{8.5}$$

由此可见,当共振室的自振频率 f 等于排气管中声波的频率 f_r 时,衰减分贝数将达到无穷大。尽管实际上由于有黏滞而不可能达到无穷大,但此时的消声效果非常好,当设计合理时,能衰减 35 dB 左右。但是它只对某一个频率的消声作用显著,偏离了这个频率,消声效果就不明显了。因此,共振式消声器的特点是只能抑制与共振室自振频率相近的噪声,而对其他频率的噪声则几乎没有衰减作用。

为了使支管长度 l_c 尽量短,在实际制造中,常在进气管壁上钻小孔,在小孔外直接通共振室。在这种结构中,支管长度就是管壁的壁厚,此值很小,如果有多个小孔,会提高消声效果,但也将引起自振频率 f 的增加。为此要综合考虑,以获得最佳消声效果。

(3) 复合式消音器。

因噪声是由许多不同频率、不同声强的谐音杂乱地混合在一起的,因此常常需要对其中多个占主要成分的噪声同时进行消声。两种抗性消声器各有其特点,膨胀式对频域比较宽阔的噪声有较好的消声效果,共振式只能在某一个中心频率附近有效果,将这两者串联起来组成一体且设计得当,就能有效地抑制所要抑制的噪声。如果分析出所要消声的噪声在某个频带上的声强级特别突出,就可以采用相应的若干对膨胀式-共振式复合而成的消声器,如图 8.21 所示,对相应频带上的噪声进行消声处理,从而获得比较满意的结果。

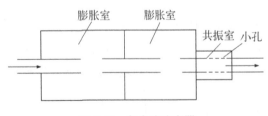

图 8.21 复合式消声器

3. 主推进轴系的振动噪声控制

推进轴系是舰船动力装置的重要组成部分,通常在螺旋桨、齿轮箱、柴油机等主要激振源的作用下产生纵向、扭转和旋转(横向)振动,从而激励船体发生振动而辐射噪声。并且,在设计或安装不当的情况下,还可能发生螺旋桨、轴系、柴油机之间的耦合振动,恶化舰船的振动噪声控制水平。此外,艉轴承由两个或三个组成,包括艉轴前轴承、艉轴后轴承、螺旋桨轴承等。螺旋桨轴承设置于轴系尾部,承受螺旋桨、艉轴质量和旋转力矩,由于轴系加工、安装偏差,艉轴末端悬挂质量较大的螺旋桨,螺旋桨本身存在不平衡因素,以及螺旋桨在非均匀流场中旋转产生脉动推力和侧向力,众多组合式旋转部件所产生的振动均由艉轴承承受并直接传递给艉轴毂再传递给船尾结构,这可能产生高于舰船其他部位的结构噪声。因此必须重视对推进轴系的振动噪声控制。

主推进轴系振动噪声控制的原则如下。

(1) 在保证轴系传递推力、力矩的同时,尽可能减少、隔离轴系间的振动传递,同时减少轴系扭振、纵向振动和横向振动,并且避免轴系工作于共振转速。

(2) 间接传动动力装置中,尽可能选择大功率、高电压、闭式风冷可逆转的低速直流电动机,并对推进电机采取切实可行的隔振措施。

(3) 轴系中尽可能采用阻尼系数大、柔度值大的弹性联轴器,有效隔离推进电机的振动向轴系传导。

(4) 轴系中推力轴承和中间轴承基座采取减振措施,尽量减少轴系的振动通过基座向船体结构传递;同时,艉管轴承通常采用水润滑方式,通过选择轴承材料和配方,如赛龙、飞龙等,尽量降低轴系振动向非耐压壳体结构的传递。

习题

1. 舰船水下辐射噪声源如何合理分类? 其主要内容是什么?

2. 动力装置最主要的振动噪声源是什么? 传播途径有哪些?

3. 螺旋桨无空化噪声谱与空化噪声谱各自的典型特征信息是什么?

4. 主要的消声对象及方法是什么?

5. 阻性消声器、抗性消声器的消声原理是什么? 各适用于什么场合?

6. 从力传递率与插入损失的角度论述单层及双层隔振器的隔振原理与隔振效果。

参 考 文 献

［1］曾凡明,吴家明,庞之洋.舰船动力装置原理［M］.北京：国防工业出版社,
2009.

［2］陈国钧,曾凡明.现代舰船轮机工程［M］.长沙：国防科技出版社,2001.

［3］盛振邦,刘应中.船舶原理(下册)［M］.上海：上海交通大学出版社,2004.

［4］王永生,刘承江,苏永生,等.舰船新型推进系统［M］.北京：国防工业出版
社,2014.

［5］WOUD H K, TAPERSMA D. Design of propulsion and electric power
generation systems［M］. London：IMarEST, 2002.

［6］ALLISION J L. Marine waterjet propulsion［J］. The Society of Naval
Architects and Marine Engineers Transactions, 1993, 101：275－335.

［7］Carlton J S. Marine propellers and propulsion［M］. 2nd ed. Netherlands：
Elsevier, 2007.

［8］ROSS D. Mechanics of underwater noise［M］. New York：Pergamon
Press, 1976.

［9］MICHAEL T J, SCHROEDER S D, BECNEL A J. Design of the ONR
AxWJ－2 axial flow waterjet pump：NSWCCD－50－TR－2008/066［R］.
Naval Surface Warfare Center Hydrodynamics Department, West Bethesda,
2008.

［10］BOSWELL R J, COX G G. Design and evaluation of a highly skewed
propeller for a cargo ship：AD－777－038［R］. Naval Ship Research and
Development Center Report, 1974.

［11］KUIPER G. Cavitation inception on ship propeller model［D］. Germany,
1981.

［12］PEREIRA F, SALVATORE F, FELICE F D. Measurement and
modeling of propeller cavitation in uniform inflow［J］. ASME Journal of

Fluids Engineering，2004，126(4)：671 - 679.

[13] KERMEEN R W. Water tunnel tests of NACA 4412 and walchner profile 7 hydrofoils in noncavitating and cavitating flows[R]. California Institute of Technology，Hydrodynamics Laboratory Report，1956.

[14] BOUZIAD Y A. Physical modeling of leading edge cavitation：computational methodologies and application to hydraulic machinery[D]. France：University Paris VI，2005.

[15] KELLER A P. Cavitation scale effects empirically found relations and the correlation of cavitation number and hydrodynamic coefficients[C]. 4th International Symposium on Cavitation CAV2001，Pasadena，CA，USA，2001.

[16] SZANTYR J A. Scale effects on cavitation experiments with marine propeller models[J]. Polish Maritime Research，2006(4)：3 - 10.

[17] BANKS S，FOWLER J O. Submersible propulsion unit[P]. United States Patent，No. US8147284B2，2012.

[18] 杨琼方，王永生，吴杰长.泵类推进器振动和噪声控制机理[M].上海：上海交通大学出版社,2021.

[19] 杨琼方，王永生.泵喷推进器的低噪声设计机理与设计应用[M].武汉：华中科技大学出版社,2016.

[20] 李建光.船舶及海洋工程动力装置设计指南[M].武汉：华中科技大学出版社,2010.

[21] 杨琼方，王永生.高效和大功率密度船用喷水推进泵水力模型的设计方法[P].ZL 201410294522.7，2017.

[22] TAKAI T. Simulation based design for high speed sealift with waterjets by high fidelity URANS approach[D]. Ames：University of Iowa，2010.

[23] JURGENS B，FORK W. The fascination of voith-schneider propeller history and engineering[M]. Hamburg：Koehlers Verlagsgesellschaft mbH，2002.

[24] TURKDOGRU N. Validity of the point source assumption of a rotor for farfield acoustic measurements with and without shielding[D]. Atlanta：Georgia Institute of Technology，2010.

[25] SEOL H，SUH J C，LEE S. Development of hybrid method for the

prediction of underwater propeller noise [J]. Journal of Sound & Vibration, 2005, 288(2): 345 - 360.

[26] ARVESON P T, VENDITTIS D J. Radiated noise characteristics of a modern cargo ship[J]. Journal of the Acoustical Society of America, 2000, 107(1): 118 - 129.